"Kris Vallotton expone razones de p  les debe permitir sobresalir y lider; aquellos pasajes difíciles que han in su lugar en la formación del curso iglesia. Esta obra profunda es una lectura obligada tanto para hombres como para mujeres, ya que tiene el potencial de infundir en los corazones de los hombres el valor de ver a las mujeres en su plena capacidad, así como permitirles soñar de nuevo".

Bill Johnson, pastor principal de la Iglesia Bethel,
en Redding, California;
autor del libro *Cuando el cielo invade la tierra*
y *Cara a cara con Dios*.

"Kris hace un trabajo excepcional desentrañando los dogmas sociales y culturales relacionados con el lugar de la mujer y su posición en el Reino de Dios. En verdad y convicción, presenta el lugar legítimo de Dios para las mujeres como coherederas de las mismas promesas que tienen los hombres en Cristo. *Diseñada para reinar* capacita a las mujeres para que actúen en la identidad que han recibido de parte de Dios, y a los hombres para que entiendan el destino que Dios les dio a las mujeres. Este libro es una lectura obligada para todos".

Dr. Ché Ahn, pastor principal de la Iglesia HRock
en Pasadena, California;
presidente del Harvest International Ministry;
y canciller internacional del Wagner Leadership Institute

"A pesar de que existe amplia evidencia en las Escrituras de que las mujeres comparten una parte importante en el desarrollo del propósito eterno de Dios, la marginación de las mujeres aún está presente en las mentes y las prácticas de muchos de los que profesan ser seguidores de Cristo. Recordemos que la imagen de Dios jamás estará completa si no entendemos bien aquello de 'varón y hembra los creó'. Esta categórica obra revela cómo Dios ha levantado a las mujeres para que sean valientes y poderosas y conmuevan los corazones de las masas, amplíen sus conocimientos, desafíen algunas presuposiciones e inviten a crecer en la gracia y el verdadero conocimiento experimental del Señor Jesús y de su Iglesia".

Dr. Mark J. Chironna, Church On The Living Edge
Mark Chironna Ministries, Orlando

"*Diseñada para reinar* es una obra excepcional, digna de ser leída y estudiada por todos. Mi parte favorita es la narración de Kris Vallotton sobre Adán. ¡Qué profundidad! Una vez que comience, usted no podrá dejar este libro".

Patricia King, fundadora de XP Ministries

"Me encanta el propósito detrás de este libro. Finalmente, una perspectiva bíblica sobre el liderazgo femenino que anima a las mujeres a seguir siendo ellas mismas y como tales tomar el lugar que Dios les ha dado en el liderazgo. ¡Imagínese como mujer dirigiendo en la iglesia! Este extraordinario libro les da a las mujeres la libertad y la confianza bíblica de trabajar conjuntamente con los hombres y con Dios".

Stacey Campbell,
autora de *Ecstatic Prophecy and Praying the Bible*;
pastora cofundadora de la New Life Church,
en Kelowna, Columbia Británica;
fundadora del Canadian Prophetic Council

"Esta obra esencial ofrece soluciones para resolver el crimen más grande en la vida de las mujeres, que es el robo de identidad. Le facultará para recuperar la identidad que Satanás le robó y encontrar su lugar en Dios y vivir así la vida que Él designó para usted. 'Como [Jesús] es, así somos también nosotros en este mundo' (1 Jn. 4:17)".

Cynthia Brazelton, pastora,
Victory Christian Ministries International

"Este es un tema en evolución que necesitaba ser tratado urgentemente en una Iglesia cambiante, en la que la mentalidad religiosa está siendo desafiada y los roles redefinidos dentro del contexto del liderazgo según los parámetros divinos. Viene a ser una declaración profética sobre el papel de las mujeres como agentes de cambio a nivel mundial".

Dra. Ayoade Olatunbosun-Alakija,
experta en desarrollo internacional,
especialista en temas de salud y género

Testimonios de algunos de los que han sido afectados por la enseñanza de Kris Vallotton sobre la mujer

A comienzos del año, siendo yo una estudiante de primer año llegada de Inglaterra en la Bethel's School of Supernatural Ministry, Kris hizo una sesión de preguntas y respuestas en nuestra clase. Una chica se puso de pie en el otro lado del recinto y preguntó, en respuesta a 1 Corintios 14:34, si estaba bien que una mujer hablara en la iglesia. Kris se tomó cinco minutos para hablar brevemente a través de su comprensión bíblica de la fuerza y el llamamiento de las mujeres. Luego habló para el resto de la clase sobre su comprensión bíblica de la fuerza y el llamamiento de las mujeres.

En honor a la verdad, no recuerdo los detalles de lo que dijo ese día porque yo estaba que saltaba en un pie de la alegría. Yo estaba convencida de que lo que él decía era verdad y de que, sin haberlo estado esperando, sus palabras representaban la libertad y la liberación que tanto había anhelado.

Lo que siguió fue uno de los momentos más memorables de todo el año para mí. Después que Kris terminó, uno de los pastores que estaban presentes nos pidió a las mujeres afectadas que nos pusiéramos de pie. Luego les pidió a los estudiantes varones que hicieran un círculo a nuestro alrededor, nos tomaran las manos, y nos pidieran disculpas por la manera en que los hombres nos habían retenido en el pasado. Luego oraron por nosotros, nos liberaron, nos bendijeron y profetizaron sobre nosotras. El testimonio que llevé a mi iglesia y mis amigos en Inglaterra llevó a los hombres en mi congregación a pedirles disculpas a las mujeres, orar por ellas, bendecirlas y liberarlas.

Esta enseñanza ha tenido un efecto dominó, un efecto de libertad. Jamás volveré a ser la misma.

Jessica Wilde

Mi interacción con las mujeres se había visto entorpecida porque mi concepto de ellas era un tanto superficial. No valoraba el hecho de que tenía influencia en ellas porque no las veía como personas influyentes o capaces de lograr transformaciones. Respetaba a las mujeres con las que trabajaba porque la Biblia dice que debía hacerlo, pero en mi corazón nunca verdaderamente respeté sus fortalezas o deseé someterme a ellas.

Hasta un día en que escuché el *podcast* de Kris sobre las mujeres. Poco después comencé a trabajar como entrenador personal en un gimnasio pequeño en el que el porcentaje demográfico es de aproximadamente noventa por ciento mujeres. En el mundo de los gimnasios, las mujeres suelen ver a los hombres como vanidosos y arrogantes, y por eso no siempre son bienvenidos. Pero desde que comencé a trabajar allí, he estado viendo a las mujeres con una mentalidad renovada y he creado muchas relaciones fructíferas. De hecho, mis clases han crecido dos o tres veces en tamaño porque las mujeres les hablan a sus amigas de mí. También han felicitado a la dueña del gimnasio, una exdirectora de un programa de bienestar corporativo a cargo de setecientas personas, por tenerme en su equipo.

Ella me comentó hace poco que le he dado un nuevo aire a su negocio que ella jamás pensó que sería posible. ¡Alabado sea el Señor!

Tony Rhine

El mensaje de Kris sobre las mujeres, así como sus actualizaciones y extractos publicados en Facebook, me recuerdan constantemente por qué tengo que dar un paso en la fe y asumir mi llamado. Kris y muchos como él se han arriesgado y han dedicado sus vidas a abrir un camino para muchas mujeres, como para que yo no tome el camino que Dios ha escogido para mí, y que ha sido posible gracias a la ayuda de su pueblo escogido.

En mi mente persiste la idea de que mis seres queridos me condenan, pero yo estoy más emocionada que nunca por el llamado, y estoy dispuesta a pagar mi parte del precio. Hay demasiado que hacer en esta tierra y demasiada gente a quien amar como para hacerle caso omiso a mi llamado debido a la incredulidad de otros.

Estoy eternamente agradecida a Jesús por el llamado que me ha hecho, y a aquellos que como Kris están pagando el precio para que yo pueda ser aceptada por la iglesia y hablarles libremente a las naciones sobre el amor de Jesús. Estoy tremendamente emocionada por el caos santo que este libro va a crear. Seré una de las primeras en comprarlo. Estoy igualmente emocionada por ser parte de la convocatoria, compartiendo el evangelio en las calles y el púlpito. ¡Imagine a todas las mujeres que leerán este libro y se convertirán en todo lo que Dios quiere que sean!

Sarah Walsh

Yo recién acababa de salir de un matrimonio violento en el que durante veinte años busqué la ayuda de trece consejeros. Cuatro pastores diferentes me dieron diversas interpretaciones de por qué yo era la culpable, explicándome que yo no estaba cumpliendo con mi deber de esposa y que por eso era necesario que siguiera casada. Ya era clásico escuchar: "Nosotros no tratamos casos de abuso, así que tienes que actuar por tu cuenta" o "la rabia no te va a llevar a ningún lado".

Yo sabía que lo que estaba escuchando estaba mal. Sabía que las Escrituras estaban siendo citadas fuera de contexto. Y no tuve una comprensión clara hasta que escuché las enseñanzas de Kris. Desde que escuché la primera enseñanza a través de un *podcast*, comencé a llorar sin parar. Yo no me había dado cuenta de todo el daño que me había causado la estructura de macho dominante de las iglesias en las que había crecido, hasta que escuché el mensaje de vida de Kris. ¡Fui liberada al instante!

Lo que ha ocurrido en mi vida en los últimos dos años, en parte como resultado de haber sido liberada de la opresión que hemos sufrido las mujeres en la iglesia, no es nada menos que un milagro. Hoy confío en lo que soy en Dios el Padre, y en su amor, su fortaleza, sus dones y su posición de grandeza en el Reino.

Kathryn Blair

Esta es la primera vez que encuentro una enseñanza que le abre completamente las puertas a aquello que siempre quise que fuera verdad, pero que me criaron creyendo que no lo era. Debía aceptar mi propia inferioridad. Las consecuencias: una vida de conformidad impuesta, un linaje de tiranía y abuso, o cuidar niños o cantar en el coro como las únicas opciones de servicio a Dios y las razones subyacentes por las que muchas de nuestras madres buscaron validación fuera de los muros de la iglesia, soportaron el desprecio de los hombres y mujeres de la iglesia, y fueron bautizadas como "Jezabel".

Esta mentalidad fue la realidad que estuvo impresa en mi cabeza durante estos cuarenta años de mi vida y en las vidas de las mujeres de mi familia hasta ahora. Lo que comenzó para mí como una enseñanza de validación se ha convertido en una transformación a medida que el Espíritu de Dios ha intervenido, rasgando el velo que ocultaba mi verdadero valor y mi llamado, y susurrándome la posibilidad de emancipación para las mujeres del mundo.

El hecho de levantar la cabeza y no avergonzarme de algo que nunca solicité ser, de saber que soy la última generación de mujeres en mi familia que fueron marcadas por no saber discernir correctamente el deseo de nuestro Padre celestial, de ver a un hermano subirse a la plataforma para defender a aquellas que han sido despreciadas durante siglos . . . ¡Simplemente no hay palabras para describirlo! Esta verdad ha cambiado el rumbo para siempre.

Nancy Ross

Mi vida ha cambiado radicalmente gracias a la enseñanza de Kris sobre las mujeres. Siento como si una estructura invisible se hubiera desintegrado sobre mí. La actitud que tenía hacia mí misma ha sido transformada.

Cuando escuché el *podcast* de Kris, pude ver por primera vez la alta estima en que Jesús me tiene como mujer, y me sentí curada en un aspecto en el que ni siquiera sabía que necesitaba curación. Yo no tenía ninguna duda de que Dios me amaba, pero ahora sé de una manera nueva que Él me ama como la mujer que me creó.

Agradezco a Dios por todo lo que Él me ha revelado a través de esta enseñanza.

Stephanie Tompson

Vivir la vida como una mujer poderosa y desear de todo corazón hacer la voluntad de Dios ha demostrado ser uno de los mayores retos de mi vida. Yo he vivido los dos extremos del espectro. Después de comenzar como una mujer profesional abriéndome paso en las filas corporativas del mundo de las ventas, dirigir mi propio negocio, y criar a dos niñas, me convertí en la otra cara de la moneda: en una alfombra dócil que eliminó pasatiempos, metas de negocios, relaciones, e incluso rasgos de personalidad en un desesperado intento de ajustarme al modelo prevaleciente de lo que debía ser una "buena mujer cristiana".

Hasta un día en que vi a Kris ponerse de pie y hablar en defensa de la fuerza de la mujer. Yo pensaba que él defendiera precisamente aquello de lo que yo no quería formar parte. Pero a medida que lo escuché, la verdad de la Biblia comenzó a abrirse paso. Me di cuenta de que Dios me amaba como me había hecho: una mujer poderosa. No había necesidad de que matara nada de lo que había en mí, ni en cualquier otra persona.

Hay una belleza única en el hecho de que un hombre alce su voz en defensa de las mujeres. Nuestra asociación no es como un rudo partido de fútbol ni como una reunión de té canasta. Es una danza en la que juntos creamos un mundo que refleja todo el espectro de la naturaleza de Dios en su brillante diversidad.

Carol Goble

Crecí en la iglesia y he servido en puestos de liderazgo, tanto como anciana como en la junta de la iglesia. Siempre tuve claro que Dios abrió esas puertas para mí y que mis dones edificaban el Cuerpo de Cristo, pero tenía una lucha en mi corazón. Aunque la iglesia aceptó gustosa mis servicios en esas funciones, había pasajes bíblicos, personas y situaciones que me hacían preguntarme si no estaría saliéndome del plan de Dios para mí como mujer aceptando posiciones que se consideraban iguales o superiores a las de los hombres.

Pero las enseñanzas de Kris sobre las mujeres me liberaron. Con cada pasaje bíblico que explicaba, y con cada revelación que compartía, me iba liberando de las preguntas y las dudas que habían plagado mi mente durante gran parte de mi vida. Hacia el final del *podcast* yo estaba llorando, abrumada por el amor de mi Papito Dios. Mi espíritu siempre supo que Él era bueno, pero yo necesitaba otra perspectiva de su Palabra, la Biblia. Siempre estaré agradecida con Kris por darme esa perspectiva. Dios me ha dado poder para asumir mis dones y utilizarlos sin vacilación para destruir las obras del diablo.

Angie Byrne

DISEÑADA
para
Reinar

KRIS VALLOTTON

CASA
CREACIÓN

Diseñada para reinar por Kris Vallotton
Publicado por Casa Creación
Una compañía de Charisma Media
600 Rinehart Road
Lake Mary, Florida 32746
www.casacreacion.com

Traducido por: Ernesto Giménez
Director de diseño: Justin Evans

Copyright © 2013 by Kris Vallotton
Originally published in English under the title:
Fashioned to Reign
By Chosen,
a division of Baker Publishing Group,
Grand Rapids, Michigan, 49516, U.S.A.

Visite la página web del autor: www.kvministries.com
Copyright © 2015 por Casa Creación
Todos los derechos reservados

Library of Congress Control Number: 2015930284
ISBN: 978-1-62136-916-5
E-book: 978-1-62998-292-2

Nota de la editorial: Aunque el autor hizo todo lo posible por proveer teléfonos y páginas de internet correctas al momento de la publicación de este libro, ni la editorial ni el autor se responsabilizan por errores o cambios que puedan surgir luego de haberse publicado.

Impreso en los Estados Unidos de América
15 16 17 18 19 * 5 4 3 2 1

Dedico este libro a todas las mujeres en mi vida a las que he tenido el privilegio de amar y que me han amado.

A mi madre: ¡Gracias por soportar los tiempos difíciles y haber seguido amándome en medio de ellos!

A mi esposa, Kathy: Eres la mujer más increíble que he conocido en mi vida. Doy gracias a Dios por el bendito regalo que eres para mí.

A mi hija Jamie: Me encanta tu pasión, tu sentido de la justicia y tu amor por la aventura. Eres una mujer hermosa y una líder increíble.

A mi hija Shannon: Tu vida me inspira, y tu amor por los desvalidos y desconsolados es un faro de luz en un mundo oscuro y turbulento. Eres una mujer encantadora, llena de bendición.

A mi nuera Lauren: Estaré eternamente en deuda contigo por todo lo que has hecho por mi hijo y mis nietos. Eres una mujer llena de fuerza y dignidad con una nobleza innata.

A Mesha, mi nieta mayor: Eres una mujer única, con una pasión y sentido de justicia que te convertirá en una líder profunda, bella y poderosa.

A mi nieta Rilie: Tu corazón servicial y tu espíritu recto son el sello de tu hermosa naturaleza. Me encanta tu carácter afectuoso. Traes mucha alegría a mi corazón.

A mi nieta Ella: La fuerza de tu carácter, tu pasión por la vida y tu naturaleza valerosa son regalos de Dios para el mundo a través de ti. ¡Eres simplemente increíble! Jamás cambies.

A todas las mujeres en el mundo de quienes he tenido el privilegio de ser padre espiritual: ¡Que Dios las libere y las ayude a transformar el mundo!

Contenido

Prólogo

Quiero invitar a los líderes de la Iglesia a leer, analizar y acoger el espíritu, la verdad y el sentimiento del libro *Diseñada para reinar*, de Kris Vallotton. Su enfoque bíblico desafía acertadamente los argumentos erróneos y las interpretaciones retorcidas que durante mucho tiempo han logrado menoscabar la simplicidad y la plenitud de la Palabra de Dios.

Diseñada para reinar no solo desafía claramente argumentos arraigados en el tiempo en contra del lugar que la mujer debe tener en el liderazgo de la Iglesia; sino que propone que se extienda una invitación cordial, justa y sentida a aquellas creyentes en las que se evidencian los dones, el llamado, el carácter y una conducta que responden a las normas bíblicas. Añade una nota digna en la que insta a las mujeres a ir más allá del simple beneficio de poder dirigir en la iglesia. Las llama a ser bienvenidas como líderes que "con elegancia, gracia, intuición y compasión" dirijan con la dignidad y pureza de una verdad femineidad que honre a Dios, y de esta forma "participar en la gran tarea de nutrir a un planeta enfermo que necesita recobrar su salud". Este equilibrio y belleza tiene sentido, y es una muestra de sabiduría. Yo digo: "¡Amén!".

Pastor Jack W. Hayford, rector de The King's University,
Dallas/Los Angeles

Agradecimientos

A Bet Chiles: Gracias por ayudarme a completar este proyecto. Tu extensiva investigación, tus conocimientos y tus escritos ayudaron a hacer de este libro una realidad.

A Beni y Bill Johnson: Quiero darles las gracias por enseñarme a amar y facultar a mi esposa, y criar a mis hijos. Ustedes dos han moldeado la forma en que veo la vida, la familia y especialmente a las mujeres. Estaré eternamente en deuda y agradecido con los dos.

A Danny Silk: Muchas gracias por animarme a levantar mi voz en contra de la opresión de las mujeres. Tú me inspiraste a escribir este libro.

A Rich y Danielle Schmidt: Muchas gracias por su inspirador artículo sobre la dotación de facultades a las mujeres. Fue informativo y alentador.

Introducción

*E*scribí este libro porque quería generar una revolución que facultara a las mujeres que más amo en mi vida. Tengo una esposa increíble, dos hijas, una nuera y tres nietas (por no hablar de miles de hijas espirituales más) que todos los días tienen que enfrentar un mundo de discriminación simplemente por haber nacido mujeres. ¡Pero el aspecto más preocupante de esta opresión hacia la mujer, es que la Iglesia de Jesucristo muchas veces es quien la lidera! De alguna manera, muchos creyentes han desarrollado una teología que utiliza proactivamente la Biblia para descalificar a las mujeres desde los lugares de liderazgo más formidables, especialmente en la Iglesia.

Estoy consternado por la cantidad de líderes cristianos que están convencidos de que las mujeres no están tan calificadas, ni son llamadas, ni son tan talentosas para dirigir como los hombres. Quiero demostrar a través de las páginas de este libro que esta tesis de que las mujeres no están facultadas no solo es ilógica, sino completamente ajena a lo que dice la Biblia. Permítame darle un pequeño anticipo de algunas de las verdades que serán desarrolladas en los siguientes capítulos. ¿Sabía usted que los hombres cometen más del ochenta por ciento de los crímenes en el mundo? Solo en Estados Unidos, el noventa y dos por ciento de los presos son hombres, mientras que las mujeres cometen solo un porcentaje ínfimo (.04) de todos los crímenes violentos.[1] Los hombres también son responsables del inicio de la mayoría de las guerras, de cometer las peores atrocidades jamás registradas y de provocar casi todos los genocidios en la historia del planeta. Fue Hitler quien masacró a los judíos, hombres los que masacraron a los nativos americanos, y hombres los que esclavizaron a los afroamericanos. Son hombres los que cometen la mayor parte de las violaciones, asesinatos en serie, robos y hasta crímenes de cuello blanco. Y fueron hombres los que pusieron a Jesús en la cruz. Ni una sola mujer participó en la crucifixión. De hecho, la esposa de Pilato trató de convencer a su marido de que no crucificara a Jesús.

Pero no me malinterprete. No estoy diciendo que las mujeres no cometen pecado alguno, o que de alguna manera tienen una rectitud innata. Simplemente señalo el hecho de si el plan del enemigo es robar, matar y destruir, los hombres están al menos cinco veces más propensos a ayudarlo a cumplir su retorcida misión.

Además, mientras que diez apóstoles se amontonaban dentro de una casa tratando de salvarse, fueron tres mujeres (y Juan) las que estuvieron al pie de la cruz para consolar a Cristo durante la noche oscura de su alma. Aunque Jesús les había dicho a sus discípulos durante meses que sería crucificado y resucitaría al tercer día, fueron dos mujeres las que fueron a la tumba para comprobarlo. Cuando las mujeres encontraron la tumba vacía y se encontraron con los ángeles, corrieron de vuelta al pueblo a decirles a los que iban a cambiar el mundo que la piedra había sido removida y Jesús no estaba. Y aún así, solo Pedro y Juan se preocuparon por ver si su historia era cierta, mientras que los demás apóstoles se rehusaron a creer. Fue María Magdalena la primera en encontrarse con Cristo resucitado, y la única que lo tocó antes de su ascensión. Cristo le dio instrucciones a *ella* de ir y anunciar a sus discípulos que Él había resucitado.

Mucho tiempo antes de eso, bajo la maldición del Génesis que colocó a los maridos por encima de sus esposas, las mujeres del Antiguo Testamento eran reconocidas como profetisas, jueces, reinas y líderes. El libro de Proverbios, describe a la sabiduría como "femenina".

A pesar de todo esto, muchos cristianos, en nombre de la Biblia, han despojado a las mujeres de su autoridad y las han relegado al asiento trasero del autobús de la sociedad y de la Iglesia. Cuando Jesús murió en la cruz, se convirtió en pecado por nosotros y destruyó la maldición que nos había sido impuesta, incluyendo aquella que causó el enseñoramiento del hombre sobre la mujer. Pero por alguna razón, dos mil años después, la mayor parte de la Iglesia ha aplicado su sangre a un solo sexo, relegando a la mujer al grillete del engaño de Eva. En los últimos cien años, muchos países del mundo han comenzado a exaltar las mujeres, otorgándoles cargos de liderazgo en la política, los negocios, la educación y en cada aspecto de la sociedad, mientras que la mayoría del Cuerpo de Cristo ni siquiera permite que las mujeres sean ancianas de la Iglesia. De lo que no nos hemos dado cuenta, es que Jesús fundó el primer movimiento de liberación de las mujeres.

Luego de años de investigación, estoy convencido de que existen cuatro razones básicas de por qué a las mujeres y a los hombres no se les confiere poder de igual manera en nuestra sociedad. En primer lugar, el diablo odia a las mujeres mucho más que a los hombres. Recuerde que la maldición que Dios pronunció contra *la serpiente* era que las mujeres se enojarían o serían hostiles con el diablo. Por ende, la guerra demoníaca se centra con frecuencia más en las mujeres. Segundo, la mayoría de los hombres son inseguros, y minimizar a las mujeres los ayuda a sentirse más poderosos. Tercero, muchos cristianos han entendido mal la Biblia en relación con las mujeres, y no desean violar su entendimiento de las Escrituras para conferirle poder a las mujeres o que se les confiera poder como a ellas. Y cuarto, como grupo de personas, las mujeres tienden a ser menos competitivas que los hombres. No son naturalmente combativas, son más propensas a ser humildes y amables, y se inclinan más a entender a los hombres que resistirse a ellos. Quizás esto sea así porque las mujeres dieron a luz a todos los seres del planeta. Los hombres erróneamente interpretan este atributo como debilidad y creen que las mujeres no están calificadas para liderar, lo que da como resultado que ellas sean menos promovidas que los hombres y que los hombres las opriman intencionalmente.

Necesitamos matriarcas que suban a su lugar correcto, junto a nuestros patriarcas, en todos los aspectos de la sociedad, incluyendo la Iglesia. ¡Solo en ese momento podremos ver la manifestación *plena* de la gloria de Dios cubrir la Tierra, como las aguas cubren el mar! Animar a las mujeres a vivir poderosamente, es el objetivo y la misión del presente manuscrito.

Durante la lectura de estas páginas, en ocasiones, usted podrá no estar de acuerdo con mis razonamientos, hasta el punto de desear arrojar este libro a la basura. Le animo a leer el libro completo antes de formarse una opinión final sobre mis perspectivas. Los capítulos se complementan unos a otros y encajan como las piezas de un rompecabezas. Hacia el final del libro, surgirá una imagen nítida, que clarifica mi punto de vista, lo que creo que profundizará su comprensión de la creación más hermosa de Dios, las mujeres. Que Dios mismo lo encuentre en estas páginas y le dé una revelación más profunda de sus atributos invisibles, su poder eterno y su naturaleza divina, mientras usted reflexiona en el propósito profundo de las mujeres.

1

La historia más triste jamás contada

No hace mucho tiempo, estaba leyendo la historia de la creación como Dios se la contó a Moisés en el libro del Génesis. De pronto, comencé a visualizar a Adán narrando la historia, como si yo hubiese desenterrado algún periódico viejo escondido en una cueva iraquí, ubicada en medio de lo que una vez fue el hermoso Jardín del Edén. Me imaginé sentado en una caverna poco iluminada, extendiendo un rollo carcomido de miles de años de antigüedad. Visualicé la lectura del rollo como un documental antiguo, contado en primera persona por el propio Adán. Escuché como Adán narraba su caminata con Dios en el Jardín, su emoción mientras caminaba a ver a la mujer por primera vez y su agonía al ser expulsado del Jardín. Quedé tan cautivado por la visión, que pude sentir la soledad de Adán mientras suplicaba por una acompañante. Me sentí hechizado al ver a Dios buscar una solución entre las criaturas vivientes, y rodaron lágrimas por mis mejillas al imaginar a Adán conociendo a la mujer de sus sueños.

Esta experiencia me dio una nueva perspectiva sobre el recorrido de la humanidad y me ayudó a entender cómo pudieron haber sido los albores de la creación. Déjeme aclarar, sin embargo, que la historia de Génesis que voy a contar es simplemente la manera en que yo imagino que la contaría Adán. No estoy sugiriendo que el Espíritu Santo inspiró de alguna manera esta narración. Comencemos el viaje...

La creación a través de los ojos de Adán

El otro día estaba caminando por el Jardín con Dios y me sentía un poco triste. Dios me estaba enseñando algunas palabras nuevas, pero yo estaba preocupado y desconectado. Él puso suavemente su gran mano en mi hombro y miró adentro de mi alma. Su intensidad me hizo sentir incómodo. Pareció transcurrir una eternidad mientras nos mirábamos uno al otro en silencio. Se formaron lágrimas en sus ojos y dijo: "Adán... Adán, te sientes solo, ¿verdad?".

"Dios—le respondí—, no estoy solo si tú estás conmigo. No tengo amigos como tú. Tú me completas. Me siento completo y feliz cuando estoy cerca de ti. Pero cuando no estás conmigo en el Jardín, me aburro y no me interesa lo demás. Necesito a alguien con quien relacionarme de la misma manera que me relaciono contigo. Deseo una compañía, un alma gemela, alguien con quien compartir la vida. Quiero estar con alguien que necesite mi protección, que desee mi afecto y que me ayude a entender cómo lidiar con mis debilidades, como haces tú cuando estás conmigo".

"Tienes razón, Adán. No es bueno que estés solo. Tengo alguien en mente, especialmente diseñada para ti".

Caminamos hasta una hermosa pradera llena de flores. El Árbol de la Vida estaba en medio de la pradera. Dios me levantó y me sentó en una de sus grandes ramas. Observé completamente asombrado como bajaba hacia la pradera, sacaba tierra del piso y formaba criaturas con el polvo. Cuidadosamente moldeó cada una con sus manos y luego sopló en ellas. Cuando lo hizo, las criaturas de repente cobraron vida. Cosas que volaban, cosas que se arrastraban... unas pequeñas y otras enormes. ¡La creatividad de Dios era infinita!

En un principio pensé que estas criaturas eran solo la manifestación aleatoria de la creatividad de Dios, pero luego de observar más cuidadosamente, me di cuenta de que cada criatura develaba algún misterio secreto de su naturaleza divina. Se complacía tanto en diseñar cada bestia y ave, que reía fuertemente cuando estas se alejaban corriendo o volando. Cuando Dios terminó de crear todos los animales, me miró y me dijo: "Adán, ahora ponle nombre a todas las criaturas que acabo de crear".

Transcurrieron tres inviernos y Dios me observaba pacientemente mientras yo ponía nombre a cada criatura viviente. Todas migraron según su especie al lugar donde los cuatro ríos se unen, en la tierra de Havila, en el Jardín del Edén. Me senté en una gran roca en la desembocadura del río, con el agua saliendo a borbotones debajo de mí. Dios se sentó a mi lado. Todos los animales eran más bien dóciles, mientras tomaban agua del río. Al observar a cada criatura que se acercaba al río a tomar agua llegaban diferentes imágenes a mi mente. De repente, surgía un nombre para ella en mi corazón. Por la expresión de su cara, creo el Señor tenía algo que ver con todo esto. Él reía cuando yo gritaba cada nombre, como me había enseñado a hacerlo.

El otro día, por ejemplo, estaba observando a un animal pasivo, muy manso y tímido, tomado agua del río. De repente, me vino a la mente la imagen de ese animal corriendo agresivamente entre los arbustos, corriendo como el viento y rugiendo muy fuerte. Apunté a la criatura y grité: "León...¡tu nombre debe ser León!".

La criatura grande y dócil me miró como diciendo: "¿Qué me acabas de hacer?", y de inmediato soltó un fuerte rugido que retumbó por todo el Jardín y corrió con fiereza entre los arbustos. Me asusté y me cubrí los oídos. Dios se rió y dijo: "Me estás ayudando". No entendí lo que quería decir, pero seguramente era algo divertido. Me sentí como si estuviera creando conjuntamente con Dios. Él formaba a los animales y les daba vida, y yo les colocaba nombres que definían su naturaleza.

Cuando finalmente terminé de bautizar a las criaturas vivientes, Dios miró sobre mí y me dijo: "Adán, ¿qué opinas?".

"Me gustan todas, Dios, pero no creo que una mascota llenará mi necesidad de compañía. Quisiera alguien...alguien que no solo esté conmigo, sino que sea parte de la mismísima esencia de mi ser".

"Adán, es importante que recuerdes lo que aprendiste sobre los animales. Aunque son increíbles, nunca llenarán tu necesidad de compañía", respondió Dios.

Caminamos a través de la pradera durante un rato en completo silencio (Dios siempre está callado cuando está "imaginando"). Pasó algún tiempo y de repente se formó esa curiosa expresión en su rostro. "Adán", dijo con una risita, "esto de verdad te encantará".

En ese momento la presencia de Dios iluminaba todo el lugar (y yo presentí que todo lo que Él estaba a punto de hacer, en realidad había estado en su corazón durante mucho tiempo). "¿Qué... qué tienes en mente?", insistí.

"Es una sorpresa, hijo... ¡Pero te hará muy feliz!—insistió Dios—. Acuéstate sobre estas flores y te mostraré".

Lo último que recuerdo es que estaba haciéndole un montón de preguntas a Dios y, de repente, ¡bam!, estaba frío. Debo haber estado dormido toda la noche, porque me desperté al amanecer. Me senté en la grama y traté de entender lo que me había pasado. Me sentía extraño... diferente... cambiado. Es difícil explicar lo que ocurría en mi corazón. Sentí un hormigueo en mi lado izquierdo. Me toqué y descubrí una larga cicatriz que estaba completamente curada. Miré hacia la grama donde estaba acostado y vi un pequeño charco de sangre y agua. Permanecí allí sentado durante un largo rato, tratando de entender el estado en el que estaba. En mi ser faltaba algo esencial e importante. Sentí que la agresión había aumentado aparatosamente en mí y que era menos intuitivo, estaba desconcertado y mis sentimientos eran confusos.

En medio de mi desconcierto, escuché un ruido entre los árboles cercanos. Sabía que era Dios, porque el piso siempre temblaba cuando Él caminaba. Me levanté para saludarlo y seguidamente vi la criatura más hermosa que había visto en mi vida, tomada de su mano. Ella comenzó a reír inocentemente mientras se acercaban. Corrí a su encuentro, totalmente fuera de control. Estaba tan emocionado, que no podía contenerme. Comencé a saltar alrededor de ella y a gritar: *"¡Ella es hueso de mis huesos y carne de mi carne! ¡Ella es hueso de mis huesos y carne de mi carne! ¡Ella es hueeeso de miiis hueeesos y carne de miiii carne!"*. Dios reía fuerte mientras me observaba saltar y gritar. *"¡Se llamará Mujer, porque fue sacada del Hombre!"*.

Comencé a tocar la piel de la Mujer. ¡Qué suavidad! Su cabello largo brillaba con la luz del sol. Se colgó un poco de Dios cuando la miré, con olas de pasión fluyendo en mi alma de una manera que

4

nunca antes había sentido. Comencé a gritar de nuevo: *"El hombre dejará a su madre y a su padre y se unirá a su mujer…¡Y los dos serán una sola carne!"*. Tomé a la Mujer de la mano y suavemente tiré de su brazo. Ella miró a Dios como preguntando si estaba bien irse conmigo. Dios soltó su otra mano y le hizo señas de que me siguiera (Él obviamente no había tenido tiempo de enseñarle a hablar todavía). "Adán, cuidarás de la Mujer y serás amable con ella", le instruyó Dios.

"¡Lo haré!", respondió emocionado. Ambos nos reíamos mientras corríamos por la pradera, hacia el río. Muchos animales diferentes tomaban agua a lo largo de la orilla. Estaba ansioso por mostrarle todo lo que Dios había hecho. Ella seguía apuntando a los animales y hablando. Sus expresiones de sorpresa eran constantes.

Yo decía en voz alta el nombre de una criatura cuando ella la apuntaba. Ella trataba de repetir el nombre después de mí, ¡y era súper divertido! De repente, apareció un león entre los árboles, con un fuerte rugido. La Mujer se emocionó tanto que comenzó a correr hacia el león. Yo podía escuchar su respiración agitada mientras la perseguía.

"¡Creo que el león está alardeando por ti!, le grité mientras la perseguía. Finalmente la alcancé en la pradera, puse mis brazos alrededor de ella y la sostuve cerca de mí. A ella pareció gustarle. Ella apoyó su cabeza en mi hombro mientras yo acariciaba su largo y hermoso cabello. "El león siempre actúa rudo —le dije deseando que pudiera entender—, pero creo que le agradas. Todo lo que Dios ha creado, nos habla de cómo es Él".

No creo que ella entendiera mucho de lo que yo le decía en esos primeros días, pero igualmente era divertido decirle cosas. Estaba ansioso por mostrarle la parte del Jardín que yo estaba cultivando. La tomé de la mano y la llevé río abajo hasta un huerto de árboles frutales que Dios había plantado, y en el que yo había estado trabajando. Tomé una fruta de un árbol, le di un mordisco y luego se la di a ella.

"Pruébala, te gustará", le dije mientras acercaba su mano a su boca. Con recelo le dio un pequeño mordisco. De repente, sus ojos se iluminaron. Sonrió y se comió el resto de la fruta. Fue divertido observar su experiencia de comer por primera vez. El jugo de la fruta se deslizaba por su cara mientras la devoraba. Después de eso, a la Mujer le encantaba comer cualquier tipo de fruta.

Miré hacia arriba y observé a Dios mirándonos desde lo lejos. Obviamente, estaba feliz. Lo saludé con la mano y articulé: "¡Gracias!".

Él sonrió y me respondió: "¡Te amo!".

"Dios es grandioso", reflexioné en voz alta.

Han transcurrido muchas estaciones desde aquel día en que vi a la Mujer por primera vez. Al principio Dios nos acompañaba cuando el día estaba fresco y caminaba con nosotros por el Jardín. No tomó mucho tiempo enseñar a la Mujer a hablar. Es muy inteligente, y algunas cosas las aprende más rápido que yo.

Un día, Dios se acercó a nosotros muy serio. Nos tomó a ambos por las manos y caminó con nosotros hasta el centro del Jardín. Yo sabía que íbamos a tener "la charla". Dios nos llevó hasta los dos árboles que estaban en medio del Jardín y comenzó su firme exhortación (ya había hablado conmigo sobre esos dos árboles hacía mucho tiempo).

"Este es mi árbol favorito —dijo Dios mostrándonos la fruta—. Es el Árbol de la Vida. Podrán comer de él cada vez que lo deseen". Luego su tono de voz cambió mientras se volvía al segundo árbol. Dijo: "Éste es el Árbol del Conocimiento del Bien y del Mal. *Nunca* comerán de él porque pueden morir en un día".

No le dije nada a Dios, pero la fruta del Árbol de la Vida no era muy provocativa. Era algo espinosa. El otro árbol tenía unas frutas hermosas que hacía querer probarlas. La Mujer y yo nos miramos y ella parecía estar pensando lo mismo que yo. A mí se me hacía difícil ver a Dios hablar con esa intensidad, pero la Mujer parecía procesar la petición de Dios de manera diferente. En ese momento no entendí por qué, pero luego me di cuenta de que ella era mucho más intuitiva, lo que con frecuencia ocasionaba que entendiera a Dios desde otra perspectiva.

La estación estaba cambiando, y comenzó a hacer frío en las noches. Nos quedábamos más cerca de la cueva que Dios había hecho para que permaneciéramos cuando hacía frío. A la mujer le gustaba decorar las paredes de la cueva con grabados de animales, o de mí. Ella es muy buena dibujando y a veces pasa días seguidos trabajando en las paredes. Después de algún tiempo, tuvo la idea de usar sus dibujos para registrar las historias de las cosas que estábamos viviendo, de manera que no las olvidáramos. La Mujer era muy creativa e intuitiva. Cada vez que Dios estaba con nosotros, ella parecía saber lo que Él estaba pensando antes de que hablara. Luego de que Dios se iba, ella y yo teníamos largas conversaciones sobre las cosas que ella *sentía* cuando Él estaba cerca.

Un día, yo estaba solo con Dios en el Jardín y le dije lo que la Mujer sentía. Él asintió y sonrió, como diciendo: "Adán, no lo entiendes, ¿verdad?". La verdad es que no entiendo cómo es que ella sabe cosas acerca de Dios (y acerca de mí) que Él nunca le dijo. Pero recuerdo haber tenido experiencias similares antes de que la Mujer fuese extraída de mí. Tendré que aprender a confiar en su habilidad de entender las cosas intuitivamente, y que no puedo entender de manera lógica.

Un día, mientras yo estaba cerca del río cultivando maíz, la Mujer estaba caminando sola por la pradera buscando piedras de colores para usar en sus grabados. De repente, se encontró con una hermosa criatura en medio de la pradera y comenzaron a conversar. Yo ya había visto a esta criatura esconderse entre los árboles del bosque mucho antes de que Dios creara los animales y me permitiera darles nombre. Esta criatura era mucho más alta que yo y tenía una larga cabellera rubia. Sus ojos eran de un azul profundo y su cuerpo era muy parecido al mío, excepto que su piel era brillante como el sol. Tenía dos alas magníficas en su espalda, pero nunca lo vi volar. Luego, la Mujer me dijo que las alas de la hermosa criatura se habían roto en una gran caída. Me dijo que él culpaba a Dios por eso. Quizás por eso era que la criatura nunca se acercaba cuando Dios estaba con nosotros.

Una vez me encontraba en el río buscando agua, cuando de

repente me topé con esta hermosa criatura. Debo haberla asustado, porque desapareció inmediatamente. Podía sentir que yo no le agradaba. Un poco más tarde, sentí el suelo temblar bajo mis pies y supe que Dios se acercaba. Los animales frecuentemente lo escuchaban venir antes que yo, y el Jardín se llenaba de emoción. A las aves en especial les gustaba realizar un espectáculo para Dios volando alrededor de Él una y otra vez, mientras los demás animales se apresuraban para acercársele. Dios disfruta de todas sus criaturas. Con frecuencia reía mientras los veíamos jugar juntos. Decidí que ese día trataría el tema de la hermosa criatura.

"Dios —le dije más bien con vergüenza—, hay una criatura a la que no le he puesto nombre que siempre me mira desde los árboles a lo lejos. Hoy lo vi por el río y debí haberlo sorprendido porque comenzó a correr. Me parece que, por alguna razón, no le agrado". Miré a Dios a los ojos y agregué: "Lo siento, ¡pero no confío en él!" (Me sentí un poco incómodo diciéndole esto a Dios. Nunca me había permitido hablar negativamente de ninguna criatura que Él había creado, porque Él dijo que todo era bueno y que todo expresa un aspecto diferente de su naturaleza).

Dios también me miró en silencio. Su rostro se volvió sombrío y sus ojos se llenaron de decepción. Frunció el ceño y dijo: "Es la serpiente".

Dios no necesitó decir nada más. De alguna manera comprendí que la serpiente era un antiguo rival de una época pasada. Dios sacudió su cabeza como diciendo: "Confía en tus instintos". El silencio fue interrumpido cuando la mujer llegó corriendo a través de la pradera y se lanzó en los brazos de Dios. Lo besó en ambas mejillas y Él bromeó con ella. Me encantaba cuando Dios jugaba con nosotros. Él es muy divertido, y ese día la pasamos tan bien que olvidé contarle a Dios que había visto a la Mujer hablando con la serpiente.

El siguiente año vi a la hermosa serpiente interactuando con la Mujer varias veces en la pradera. Le expresé mi preocupación indirectamente a la Mujer, porque a ella parecía agradarle la serpiente, y yo no quería herir sus sentimientos, porque ella es sensible. Tampoco le hablé de mi conversación con Dios en relación con la serpiente. Ahora mirando hacia atrás, me arrepiento de no habérselo dicho.

Ninguno de los animales podía hablar, así que no era difícil entender por qué a la Mujer le agradaba la serpiente. A la Mujer le gusta hablar mucho más que a mí, y la belleza de la serpiente era impresionante. Cuando yo salía a trabajar en el Jardín, ella muchas veces caminaba por el huerto y recogía frutas. Allí se encontraba con la serpiente, cada vez con mayor frecuencia. No sé si sentía celos de la serpiente, o si era solo que no me agradaba, pero yo sabía que Dios tampoco confiaba en ella. Ya he mencionado que la Mujer era mucho más intuitiva que yo, así que yo pensaba que ella se daría cuenta si la serpiente obraba mal. Me confundía.

La serpiente parecía ser muy inteligente y era mucho más hermosa que cualquiera de las otras criaturas vivientes. La Mujer parecía hechizada por su esplendor y sabiduría. Sin embargo, él debe haber sabido que no me agradaba, porque desaparecía cada vez que me veía venir.

En el día más triste de la historia, la Mujer y yo estábamos en el Jardín en medio de los dos árboles que Dios había plantado. La Mujer tomó una fruta del árbol prohibido del Conocimiento del Bien y del Mal.

"¡Se supone que no debemos tomar las frutas de ese árbol! —le dije—. Mujer, ¡tú sabes lo que Dios nos dijo sobre ese árbol!".

"Adán —respondió la Mujer con voz suave—, la hermosa criatura dijo que la fruta de este árbol es deliciosa y que nos hará inteligentes como Dios. Me preguntó por qué Dios plantaría un árbol en el Jardín si no quería que comiéramos su fruto, y él dice que Dios no desea que seamos tan inteligentes como Él".

Antes de que yo pudiera decir algo, la Mujer tomó un bocado de la fruta. Inmediatamente sus ojos se iluminaron, y gritó: "¡Esta fruta es increíble!". Comenzó a mencionar cosas que yo nunca había escuchado a Dios decirnos antes. "Adán, ¡*tienes* que probar esta fruta! Sabe muy bien, y está abriendo mi mente a una comprensión diferente de las cosas. ¡Es espectacular! Adán, ven cariño, ¡muerde un poco! Oh, por favor, ven, solo un mordisco. ¡Si no te gusta, la puedes escupir!".

La Mujer se veía tan feliz, que decidí probar también la fruta. Ella me dio una y tan pronto la probé, mis ojos también se abrieron. *"¡Esto es increíble!"*, grité. Me sentía estupendo y le di otro mordisco. *"Algo despertó en mí"*, dije en voz alta.

Mientras el día acababa y el sol comenzaba a ocultarse a lo lejos, nuestras conciencias fueron despertando, lentamente. Nos dimos cuenta de que estábamos desnudos y sentimos vergüenza. Tomé a la Mujer por el brazo y la halé hacia los árboles. Ambos lloramos, porque nos sentíamos muy culpables. Rápidamente reunimos unas hojas, e hicimos lo mejor que pudimos para juntarlas y cubrir mi pene y su vagina. Sabía que algo terrible había ocurrido, porque el Jardín estaba muy silencioso...aún las aves dejaron de cantar.

Unos momentos más tarde sentí el suelo vibrar bajo nosotros y supe que Dios venía. La Mujer y yo corrimos al bosque para escondernos porque sentimos vergüenza y no queríamos ver a Dios. Él se detuvo en la pradera, llorando y esperando. Mi corazón se rompió en pedazos cuando espié entre los arbustos y vi la expresión de su rostro.

"Adán...¡Adáaan!!", gritaba Dios con voz muy triste. *"Adáaan, ¿dónde estás?"*.

La tierra entera tembló y todos los animales huyeron cuando Dios gritó mi nombre. *"Adán, hijo, ¿acaso comiste del árbol del que te dije que no comieras? Adán y Mujer, ¡vengan inmediatamente para acá a hablar conmigo!"*.

Nunca había oído a Dios hablarnos en ese tono. Temblando de pies a cabeza, salí de entre los arbustos. La Mujer me siguió, llorando descontroladamente mientras salíamos juntos de entre los árboles. Nunca olvidaré la expresión en la cara de Dios mientras nos aproximábamos a Él.

"Adán —dijo Dios con una mirada profunda—, ¿qué has hecho?".

Yo tenía tanto miedo, que apenas podía pronunciar las palabras. *"La Mujer...tú me diste a la Mujer...y la Mujer que tú me diste me habló y me hizo probar la fruta"*, dije mirando al piso.

"Adán, ¡mírame a los ojos!—dijo Dios—. No solo me has desobedecido, sino que obedeciste a tu esposa en vez de a mí!". Luego se volvió hacia la Mujer. "Mujer, ¿qué has hecho?", le preguntó con voz enfadada.

Llorando intensamente, la mujer balbuceó: "¡No lo sé! Escuché... ¡escuché a la serpiente, y ella me mintió! ¡No es mi culpa, Dios! ¡No es mi problema!".

"Adán, Mujer: les conferí poder sobre el mundo, y ustedes han decidido cambiar de amo y obedecer a la serpiente. Expresamente les ordené a los dos no comer del Árbol del Conocimiento del Bien y el Mal, pero la serpiente les dijo que lo hicieran ¡y ustedes prefirieron obedecerle a ella *que* obedecerme a mí!".

Pude ver a la serpiente que se escondía en una arboleda, mirándonos en la distancia con una expresión siniestra en su rostro. Se burlaba de nosotros (especialmente de la Mujer) con una risa aterradora mientras Dios nos reprendía. Repentinamente, Dios miró a la serpiente y le ordenó acercarse. La serpiente tembló mientras le obedecía. No podía mirar a Dios a los ojos. La voz de Dios retumbaba a través del Jardín mientras le gritaba a la serpiente, "*Maldito serás entre toda el ganado y los animales salvajes. ¡Sobre tu vientre andarás y comerás polvo por el resto de tu vida!*".

Dios continuó: "Declaro que desde este día en adelante la Mujer estará en guerra contra ti. Todos sus hijos te odiarán por el resto de tus días. ¡Te pisarán la cabeza tan fuerte que se herirán el talón!".

La Mujer y yo miramos estupefactos como la hermosa serpiente fue transformada ante nuestros ojos. Chilló de agonía mientras su piel se cubría de escamas. Sus brazos y piernas se encogieron y cayó al suelo con un gran golpe seco, chocando la cabeza contra la tierra. Sus alas y su cabello se desintegraron como el polvo. Se fue deslizándose entre la maleza, que ahora se diseminaba rápidamente por todo el Jardín.

Dios se volvió a la Mujer, que temblaba descontroladamente, y le susurró: "Multiplicaré el dolor de tus partos, tendrás a tus hijos con dolor. Querrás complacer a tu esposo, pero él se enseñoreará de ti".

Mi corazón se desgarró cuando escuché la maldición de Dios sobre la Mujer. Luego, Dios se volvió hacia mí y me miró a los ojos. Lágrimas corrían por sus mejillas. Su rostro lucía afligido por la traición.

"Adán —dijo Dios con la voz quebrada por la tristeza—: por haber escuchado a tu esposa en vez de a Mí y comer del árbol que yo te prohibí, la tierra será maldita por tu culpa. Obtener alimentos de la tierra será tan doloroso para ti como será el parto para tu esposa. Trabajarás con dolor todos los días de tu vida. De la tierra crecerán espinas y maleza. Te será difícil obtener tus alimentos, plantarás y cosecharás sudando en los campos desde el amanecer hasta el atardecer, hasta que regreses a esa misma tierra, muerto y enterrado. Del polvo vienes y en polvo te convertirás".

Cuando Dios terminó de maldecirnos, dijo en un tono muy sobrio: "¡Esperen!". La Mujer y yo lo observamos desaparecer en el bosque. Poco después escuchamos un sonido terrible a lo lejos. Dios apareció entre la vegetación al atardecer con dos pieles de animales que había convertido en ropas para nosotros.

"Pónganse esto —dijo apesadumbrado—. Esto cubrirá sus cuerpos desnudos para que no vivan avergonzados".

Las pieles nos quedaban perfectas, pero yo me sentía desolado por la enorme tristeza que pude sentir que emanaba del ser de Dios. Sabía que una de sus amadas criaturas había muerto para podernos proveer estas pieles. Luego Dios nos envió a la cueva, mientras Él se quedó en la pradera cerca del Árbol de la Vida.

La Mujer y yo nos quedamos dormidos, pero temprano en la mañana siguiente nos despertaron unas voces que hablaban en la pradera. El piso temblaba más fuerte de lo que recordara jamás.

La Mujer y yo salimos apresuradamente a la entrada de la cueva, para ver qué estaba ocurriendo. Vimos a la Divinidad hablando. Dos enormes criaturas celestiales volaban en círculos sobre ellos. La mujer se asustó y corrió al fondo de la cueva, como si presintiera de alguna manera el resultado de la conversación. Yo me quedé de pie, temblando e impresionado mientras veía a la Divinidad conversar. Podía escucharlos hablar sombríamente sobre las consecuencias que podría traer que la Mujer y yo comiéramos del Árbol de la Vida, ahora que ya habíamos probado del árbol prohibido. Hablaron de la posibilidad de que la creación viviera en este estado pecaminoso eternamente. Escuché algo sobre un Cordero que había sido sacrificado mucho antes de la creación del mundo, pero no entendí por qué, ni qué significaba todo aquello.

Cuando la conversación terminó, Dios ordenó a los seres celestiales aterrizar y resguardar el Árbol de la Vida. Los seres sacaron espadas en llamas y patrullaron el Árbol en todas las direcciones. Era aterrador mirarlos. El resto de la Divinidad desapareció, y Dios comenzó a caminar hacia la cueva. El corazón casi se me salía del pecho mientras Él se acercaba.

Llamó con voz fuerte: "Adán, Mujer, ¡vengan aquí ahora!".

Temblando, salimos los dos. ¡Estábamos aterrados! Recordé las palabras que Dios me había dicho hacía muchas estaciones: "El día que comas del Árbol del Conocimiento del Bien y del Mal, morirás".

Dios nos miró con lágrimas en los ojos y dijo: "¡Salgan del Jardín inmediatamente! ¡Vamos!".

La Mujer se apresuró a recoger las piedras que usaba para grabar las paredes de la cueva, pero Dios la detuvo. "Mujer, ¡deja tus cosas y haz lo que te digo! ¿No me has entendido? ¡Corre! Ustedes le han dado a la serpiente la autoridad que yo les di para gobernar el mundo. Ahora deben alejarse del Árbol de la Vida, no sea que el mundo viva en este estado para siempre".

Huimos del Jardín, y repentinamente nos sentimos muertos por dentro. ¿Cómo podremos vivir sin una relación con Dios? Me preguntaba. La Mujer también tenía sus luchas. Se nos había encargado la tierra y ahora habíamos perdido nuestra autoridad. Seguramente la horrible serpiente, maldita por Dios, no gobernará el mundo ahora... ¿o sí? Mi alma estaba llena de profunda tristeza y confusión.

La relación entre la Mujer y yo también cambió. Comencé a mandar sobre ella, así que ya no éramos iguales. Ella ahora estaba sujeta a mi voluntad. A la Mujer no le gustaba que yo le dijera lo que tenía que hacer, pero yo en secreto lo disfrutaba. La Mujer era buena como líder en el Jardín, y esa es la razón por la que yo siempre la escuchaba. La serpiente se debe haber dado cuenta de cuánto yo respetaba las habilidades de liderazgo de la Mujer. Estoy seguro de que sabía que si podía controlar a la Mujer, yo la seguiría. Debí haberme dado cuenta que ella también tenía sus debilidades, especialmente cuando me dijo que desobedeciéramos a Dios.

Pasó otra estación y luego, una tarde, mientras estábamos caminando por un campo lleno de maleza, recordé la manera en que había ayudado a Dios a crear los animales y ponerles nombres a todos. La Mujer aún no había tenido hijos, así que decidí cambiar su nombre a otro que la facultara para tener hijos. Me volví hacia ella y le dije: "Tu nombre será Eva, madre de los vivientes".

La Mujer sonrío y pareció gustarle su nuevo nombre. Unos días después tuvimos sexo, tal y como Dios nos había instruido muchas estaciones antes, pero esta vez Eva quedó encinta. ¡Los dos estábamos contentos! Como nos había tomado tanto tiempo tener hijos, Eva dijo que Dios la había ayudado a quedar encinta. Era bueno saber que Dios aún estaba involucrado en nuestras vidas, a pesar de que nosotros habíamos decidido no obedecerlo.

Pasaron muchos días, y finalmente llegó el día en que Eva daría a luz a nuestro primogénito Caín. Muy temprano en la mañana, ella se agachó sobre una cama de heno que yo hice para ella. Luchando para dar a luz, daba gritos de dolor intenso, y la labor de parto duró hasta la noche, mientras yo estaba de pie a su lado sin poder hacer nada. Al escucharla gemir y observar la agonía en su rostro, por primera vez oré a Dios para que no la dejara morir. Me sentía impotente al escucharla rogar por misericordia, mientras el niño salía lentamente de su vientre.

Caín nació tarde en la noche. Eva, empapada de sudor, quedó totalmente exhausta, mientras yo cuidaba de nuestro primogénito. Lo envolví en una piel que había hecho para él durante el invierno, lo sostuve cerca de mí y lo mecí entre mis brazos. Estaba sufriendo por Eva y, a la vez, me regocijaba por Caín. Poco tiempo después Eva quedó encinta de nuevo y dio a luz a Abel. Los amábamos mucho a los dos. Creo que tener a nuestros propios hijos nos ayudó a entender, por primera vez, el intenso amor de Dios por nosotros.

Dios comenzó a acercarse con mayor frecuencia después del nacimiento de los niños. Abel disfrutaba de la compañía de Dios y le encantaba llevarle grandes obsequios del rebaño que él mismo criaba. Caín salió como yo: le gustaba cultivar la tierra y plantar árboles frutales. Caín nunca mostró mucho interés en asuntos espirituales y siempre estuvo celoso de la manera en que Abel y Dios se relacionaban. Cuando Caín vio que Abel le llevaba regalos a Dios, él también tomó algo de su huerto para obsequiárselo. La mayoría de las veces eran frutas verdes o podridas. Mostraba poco respeto por Dios y, por ende, Dios favorecía a Abel más que a Caín.

Eva y yo nos preocupábamos por Caín, porque él se deprimía con frecuencia. Dios le había dicho una vez que si dejaba de ser egoísta y comenzaba a servir a otros, se sentiría mejor consigo mismo. Pero Caín no parecía escuchar nunca a nadie, incluido Dios. Vivía con mucho rencor hacia Abel, aun cuando Abel lo trataba bien. Un día, Abel fue al campo de Caín para tratar de mostrar un poco de interés en el trabajo de su hermano, como su madre y yo le habíamos aconsejado. Todos intentábamos encontrar maneras de dispersar los celos de Caín. Cuanto más bueno era Abel con su hermano, más iracundo se ponía este último.

Una mañana Caín se enfureció y mató a nuestro amado Abel. Dios nos dio la noticia después de haber confrontado a Caín. ¡Eva y yo lloramos a Abel hasta el día de hoy! Lo extrañamos mucho. Con frecuencia caminamos juntos entre sus animales y recordamos cuanta felicidad sintió al criarlos. Amaba enseñárselos a Dios.

Muchas estaciones han pasado desde el primer día en que Dios me dio a la Mujer en el Jardín. Eva y yo la pasamos muy bien allí, pero hemos atravesado por mucho dolor desde que decidimos cambiar de amo. Siempre soñamos con encontrar la manera de poder restaurar a nuestros amados hijos en el Jardín. Hablamos con Dios sobre esto hace poco.

Dios nos prometió: "Enviaré a otro Adán. El vencerá a la serpiente y pondrá a todos nuestros enemigos bajo nuestros pies.

En ese día, el segundo Adán cambiará el curso de toda la creación para que hombres y mujeres puedan caminar de la mano con Dios en el Jardín. Se les restaurará la autoridad y la creación se regocijará en su coronación. Hasta entonces, toda la creación bramará bajo la esclavitud de la corrupción, esperando con ansias la revelación del Hijo glorioso de Dios. Cuando amanezca ese día, la estrella se levantará en sus corazones, y los gritos de júbilo volverán a la tierra".

Mientras Dios nos hablaba, recordé el día en que vi a la Mujer por primera vez y mi alma se llenó de dicha. Mis ojos se llenaron de lágrimas, mientras me preguntaba si las cosas volverían algún día a ser como eran. Eva debe haber sentido lo que yo sentía. Me tomó por la mano e hizo lo que pudo para consolarme. Hasta el día de hoy agradezco a Dios por Eva, mientras cultivo la tierra con el sudor de mi frente y espero por un nuevo amanecer y la restauración de todas las cosas.

2

Aguanta Adán, la ayuda viene en camino

*D*urante miles de años, fuerzas que están empeñadas en destruir la dignidad, la gloria y el respeto propio del ser humano han estado obrando en el mundo. El blanco de esta batalla ha sido principalmente la mujer. Es una batalla que enfrenta a ambos sexos, ya que cada sexo crea patrones en cuanto a sus propias fortalezas con el fin de disminuir al otro. La mayoría de los problemas han surgido porque los hombres les exigen a las mujeres que se sometan a los patrones masculinos, mientras ignoran las fortalezas superiores de las virtudes femeninas (las cuales trataremos en profundidad en los próximos capítulos).

Antes de entrar en detalles sobre la situación de las mujeres, usemos nuestros controles de Google Maps, por decirlo de alguna manera, y ampliemos el enfoque a una perspectiva más global. Vamos a hablar de una de las armas de guerra más destructivas jamás creadas en este planeta: el Darwinismo. A principios de siglo, el Darwinismo se incrustó en cada célula de la sociedad. Pero espere, antes arrojar este libro a la basura pensando que yo tengo alguna clase de agenda anticientífica disfrazada de libro sobre la capacitación femenina, ¡debo decirle que nada más lejos de la realidad! La verdad es que me encanta la ciencia y respeto mucho a la mayoría de los científicos, así que permítame explicarle mi punto de vista. Darwin no solo defendió la evolución, sino que fue el padre de la evolución entre especies. Independientemente de lo que usted piense sobre la evolución, hay una enorme diferencia entre una especie que evoluciona para adaptarse a los cambios climáticos, culturales, etcétera, y una ameba que evoluciona para convertirse en todas las especies del planeta.

Es importante entender que las teorías científicas de Darwin nos han llevado a adoptar una mentalidad cultural que ha sido extremadamente destructiva para la dignidad de los hombres y las mujeres. El Darwinismo básicamente afirma que toda la vida, incluyendo la vida humana, evolucionó a partir de la misma fuente, durante miles de millones de años, a través de un proceso de selección natural. Este argumento creó dos cambios importantes en nuestro pensamiento. Primero, el Darwinismo afirmó que nuestros ancestros no eran divinos, negando la idea de que los hombres y las mujeres fueron creados a la imagen de Dios, como se creía comúnmente en otra época. En vez de eso, nuestros ancestros tenían aspecto de simios y provenían de una ameba. Esto transformó la manera en que la sociedad valoraba la vida humana, ya que nos colocó al nivel de simios inteligentes.

Segundo, la teoría de la evolución de Darwin nos enseñó que llegamos a existir a través de una serie de mutaciones genéticas, que transpiraron durante miles de millones de años, Esto significa que llegamos a existir sin un designio y un propósito divinos, y que no existió un Creador que nos amara tanto como para morir por nosotros. Solo somos la raza humana... completamente sola en esta roca olvidada de Dios que llamamos Tierra, flotando en el cosmos en un viaje sin propósito hacia la nada.

Darwin nos enseñó que nacimos para morir, sin eternidad antes de nosotros, ni cielo después de nosotros. John Lennon expresó el pensar de Darwin en su hermosa canción "Imagine" (Imagina). En su canción, John nos anima a pensar de manera diferente, al decirnos que imaginemos que no hay un cielo sobre nosotros, ni un infierno debajo de nosotros, y que todos vivimos solo para el presente.

Aunque la teoría de la evolución de Darwin ha sido conocida desde mediados del siglo XIX, esta tuvo su mayor apoyo en el pensamiento moderno durante la revolución sexual. La revolución sexual creó el escenario perfecto para el crecimiento del Darwinismo, ya que las personas estaban infringiendo sus propios valores morales y buscaban una manera de evitar dar explicaciones a Dios por la culpa que estaban sintiendo. Charles

Darwin le dio al mundo la excusa que necesitaba para vivir en el infierno, sin tener que dar explicaciones al cielo.

La Biblia nos enseña un punto de vista totalmente opuesto sobre el origen de la vida, lo que les da a los creyentes una perspectiva radicalmente distinta sobre la creación. Veamos una parte de la historia de la creación para ver si podemos desmentir el mito de Darwin, que ha desvalorizado y deshonrado a la humanidad durante décadas.

> "En el principio creó Dios los cielos y la tierra [...] Y creó Dios los grandes monstruos marinos y todo ser viviente que se mueve, de los cuales están llenas las aguas *según su género*, y toda ave *según su género*. Y vio Dios que era bueno. Y Dios los bendijo, diciendo: Sed fecundos y multiplicaos, y llenad las aguas en los mares, y multiplíquense las aves en la tierra. Y fue la tarde y fue la mañana: el quinto día.
>
> Entonces dijo Dios: Produzca la tierra seres vivientes *según su género*: ganados, reptiles y bestias de la tierra *según su género*. Y fue así. E hizo Dios las bestias de la tierra *según su género*, y el ganado *según su género*, y todo lo que se arrastra sobre la tierra *según su género*. Y vio Dios que era bueno.
>
> Y dijo Dios: *Hagamos al hombre a nuestra imagen, conforme a nuestra semejanza*; y ejerza dominio sobre los peces del mar, sobre las aves del cielo, sobre los ganados, sobre toda la tierra, y sobre todo reptil que se arrastra sobre la tierra. *Creó, pues, Dios al hombre a imagen suya, a imagen de Dios lo creó; varón y hembra los creó*. Y los bendijo Dios y les dijo: Sed fecundos y multiplicaos, y llenad la tierra y sojuzgadla; ejerced dominio sobre los peces del mar, sobre las aves del cielo y sobre todo ser viviente que se mueve sobre la tierra".
>
> Génesis 1:1, 21-28, itálicas añadidas

¿Notó usted una frase que se repite en los versículos anteriores? Correcto, la frase es *según su género*. Recuerde, la teoría de la evolución de Darwin afirma que *toda* la vida proviene de un *mismo género*. Mientras Dios avanzaba en la creación, fíjese en los momentos contextuales que llevaron a la creación del ser humano. Él creó:

- Grandes monstruos marinos – *según su género*
- Toda ave – *según su género*
- Seres vivientes – *según su género*
- Ganado – *según su género*
- Reptiles – *según su género*
- Bestias de la tierra – *según su género*
- Ser humano – *a nuestra imagen y semejanza* (según su género)

¿Se da cuenta de la progresión? Dios dice que Él hizo todo *según su género*, incluyendo a los seres humanos. Cuando dijo: *"Hagamos al hombre a nuestra imagen, conforme a nuestra semejanza"*, ¡estaba diciendo que fuimos creados *según el género de Dios!* No somos simios inteligentes, amebas mutantes o accidentes cósmicos: somos la descendencia de Dios, con el propósito divino de reinar sobre la tierra y con el destino divino de vivir con Dios por toda la eternidad. El gran apóstol Pablo lo dijo así:

"Pues no habéis recibido un espíritu de esclavitud para volver otra vez al temor, sino que habéis recibido un espíritu de adopción como hijos, por el cual clamamos: ¡Abba, Padre! El Espíritu mismo da testimonio a nuestro espíritu de que somos hijos de Dios, y si hijos, también herederos; herederos de Dios y coherederos con Cristo".

Romanos 8:15-17

La Biblia dice claramente que fuimos creados para ser como Dios. Dios es nuestro género, y aunque no seamos Dios, Él es nuestro Papá. Es por ello que la Biblia dice: "Sed, pues, imitadores de Dios como hijos amados" (Ef. 5:1). Cuando actuamos como Dios, ¡estamos siendo nosotros mismos! Tener consciencia de que nuestro Papá es Dios (y no un simio que arrastra los nudillos en algún lugar de la jungla africana) es transformador. Espero que se dé cuenta de que lo que usted cree en relación con sus orígenes, marca una diferencia en la manera en que usted se valora a sí mismo y a la humanidad en general.

El Adán femenino y la Mujer

Regresemos ahora a la historia del Génesis. Acabamos de leer en el primer capítulo de Génesis que Dios creó a Adán masculino y femenino, e inmediatamente les ordenó: "Sed fecundos y multiplicaos" (versículo 28). Ahora, veamos la historia de la creación como se narra en el capítulo 2 del Génesis.

> "Entonces el Señor Dios formó al hombre del polvo de la tierra, y sopló en su nariz el aliento de vida; y fue el hombre un ser viviente. Y plantó el Señor Dios un huerto hacia el oriente, en Edén; y puso allí al hombre que había formado".
>
> Génesis 2:7-8

Estoy seguro de que usted se dio cuenta de que Dios *formó* a Adán del polvo y luego sopló vida en él. Lo siguiente que leemos, es que Adán se encuentra solo y Dios comienza a buscarle una ayuda idónea:

> "Y el Señor Dios dijo: No es bueno que el hombre esté solo; le haré una ayuda idónea. Y el Señor Dios formó de la tierra todo animal del campo y toda ave del cielo, y los trajo al hombre para ver cómo los llamaría; y como el hombre llamó a cada ser viviente, ese fue su nombre. Y el hombre puso nombre a todo ganado y a las aves del cielo

y a toda bestia del campo, mas para Adán no se encontró
una ayuda que fuera idónea para él".

¿Encuentra usted algún problema aquí? "Bueno, el capítulo 1
es una visión general de la creación —razonará usted—, mientras
que el capítulo 2, nos da detalles específicos sobre la manera en
que Dios creó al ser humano y los animales, ¿verdad?". Esa es una
posibilidad y es cierto, al menos en parte, pero aún nos deja con
una situación extraña. Permítame explicarme. El vocablo hebreo
para hombre es *Adán;* por lo tanto, los vocablos *hombre* y *Adán*
son intercambiables a lo largo del Antiguo Testamento. Cuando
Dios creó a Adán (el hombre) en Génesis 1, creó dos: masculino
y femenino. La primera instrucción que Dios les dio en el primer
capítulo fue que fueran fecundos y se multiplicaran. Así que
nuestro primer reto es el siguiente: Cuando Dios dijo en Génesis
2 que no era bueno que el hombre (Adán) estuviera solo, ¿quiso
decir que no había más nadie con él? Si Adán estaba solo, en el
sentido de que no existían otros seres humanos en el planeta, entonces Adán no podía procrear o reproducirse, como lo había
instruido Dios en Génesis 1. Hasta aquí todo bien, ¿verdad? Sí,
pero si concluimos que Adán estaba solo de esta manera, ¡significaría entonces que Dios le estaba buscando una "ayuda idónea"
entre los animales!

Este escenario crea una situación incómoda que no solo es
pervertida, sino también antibíblica. Recuerde lo que aprendimos
anteriormente: Dios hizo que todo se reprodujera *según su género*. Los "Adanes" no se habrían reproducido *según su género*
si de alguna manera hubieran procreado con los animales (entiendo que esto es grotesco, pero sígame, que pronto demostraré
lo que quiero decir). Sé que lo que voy a sugerir aquí suena algo
loco, pero, ¿es posible que Adán (el hombre) fuese creado originalmente sin sexos separados? ¿Es posible que el hombre haya
sido creado originalmente como un ser intersexual, masculino y
femenino a la vez? En otras palabras, cuando Dios le dijo a Adán,
siendo masculino y femenino, "sed fecundos y multiplicaos" en

Génesis 1, le estaba hablando a dos "Adanes" intersexuales que individualmente poseían órganos reproductores masculinos y femeninos, y que, por lo tanto, podían procrear juntos? Sé lo que usted está pensando: ¡Kris, ahora sí que te volviste loco! Quizás sí, pero miremos más de cerca la creación de la mujer:

"Entonces el Señor Dios hizo caer un sueño profundo sobre el hombre, y este se durmió; y Dios tomó una de sus costillas, y cerró la carne en ese lugar. Y de la costilla que el Señor Dios había tomado del hombre, formó una mujer y la trajo al hombre. Y el hombre dijo: Esta es ahora hueso de mis huesos, y carne de mi carne; ella será llamada mujer, porque *del hombre fue tomada*".

Génesis 2:21-23, itálicas añadidas

¿Notó usted de donde Dios tomó a la mujer? La tomó *"del hombre"*. Cuando el Creador durmió a Adán, literalmente la sacó a *ella* de él. Eso quiere decir que la mujer tenía que haber estado *dentro* del hombre, si no, Dios no la hubiese podido *sacar de* él.

Si todavía no le ha quedado claro, lo que quiero decir es que el Adán femenino del que se habla en Génesis 1 ("hombre y mujer los creó") no es la misma mujer que fue tomada del hombre en Génesis 2. Estoy sugiriendo que el "Adán" (de naturaleza masculina y femenina) estaba solo en el sentido de que fue sido diseñado para tener una relación profunda con Dios. Cuando Dios estaba presente en el Jardín, Él completaba a "Adán" y satisfacía ese deseo de plenitud interior. Cuando Dios no caminaba con "Adán" en la frescura del Jardín, "Adán" estaba solo (no que andaba por sí solo). El hombre fue creado a la imagen de Dios y, por lo tanto, fue creado para tener una relación profunda...y no solo para aparearse y reproducirse.

Fuimos creados a la imagen de Dios

Uno de los nombres hebreos de Dios es El Shaddai, que traducido literalmente significa "El de los pechos múltiples". Dios se describe a sí mismo de manera maternal, el de los pechos, la cual es una característica típicamente femenina. Las características principales de la personalidad masculina son proveer y proteger. Cuando Dios hizo dormir a Adán, "separó" su imagen en dos personas distintas: hombre y mujer. No solo sacó lo "femenino" del hombre, sino que también sacó a "la mujer" de él. Las diferencias entre hombres y mujeres son más que meramente físicas; todas las fortalezas de la mujer fueron extraídas del hombre. Dios literalmente tomó a Adán y lo rompió por la mitad. La Biblia dice que Dios creó una "ayuda idónea" para él (Gn. 2:18). La palabra hebrea idóneo significa "correspondiente u opuesto a". Adán no estará solo nunca más, porque ahora necesitará a su mujer de la misma manera que necesita a Dios. Las mujeres completan a los hombres de la misma manera en que Cristo nos completa a nosotros cuando está unido a su Iglesia. El apóstol Pablo lo explica así:

> "Por esto el hombre dejará a su padre y a su madre, y se unirá a su mujer, y los dos serán una sola carne. Grande es este misterio, pero hablo con referencia a Cristo y a la iglesia".
>
> Efesios 5:31-32

El matrimonio completa al hombre y lo regresa a su estado original, ya que las fortalezas de la femineidad se unen nuevamente a las fortalezas de la masculinidad. Este concepto es clarificado aún más por la palabra hebrea *ezer*, que traducida significa "ayudante". *Ezer* aparece diecinueve veces en el Antiguo Testamento, en dos ocasiones para describir a una esposa y diecisiete veces para describir al propio Dios. Aquí colocamos dos ejemplos: "Nuestro socorro [*ezer*] está en el nombre del SEÑOR, QUE HIZO LOS CIELOS Y LA TIERRA" (Sal. 124:8), y "Bienaventurado aquel cuya ayuda [*ezer*] es el Dios de Jacob, cuya esperanza está en el SEÑOR su DIOS" (Sal. 146:5).

Esto es devastador para aquellos que desean utilizar el concepto de la *ayuda idónea* para reducir a las mujeres al rol de sirvientas. Pero también nos ayuda a entender el lugar que Dios destinó originalmente para la esposa en la vida de su esposo, y la manera en que debe relacionarse con él.

Debo aclarar que no estoy diciendo que la esposa debe ser un dios para su esposo. Simplemente trato de señalar que, así como los hombres están incompletos sin Dios porque fueron diseñados para ser complementados por Él, los hombres y las mujeres están incompletos el uno sin el otro. A veces a los hombres se les dice que necesitan ponerse en contacto con su lado femenino. Yo creo que cuando la mujer fue extraída del hombre, sus características femeninas lo abandonaron. La única manera en que un hombre puede entrar en contacto con su lado femenino, es casándose. El matrimonio funde a ambas personas para que surjan nuevamente como una sola. Esta unión sagrada le da acceso al esposo a las fortalezas de su esposa, y viceversa (con esto obviamente no quiero decir que una persona soltera no pueda vivir a plenitud. Retomaré este tema un poco más adelante).

He aquí otro asunto interesante que enfatiza el punto bíblico de que los dos sexos son en realidad uno solo. ¿Se ha dado usted cuenta de que Dios nunca cuenta a las mujeres en una multitud? Por ejemplo, la Biblia narra en el evangelio que Jesús alimentó a cuatro mil o cinco mil hombres. Aunque algunas veces los escritores reconocían la presencia de mujeres, nunca se las contaba (ver Mt. 14:21; Mr. 6:44; Lc. 9:14). ¿Por qué? Bien podría tratarse de que Dios está reafirmando este asunto de que los dos sexos son en realidad uno rehusándose a contarlos dos veces.

O quizás…

Hablemos de la otra interpretación más conocida, que dice que Génesis 1 es una visión general de la creación, mientras que Génesis 2 es una versión detallada de la misma historia. Esto, por supuesto, querría decir que Adán estaba solo en el sentido de que no había ningún otro ser humano sobre el planeta. En este contexto, Dios pudo haber tratado de buscarle una ayuda idónea entre los animales para que Adán pudiera entender—después de bautizar a todas las demás criaturas vivientes y sin embargo seguir sintiéndose solo—que las mascotas nunca satisfarían su deseo de plenitud. Pero bien sea que usted crea que Adán era intersexual (de naturaleza masculina y femenina) y estaba solitario con el propósito de tener una relación profunda con Dios, o que Adán era el único ser humano en el Jardín y que ningún animal podría satisfacer su deseo de compañía, la verdad sigue siendo que Dios sacó a la mujer del hombre. Ahora Adán tenía a alguien con quien relacionarse de la misma manera en que lo hacía con Dios.

Un extraordinario ejemplo de la conexión de esta relación se encuentra en la manera en que la Biblia describe la concepción de Caín, y luego la de Abel. Génesis 4:1 dice: "Y el hombre conoció [*yada*] a Eva, su mujer, y ella concibió y dio a luz a Caín, y dijo: He adquirido varón con la ayuda del SEÑOR". La palabra *conoció*, que algunas versiones bíblicas traducen como *se unió*, es la palabra hebrea *yada*. Significa "ser consciente de, experimentar, conocer muy bien, entender, aprender y considerar". La palabra hebrea para coito es *zera*, que significa "plantar una semilla" o "tener sexo" (ver Lv. 18:20, 23; Nm. 5:13, 20).

Lo interesante es que Dios usa con frecuencia la palabra *yada* para describir la manera en que Él se relaciona con su pueblo. Por ejemplo, David escribió: "Escudríñame, oh Dios, y conoce [*yada*] mi corazón; pruébame y conoce mis inquietudes" (Sal. 139:23).

En otras palabras, la Biblia presume que usted sabe que Adán tuvo relaciones sexuales [*zera*] con Eva, con la finalidad de embarazarla. Pero lo que Dios no da por sentado es que usted entiende que Adán y Eva tuvieron *yada* el uno con el otro. Caín y Abel no fueron solo el resultado de una unión sexual entre dos personas, fueron el resultado de una profunda relación interpersonal. Adán tenía este tipo de relación con Dios antes de tenerla con Eva. Dios sacó a la mujer del hombre, para que los dos pudieran experimentar *yada* el uno con el otro, de la manera en que Adán lo había experimentado con Dios.

Formados y diseñados

La Biblia dice que tanto Adán como los animales fueron *formados* del polvo (lo que explica por qué nuestro ADN está tan estrechamente vinculado). La palabra hebrea para *formado* es *yatsar*. Pero Dios *diseñó* (*banah*) a la mujer con un material más sofisticado. Ella es una creación de segunda generación (¡Al parecer desde entonces a las mujeres les gustaba el "diseño"!). Después de formar a Adán, Dios sopló en su nariz a diferencia de las otras criaturas que había hecho, y el hombre se convirtió en un alma viviente (ver 1 Co. 15:45). Es curioso que la semejanza con Dios y el aliento del Todopoderoso sea lo que separe a la humanidad de cualquier otra criatura creada por Él. Pero lo que ocurrió cuando Adán vio a la mujer por primera vez, es lo que más me intriga. Veamos el pasaje nuevamente:

> "Y de la costilla que el Señor Dios había tomado del hombre, *diseñó* una mujer y la trajo al hombre. Y el hombre dijo: Esta es ahora hueso de mis huesos, y carne de mi carne; ella será llamada mujer, porque del hombre fue tomada. Por tanto el hombre dejará a su padre y a su madre y se unirá a su mujer, y serán una sola carne".
>
> Génesis 2:22-24, itálica añadida

Cuando Adán vio a la mujer comenzó a profetizar sobre ella de la misma manera en que lo había hecho cuando Dios le dio los animales para que les pusiera nombres. Creo que Adán no solo estaba llamando a las criaturas Manchita, Fifí o Fido, sino profetizando sobre sus características más distintivas (ver Gn. 2:19-20). Recuerde que Dios creó casi todas las cosas por medio de la palabra, pero se quedó en silencio cuando comenzó a trabajar con sus manos. ¿Fue el silencio de Dios una invitación a Adán para que creara conjuntamente con Él, o fue la naturaleza de Dios en Adán la que ayudó a moldear las características distintivas de la mujer a través de declaraciones proféticas? No sé realmente qué fue lo que inspiró a Adán, pero sus palabras hacia la Mujer se convirtieron en una poderosa declaración, que dirigió a la mujer hacia su destino. "Se llamará Mujer, porque fue tomada del hombre", declaró Adán (versículo 23). En otras palabras: "Ella es mucho más que un hombre: es un hombre vientre".

Así como Dios creó al hombre para cultivar, el decreto profético de Adán ayudó a diseñar a la mujer como una incubadora. Esto llegó a ser parte del círculo de la vida. El hombre cultiva la tierra y le trae alimentos a la mujer del jardín. Ella incuba el alimento y lo transforma en comida. Él cultiva su negocio y le construye una casa. Ella incuba la atmósfera y la convierte en un hogar. Él cultiva su amor por ella y le da su esperma. Ella incuba su intimidad y le da a él un bebé.

Este párrafo anterior sobre los hombres cultivando y las mujeres incubando lo escribí obviamente de manera metafórica. No intento establecer los roles de los hombres y las mujeres. No estoy diciendo que los hombres no pueden cocinar, o que las mujeres no pueden ser carpinteras o jardineras. Simplemente trato de poner en palabras la diferencia con la que hombres y mujeres procesan la vida.

Cuidado, hombres, con lo que están cultivando en sus mujeres. Recuerden que ellas están incubando lo que ustedes hayan cultivado en ellas. Sean sensibles a lo que se está gestando en el "vientre" de sus esposas, o podrían convertirse en víctimas de sus propios jardines envenenados.

Adán continuó su profecía: "El hombre dejará a su padre y a su madre, y se unirá a su esposa" (v. 24). Es importante recordar que Adán y Eva no tenían madre ni padre, excepto Dios. Por lo tanto, Adán estaba profetizando sobre la naturaleza de los roles masculino y femenino. Él no dijo: "Cuando dos personas se casen, el esposo dejará la casa de sus padres y se mudará a la casa de sus suegros". ¡Para nada! Adán estaba profetizando sobre las diferencias de género en el fundamento relacional de la humanidad. Lo que estaba diciendo era que las mujeres serían adoradas y seguidas, mientras que los hombres serían seguidores y protectores. El hombre renunciaría a la protección de su padre y su madre y crearía un lugar seguro para su esposa.

Soltería

En este punto, usted se debe estar preguntando: ¿Y qué pasa entonces con los solteros? El apóstol Pablo trató este tema, cuando escribió su primera carta a los Corintios. Les dijo que pensaba que era mejor que las personas permanecieran solteras para el ministerio si podían (probablemente, debido a la intensa persecución en sus días), pero continuó diciendo que "cada cual ha recibido de Dios su propio *don*" (1 Co. 7:7). La palabra griega *charisma*, cuya traducción es "don" en este pasaje, significa "un talento sobrenatural dado por Dios". La misma palabra griega se utiliza en 1 Corintios 12 para describir los dones espirituales, tales como la sanación y los milagros.

En otras palabras, no fuimos diseñados para estar solos, pero Dios puede otorgar y con frecuencia otorga el don sobrenatural de la soltería, de manera que una persona pueda vivir a plenitud sin casarse. Por supuesto, todos necesitamos el don de la soltería al menos por un período corto en nuestras vidas. Dios tiene una manera sobrenatural de injertarnos en la plenitud a través de su espíritu omnipresente, el cual vive en nosotros.

Por favor, no mal interprete mis intenciones al escribir este capítulo. No quiero que se sienta como media persona si se encuentra soltero o soltera, o si simplemente ha decidido permanecer así. Solo deseo señalar que tanto el hombre como la mujer hacen falta para representar con precisión a Dios, ya que fuimos creados a su imagen. Dios no es humano, pero tampoco es masculino. Se necesitan tanto las características masculinas como las femeninas para representar a Dios en el mundo.

En el próximo capítulo, descubriremos por qué la serpiente odia tanto a las personas, especialmente a las mujeres, y cómo logró inmiscuirse en la vida de la primera familia. ¡Le sorprenderá el intenso prejuicio que tiene el diablo hacia las mujeres!

MADRE TERESA

El gran poder de la compasión

U na de las mujeres más inspiradoras y conocidas en la historia moderna es la Madre Teresa. Ella pasó toda su vida alimentando y cuidando a los pobres, mientras que a la vez creaba una organización caritativa denominada Misioneras de la Caridad. Su ministerio, que comenzó con solo trece personas, ha crecido a más de seiscientas misiones en ciento veintitrés países.[1]

La Madre Teresa es también una de las pocas mujeres en la historia en recibir el Premio Nobel de la Paz, por no mencionar muchos otros premios humanitarios. Pero, ¿cómo esta mujer radical, que se entregó a sí misma a los más pobres, construyó este ministerio tan impresionante? ¿Por qué esta mujer poderosa fue capaz de estar "en el ministerio" y, simultáneamente, dirigir una organización gigantesca, con tan poca oposición masculina?

Una de las razones por las que la Madre Teresa fue capaz de lograr tanto, fue su firme convicción de que Dios la había llamado a cuidar a los pobres y desamparados. Era una mujer que estaba poseída por su misión. Ella escribió: "Mi misión es cuidar a los hambrientos, los desnudos, los sin hogar, los discapacitados, los ciegos, los leprosos, y todos aquellos despreciados que nadie quiere, que a nadie le importan en esta sociedad, personas que se han convertido en una carga para la sociedad y son rechazadas por todos".[2]

Esta monja no renunció. Con la tenacidad de un pitbull, simplemente no aceptaba un no como respuesta. La Madre Teresa intimidaba a los funcionarios gubernamentales, a las autoridades eclesiásticas y aun a los líderes militares con su aguda insistencia. Aunque medía apenas un metro y medio era una gigante en el Espíritu. En 1985, con las cámaras de televisión grabando, le insistió a un dirigente del gobierno de Etiopía que le diera dos edificios abandonados a su organización para ser utilizados como orfanatos. El funcionario claramente no quería ceder, pero cuando la multitud se dispersó y el polvo se asentó, la monja de setenta y cinco años permaneció en el lugar mirando fijamente al etíope, quien no tuvo otra alternativa que ceder[3] (francamente, no culpo al sujeto por ceder, ¡yo también le habría dado los edificios!).

La Madre Teresa tuvo tanta influencia a nivel mundial, que en 1982, a la avanzada edad de setenta y dos años, negoció un cese al fuego entre los israelíes y los palestinos para poder rescatar a treinta y siete huérfanos que se encontraban atrapados en la zona del conflicto. En medio de la batalla, los presentes observaban sorprendidos como ella se aproximaba valientemente a las almenas. Finalmente, el fuego cesó cuando la monja y su equipo cruzaron el campo de batalla y pusieron a los niños a buen resguardo.[4]

Tal vez la mayoría de los líderes no se oponía al liderazgo de la Madre Teresa porque ella estaba realizando un trabajo que, en su mayoría, los hombres no deseaban realizar. De todas maneras, cuidar de los pobres en India era un trabajo que la mayoría de los hombres pensaba que sería mejor realizado por una mujer, que de paso era monja. Muchas de las personas que ella cuidaba estaban muriendo de enfermedades nada agradables, como la lepra, donde la piel literalmente se cae en pedazos. Estos pacientes no tenían dinero para pagar servicio médico, ni familia que los ayudara. Eran lo peor de la sociedad. Sin ningún tipo de fanfarria, la Madre Teresa se dedicó calladamente a la tarea de rescatar a personas oprimidas como estas durante décadas.

Aunque muchos líderes apreciaban la compasión de la Madre Teresa, con frecuencia era criticada y condenada por sus puntos de vista en contra del aborto y el divorcio. Pero ella no permitió que la opiniones de los demás arruinaran su ministerio. Insistía en que sus trabajadores ignoraran las críticas y no defendieran sus valores. Algunas personas también cuestionaban los efectos a largo plazo de su trabajo con los pobres. Las críticas solo servían para fortalecer su determinación. Con frecuencia se le preguntaba que por qué no enseñaba a los pobres a pescar, en vez de darles de comer pescado. Ella respondía: "Esta gente no puede ni ponerse de pie, están enfermos, discapacitados y dementes. Cuando yo les haya dado de comer pescado y ellos puedan levantarse, se los enviaré a ustedes, y ustedes les darán la caña para pescar". [5]

En los primeros años de su ministerio, la Madre Teresa estuvo en muchos aprietos económicos. Aunque había recibido permiso por parte de sus líderes para comenzar su organización, ellos se negaron a financiarla y la dejaron rogando por comida y suministros. Muchas veces estuvo tentada a abandonar el duro ministerio del servicio a los pobres y volver a su vida de maestra, pero se fortalecía en el Señor y seguía adelante en su misión. Su persistencia finalmente rindió frutos, ya que muchos voluntarios comenzaron a unirse y ayudarla. Mientras su ministerio crecía, el financiamiento económico comenzó a llover desde gobiernos e iglesias.

No existían fronteras para los elogios religiosos y no religiosos hacia el trabajo de la Madre Teresa y, hasta el día de hoy, ella sigue siendo una de las figuras públicas más admiradas de todos los tiempos. Como mujer, su corazón compasivo, su espíritu maternal y su humildad, fueron fortalezas que integró a su ministerio. Pero igualmente importante es el hecho de que la Madre Teresa tuviera un don natural para la administración y la organización, que multiplicó de manera espectacular el alcance de su ministerio. Su legado continúa a través de las vidas de miles de personas que trabajan en orfanatos, hospitales y centros de caridad en todo el mundo. Hasta nuestros días, el ministerio que ella dejó continúa haciéndose cargo de los refugiados, ciegos, discapacitados, personas mayores, adictos, pobres y sin hogar. La organización que ella fundó, Misioneras de la Caridad, también se encarga de las víctimas de desastres naturales en todo el mundo.

Las revelaciones que salieron a la luz después de la muerte de la Madre Teresa en relación con sus luchas contra la depresión y las dudas desconcertaron a mucha gente, pero esas luchas realmente demuestran más fuerza de carácter en la Madre Teresa que la que el mundo conoció cuando estaba viva. A pesar de sus problemas personales, la madre Teresa marchó por la vida decidida a cambiar la historia. Ella no dudó de su llamado. Se rehusó a ver la femineidad como una desventaja. De hecho, es posible que su rol de monja la haya ayudado en su llamado hacia los pobres y al apoyo que recibió por parte los líderes mundiales.

Pero la triste realidad es que, aunque la Madre Teresa fue la fundadora y la líder de una de las organizaciones caritativas más grandes del mundo, ¡no se le habría permitido ser una anciana en la mayoría de las iglesias! Sencillamente, no tiene sentido que una mujer poderosa en Dios como la Madre Teresa pueda ser líder de un ministerio, pero no pueda ser líder en la Iglesia de Jesucristo. Démosles a las Madres Teresas del futuro la oportunidad de ser tan poderosas en la Iglesia como lo son en el campo misionero.

3

¿Quién era la serpiente disfrazada?

En la cumbre de su altivez, Satanás llegó al pináculo del orden divino de Dios y quiso hacerse con la mismísima naturaleza de la majestad divina. Enloquecido por el orgullo y dominado por su ego, se dijo a sí mismo: "Subiré al cielo, por encima de las estrellas de Dios levantaré mi trono, y me sentaré en el monte de la asamblea" (Is. 14:13). Pero en la siguiente escena de la película de Dios, escuchamos a Dios decir: "Sin embargo, has sido derribado al seol, a lo más remoto del abismo" (v. 15).

El diablo fue expulsado del hermoso cielo de Dios y arrojado en una roca fría y oscura que flotaba en el espacio, la cual (quizás), miles de millones de años más tarde sería conocida como planeta Tierra. El seol sería solo el comienzo de la sentencia eterna de Satanás, antes de que finalmente fuese arrojado al lago de fuego, ubicado en medio del mismísimo infierno. El seol no es el infierno, realmente significa "el lugar de los muertos vivientes".

El libro de Génesis nos da un pequeño adelanto del horrible estado original de nuestro planeta. Dice: "La tierra estaba sin orden y vacía, y las tinieblas cubrían la superficie del abismo" (Gn. 1:2). Veamos si podemos recrear el estado de este planeta al principio de la condena de la serpiente. La palabra hebrea traducida como "sin orden" es *tohu*, que significa "confusión", "desolación y "caos". La palabra hebrea que traducida como "vacío" es *bohu*, que significa "vacuidad" y "sin propósito". Y finalmente, la palabra traducida como "tinieblas" es la palabra hebrea *choshek*, que denota la idea de oscuridad total o "brillo en oscuridad".

Me imagino a este planeta helado, sin órbita, dirección, ni destino, con fuertes vientos cósmicos soplando a través de la superficie de sus canteras y grietas profundas. Como una estrella errante flotando sin rumbo en medio de un agujero negro en el espacio, su oscuridad eran tan desagradable, total y profunda, que su esencia caló en el alma de la serpiente, creando una desesperanza confusa e inimaginable.

Pasaron miles de siglos y, de repente, la serpiente escuchó estas palabras retumbando desde la oscuridad cósmica, viajando a la velocidad del pensamiento: "Hágase la luz". Inmediatamente, la luz comenzó a emanar desde una fuente imperceptible (el sol no había sido creado aún). Simultáneamente, el Espíritu de Dios, taciturno sobre el planeta, creó condiciones favorables, ecosistemas para la vida y atmósferas variables. Después de unos momentos, Dios separó la luz de las tinieblas y llamo a la luz "día". La serpiente se dio cuenta de que el Creador acababa de inventar el tiempo y, de repente, lo finito comenzó a existir en lo infinito.

Transcurrieron días mientras luz y la vida comenzaban a emanar de cada molécula imaginable, destellando a la velocidad de la imaginación de Dios. Las aves volaban por el cielo y planeaban sobre la superficie del abismo, cantando su canción de aprobación, mientras que las aguas se retiraban para llenar los mares y océanos, dejando la tierra al descubierto. Luego la vegetación, árboles, grama, hermosas flores y plantas de todo tipo comenzaron a brotar espontáneamente de la tierra, mientras que los ríos y fuentes comenzaron a fluir por todas partes. Cataratas espectaculares comenzaron a descender desde las montañas majestuosas, formando remansos en los valles.

El sol fue creado y el planeta comenzó su viaje anual alrededor de la estrella cósmica. La tierra comenzó a girar sobre su eje, lo que separó la noche del día. Dios llenó los cielos de estrellas que brillaban en la noche y, estratégicamente, ubicó la luna en su órbita para iluminar de noche, mientras el sol se escondía lentamente por el oeste.

Luego Dios llenó los océanos, ríos y mares de criaturas vivientes: peces, ballenas, focas, marsopas y todo tipo de grandes monstruos marinos. Luego Dios se concentró en la tierra y comenzó a crear bestias: osos, ciervos, elefantes, monos, gorilas, ganado y todo tipo de animales, que llenaron la superficie de la Tierra.

Finalmente, Dios plantó con sus propias manos un jardín impresionante llamado Jardín del Edén, en medio de los cuatro ríos. El Jardín del Edén fue creado alrededor de dos árboles. El Árbol de la Vida y el Árbol del Conocimiento del Bien y el Mal. Para entonces, Satanás debe haber estado hechizado por la belleza inmensa de la magnífica creación de Dios. Me pregunto si pensó: *Quizás Dios recapacitó y está convirtiendo esta prisión en un paraíso majestuoso para mí...* Puedo imaginarme a la serpiente escondiéndose entre el follaje mientras observaba al Dios al que una vez había servido creando vida a su alrededor. Por primera vez en muchísimo tiempo, un pequeño destello de esperanza se encendió en la mente enloquecida del diablo. Pero un escalofrío recorrió su espalda al escuchar al Creador majestuoso pronunciar estas poderosas palabras: "Y dijo Dios: Hagamos al hombre a nuestra imagen, conforme a nuestra semejanza; y ejerza dominio [...]" (Gn. 1:26). Dios dejó muy claro (lo mencionó siete veces en un solo párrafo de su Palabra) que formó cada criatura viviente, cada animal y cada ave *"según su género"*, pero que ahora estaba formando una criatura "a la semejanza de Dios".

Satanás deseaba ser como Dios. Deseaba sentarse en los lugares altos como Él. Deseaba reinar como Dios. Dios lo arrojó a un planeta oscuro y caótico para cumplir su sentencia de muerte. Luego, en medio del sufrimiento del diablo, Dios remodeló el planeta y colocó criaturas divinas que podían reproducir otras criaturas divinas, según su género. El diablo solo podía mirar horrorizado como Dios revelaba su creación divina y sacaba a la luz su antigua estrategia de poner bajo la autoridad de ellos todo lo que se arrastrara sobre la faz de la Tierra. La guerra de los mundos estaba a punto de comenzar, pero la victoria estaba predeterminada desde antes de la fundación del mundo.

¿Le gustaría saber por qué el diablo lo odia? Porque usted nació a la imagen y semejanza de Dios, a quien Lucifer estaba decidido a imitar. A través de la creación, nosotros recibimos lo que el diablo había intentado obtener a través de la autopromoción, los celos y la arrogancia.

Cohabitando en la Tierra

¿Alguna vez se ha preguntado por qué Dios nos puso en el mismo planeta que el diablo, habiendo miles de millones de planetas donde nos pudo haber colocado? ¿Por qué cohabitamos este planeta? Nuestra coexistencia en este planeta se debe a algunas razones. En primer lugar, estamos aquí para hacerle daño al diablo, alabando a Dios mientras él nos observa. La mayoría de los teólogos cree que Lucifer fue el tercer arcángel, y que era el encargado de dirigir la alabanza alrededor del trono de Dios. Al referirse a un ser que la mayoría de los teólogos cree que era Lucifer, el profeta Isaías menciona "tu ostentación y la música de tus arpas" (Is. 14:11). Pero los pasajes más intrigantes sobre Lucifer fueron escritos por el profeta Ezequiel (se dará cuenta de que Lucifer es llamado el Rey de Tiro en el siguiente pasaje, pero pudo no haber sido literalmente un rey en la Tierra, porque Ezequiel dijo que se encontraba en el Jardín del Edén).

"Y vino a mí la palabra del Señor, diciendo: Hijo de hombre, eleva una elegía sobre el rey de Tiro y dile: Así dice el Señor Dios: Tú eras el sello de la perfección, lleno de sabiduría y perfecto en hermosura. En el Edén estabas, en el huerto de Dios; toda piedra preciosa era tu vestidura: el rubí, el topacio y el diamante, el berilo, el ónice y el jaspe, el zafiro, la turquesa y la esmeralda; y el oro, la hechura de tus *engastes* y de tus *encajes*, estaba en ti. El día que fuiste creado fueron preparados. Tú, querubín protector de alas desplegadas, yo te puse allí. Estabas en el santo monte de Dios, andabas en medio de las piedras de fuego. Perfecto eras en tus caminos desde el día que fuiste creado hasta que la iniquidad se halló en ti. A causa de la abundancia de tu comercio te llenaste de violencia, y pecaste; yo, pues, te he expulsado por profano del monte de Dios, y te he eliminado, *querubín protector,* de en medio de las piedras de fuego. Se enalteció tu corazón a causa de tu *hermosura;* corrompiste tu *sabiduría a causa de tu esplendor.* Te arrojé en tierra, te puse delante de los reyes, para que vieran en ti un ejemplo. *Por la multitud de tus iniquidades, por la injusticia de tu comercio, profanaste tus santuarios.* Y yo he sacado fuego de en medio de ti, que te ha consumido; y te he reducido a ceniza sobre la tierra a los ojos de todos los que te miran. Todos los que entre los pueblos te conocen están asombrados de ti; te has convertido en terrores, y ya no serás más".

Ezequiel 28:11-19, itálicas añadidas.

Algunas cosas interesantes destacan en el pasaje previo. La primera es que Lucifer parece haber estado en el jardín de Dios, llamado Edén, en un estado muy diferente a como apareció en el Jardín del Edén del Génesis. Creo que el Jardín del Edén era una réplica del jardín celestial. Pudo muy bien haber sido una especie de concepto tipo "así en la Tierra como en el cielo".

Lo siguiente que me llama la atención del discurso de Ezequiel, es que es muy posible que Dios haya diseñado instrumentos musicales en el cuerpo de Lucifer, el querubín protector. Ezequiel dijo que Lucifer tenía "engastes y encajes" en él (v. 13). La palabra hebrea para "engastes" es *toph*, que significa "pandereta" o "pandero", y la palabra hebrea para "encajes" es *naqab*, que puede significar "agujeros simples como los de la flauta".[1] Continúa diciendo que "por la injusticia de tu comercio, profanaste tus santuarios" (v. 18). Muchos interpretan de esto, que cuando Lucifer dirigía la alabanza en el santuario del cielo, su belleza y esplendor afectaba su llamado a alabar. En otras palabras, su orgullo y arrogancia lo llevaron a dirigir su atención hacia sí mismo, en vez de hacia Dios.

Otra verdad profunda llamó mucho mi atención mientras me preparaba para escribir este capítulo. Dios dijo que Lucifer era extraordinariamente hermoso y lleno de esplendor. En la Biblia se utilizan diferentes palabras en hebreo para "hermosura" y "hermoso" en la Biblia; sin embargo, en tres ocasiones esas palabras en hebreo se utilizan para describir personas, siempre refiriéndose a mujeres. Al igual que al querubín protector Lucifer, a las mujeres se les describe como hermosas veintiséis veces solo en el

Antiguo Testamento, mientras que a los hombres se les describe como guapos tres veces (guapo tiene la misma raíz hebrea que hermoso).

¿Qué quiero decir con esto? Que antes de que el aspecto de Lucifer fuese reducido al de una serpiente fea y grotesca que come polvo de la tierra, era la creación más hermosa de Dios en el cielo Las mujeres no solo fueron creadas a imagen y semejanza de Dios, también fueron diseñadas para ser la creación más impresionante de Dios. Creo que Lucifer, el querubín que una vez fue tan hermoso, pero que corrompió su camino y fue expulsado del cielo por ser arrogante a causa de su belleza y esplendor, se volvió extraordinariamente feo y ahora hierve de celos hacia las bellas hijas del Rey. Esta es otra de las razones por las que el ángel caído odia más a las mujeres que a los hombres.

De vuelta al Jardín

Ahora que hemos aprendido acerca de la caída de Lucifer y su odio inherente hacia la humanidad, volvamos al Jardín y retomemos la historia del Génesis donde la dejamos. Parece que entre la época en que Eva fue diseñada y la época en que nacieron Caín y Abel, la serpiente comenzó a inmiscuirse en la vida de la primera familia. Recuerde que cuando él le hablaba a la mujer, era una serpiente de aspecto majestuoso, no una serpiente asquerosa que se arrastra sobre su vientre. Se podía erguir y hablar su idioma, lo que probablemente era del agrado de Eva, tomando en cuenta que Dios aparentemente solo iba al Jardín en la frescura del día. Esta situación dejó a Eva sola con Adán y un montón de animales la mayoría del tiempo. Admitámoslo: la mayoría de los hombres no se destacan precisamente por sus habilidades comunicativas, lo que quizás hizo que el diálogo con una serpiente brillante fuese muy atractivo para Eva. Según el siguiente pasaje, Adán veía a la serpiente como algún tipo de animal parlante, ya que el Génesis lo menciona entre las bestias del campo. Observe el diálogo que conllevó a la caída de la humanidad:

39

"Y la serpiente era más astuta que cualquiera de los animales del campo que el SEÑOR Dios había hecho. Y dijo a la mujer: ¿Conque Dios os ha dicho: No comeréis de ningún árbol del huerto? Y la mujer respondió a la serpiente: Del fruto de los árboles del huerto podemos comer; pero del fruto del árbol que está en medio del huerto, ha dicho Dios: No comeréis de él, ni lo tocaréis, para que no muráis. Y la serpiente dijo a la mujer: Ciertamente no moriréis. Pues Dios sabe que el día que de él comáis, serán abiertos vuestros ojos y seréis como Dios, conociendo el bien y el mal. Cuando la mujer vio que el árbol era bueno para comer, y que era agradable a los ojos, y que el árbol era deseable para alcanzar sabiduría, tomó de su fruto y comió; y dio también a su marido que estaba con ella, y él comió. Entonces fueron abiertos los ojos de ambos, y conocieron que estaban desnudos; y cosieron hojas de higuera y se hicieron delantales".

Génesis 3:1-7

Varias cosas destacan al analizar este pasaje. En primer lugar, es importante notar aquí que el hombre y la mujer ya estaban cogobernando en el Jardín. La serpiente sabía que Eva no era una esclava. Esto se evidencia en el hecho de que la serpiente le habló a ella en vez de a Adán, y lo cierto es que Adán, sin dudarlo, confió en la percepción de su esposa sobre el mandamiento de Dios. Podemos concluir entonces que Eva era una persona poderosa e influyente, no una mujer de servicio que vivía principalmente para tener limpia la cueva.

Lo siguiente que vemos en este pasaje es que la serpiente los estaba tentando a actuar diciéndoles que podían llegar a ser como Dios. Les dijo que el día que comieran la fruta, sus ojos se abrirían y serían como Dios. Pero la verdad es que Adán y Eva *ya eran* como Dios, porque fueron creados a su imagen y semejanza. ¡La serpiente los incitó a buscar algo que ellos ya tenían! En el momento en que probaron la fruta, la religión llegó al mundo. La humanidad quedó de repente atada a una maldición, lo que hizo que comenzara a buscar una identidad en vez de actuar desde su propia identidad. Esto ha resultado en todo tipo de perversiones, como por ejemplo: que la gente trabaje para ganarse el amor en vez de trabajar por amor, y que los hombres y las mujeres evalúen su relación con Dios en base a su disciplina y no a su pasión.

La verdad más importante que aprendemos de este pasaje es que Adán y Eva no estaban dando un paseo en el Jardín un día y decidieron probar la fruta del árbol prohibido. ¡No! Ellos obedecieron a la serpiente. Dios les había dicho: "No comerán del árbol". Pero el diablo les dijo: "Coman del árbol y serán sabios como Dios". Cuando Adán y Eva probaron la fruta, cambiaron de amo. Como se les había dado autoridad sobre el planeta, la Tierra entera vino a estar bajo el control de la serpiente cuando cedieron ante él, y él se convirtió en amo de la humanidad.

Lo último que quisiera señalar sobre estos versículos, es que cuando Adán y Eva comieron la fruta del árbol prohibido, se sintieron avergonzados de su desnudez, a pesar de que estaban solos en el Jardín. La verdad pura y simple es que la religión tiene más reglas que Dios. Cuando abandonamos una relación íntima con Jesús, caemos en una espiral descendente de reglas y más reglas que nos llevan a sentirnos cada vez más culpables. La respuesta de la mayoría de nosotros a la condenación es esforzarnos más para sentirnos mejor con nosotros mismos. Esto se convierte en un ciclo repetitivo y cruel, en un círculo vicioso que solo puede ser destruido por el poder de la cruz.

El día no muy lindo

Cuando Dios apareció en el Jardín en medio de la lindura de ese día en particular, Adán y Eva se ocultaron de Él en lugar de apresurarse a su encuentro como normalmente lo hacían. Dios comenzó a llamar a sus amados hijo e hija: "¿Dónde están?" (¡Esto sí es estar perdido, que hasta Dios pregunta dónde está!).

Adán salió de entre los arbustos y respondió en voz alta: "Te oí en el huerto, y tuve miedo porque estaba desnudo, y me escondí" (Gn. 3:10).

Dios le respondió: "¿Quién te ha hecho saber que estabas

desnudo? ¿Has comido del árbol del cual te mandé que no comieras?" (v. 11). Luego vino el antiguo juego de echarle la culpa a otro por el pecado. Adán respondió con vergüenza: "La mujer que tú me diste por compañera, me dio del árbol, y yo comí" (v. 12). Lo que Adán quiso decir fue: "¿Cómo puede ser mi culpa? Si fue tu idea darme a esta mujer. Es decir, ¿cómo me puedes culpar a mí de este problema? Ni siquiera estaba despierto cuando decidiste sacar a la mujer de mí". Entonces el SEÑOR Dios le dijo a la mujer: "¿Qué es esto que has hecho?" (v. 13). Lo que Dios quiso decir fue: "Te puse en la vida de Adán para que estuvieras con él y lo ayudaras a tener perspectiva, y tú, en vez de ofrecerle tu sabiduría, ¡ayudaste a que se inspirara para desobedecerme!".

Y Eva, en vez de arrepentirse, continuó con el juego de echar a otro la culpa y dijo: "La serpiente me engañó, y yo comí" (v. 13).

A veces me pregunto si Dios hubiese actuado diferente si Adán y Eva hubiesen asumido la responsabilidad por su propia desobediencia y pecado, en vez de endilgársela a alguien más. Me imagino que nunca sabremos la respuesta a esa pregunta.

La maldición en contra de la serpiente

Dios no se molestó en preguntarle a la serpiente qué estaba sintiendo. Dios sabía que Satanás es el padre de la mentira y que no hay verdad en él, así que comenzó a maldecir a la serpiente:

> "Por cuanto has hecho esto, maldita serás más que todos los animales, y más que todas las bestias del campo; sobre tu vientre andarás, y polvo comerás todos los días de tu vida. Y pondré enemistad entre tú y la mujer, y entre tu simiente y su simiente; él te herirá en la cabeza, y tú lo herirás en el calcañar".
>
> Génesis 3:14-15

De repente, la serpiente fue transformada de una criatura magnífica y hermosa que atrajo a la Mujer con su naturaleza engañosa, a una criatura horrenda con aspecto de reptil que se arrastraba en el polvo. Y no perdamos de vista una de las revelaciones más poderosas de la historia del Génesis: la maldición hacia la serpiente fue que habría *enemistad*, lo que significa "hostilidad", entre la serpiente y la mujer. Hace poco fue que caí en cuenta de que esta parte de la maldición significa que las mujeres serían hostiles hacia el diablo. ¡La maldición nunca fue hacia la mujer, sino hacia este último!

En otras palabras, Dios le dijo a la serpiente: "Las mujeres serán tus enemigas; te odiarán y serán hostiles contigo desde este día en adelante. Más aun, la hostilidad que las mujeres sienten hacia ti se reproducirá en toda persona que ellas den a luz, hasta que finalmente una mujer dé a luz al Salvador del mundo, quien pisará tu cabeza tan fuerte que se herirá el calcañar".

Evidentemente esta es una declaración profética sobre la crucifixión y resurrección de Cristo. Jesús fue "herido" en la cruz, pero Él "pisó la cabeza" de la serpiente cuando derrotó el pecado, el infierno y la muerte. Creo que es importante señalar aquí que aunque el diablo odia a la humanidad, ¡la punta de lanza de la guerra espiritual es la femineidad! Son las mujeres las que emulan la belleza de Dios más que los hombres, y quienes le recuerdan a Lucifer su antigua gloria. También son las mujeres las que sienten una hostilidad profundamente arraigada y odio hacia la serpiente.

No es de extrañar que aún desde el Jardín de Edén el diablo se haya esforzado tanto para oprimir a las mujeres. Él sabe que si a las mujeres se les confiere poder, habrá un nuevo nivel de compasión, amor, comprensión, solidaridad y paz en el planeta, y también un odio más profundo por todo lo que la serpiente cree. Muchas generaciones después, el rey David lo expresó así:

"El Señor da la palabra; las mujeres que anuncian las buenas nuevas son gran multitud: Los reyes de los ejércitos huyen; sí huyen, y la que se queda en casa repartirá el botín. Cuando os acostáis en los apriscos, sois como alas de paloma cubiertas de plata, y sus plumas de oro resplandeciente. Cuando el Omnipotente dispersó allí a los reyes, nevaba en el monte Salmón".

Salmo 68:11-14

Aunque este Salmo tuvo algunas aplicaciones prácticas más que todo en los días del rey David, el apóstol Pablo cita el versículo 18 en su Epístola a los Efesios y lo relaciona con la ascensión de Cristo al cielo. Analicémoslo juntos:

"Por tanto, dice: Cuando ascendió a lo alto, llevó cautiva una hueste de cautivos, y dio dones a los hombres". (Esta *expresión*: Ascendió, ¿qué significa, sino que Él también había descendido a las profundidades de la tierra? El que descendió es también el mismo que ascendió mucho más arriba de todos los cielos, para poder llenarlo todo).

Efesios 4:8-10

Es decir, si Pablo consideraba que este salmo tenía aplicaciones tanto físicas como espirituales, entonces no viola las reglas interpretativas pensar que estos reyes, que huyen ante una multitud de mujeres, son reyes físicos de la tierra que vivieron durante los días de David, y también son autoridades demoníacas que luchan contra nosotros en los lugares celestiales (ver Ef. 6:12). La palabra traducida como "huestes" es la palabra hebrea *tsaba*, que significa "ejército de guerreros". David continúa diciendo que estaba "nevando en Salmón" cuando el Todopoderoso dispersó a los reyes. El nombre *Salmón* proviene de la palabra hebrea que significa paz.

Con esto en mente, este salmo nos da una bella imagen de lo que pasa en el ámbito demoníaco cuando las mujeres comparten el evangelio (la buena nueva). Se convierten en un ejército poderoso (una hueste) comisionado por Dios para expulsar las fuerzas espirituales (los reyes), que gobiernan en los lugares de autoridad (las montañas). La nieve con frecuencia es sinónimo de pureza (ver Sal. 51:7; Is. 1:18) y durante las hazañas de estas mujeres comenzó a nevar en la montaña de paz. En otras palabras, Dios está expulsando estos príncipes demoníacos de las montañas de influencia a través de un movimiento de pureza dirigido por mujeres.

La maldición contra las mujeres

Dios continuó pronunciando una maldición contra las mujeres, cuando dijo: "En gran manera multiplicaré tu dolor en el parto, con dolor darás a luz los hijos; y con todo, tu deseo será para tu marido, y él tendrá dominio sobre ti" (Gn. 3:16). Algunos señalan que la Biblia no utiliza la palabra maldición cuando se dirige a Adán y a Eva, pero me perturba que insistan en que la humanidad no fue maldecida por culpa de la caída. Las consecuencias y las manifestaciones de las proclamaciones de Dios fueron definitivamente negativas, y por ello sabemos que Dios los estaba maldiciendo.

Una de las maldiciones sobre las mujeres fue el aumento de su dolor durante el alumbramiento, pero el versículo que tuvo el efecto más negativo sobre la femineidad fue la proclamación de Dios de que sus esposos gobernarían sobre ellas. La palabra hebrea para "gobernar" es *mashal*, que significa "tener dominio". Es importante que notemos que, antes de la maldición, los esposos y las esposas estaban llamados a reinar conjuntamente (ver Gn. 1:27-28). Fue solo después de la maldición que se les dio dominio a los esposos sobre sus esposas. Pero el apóstol Pablo dijo: "Maldito todo el que cuelga del madero" (Gl. 3:13). Cuando Jesús murió en la cruz, rompió la maldición de la humanidad. Pablo también dijo: "Porque la ley del Espíritu de vida en Cristo Jesús te ha libertado de la ley del pecado y de la muerte" (Ro. 8:2).

A la luz de estos acontecimientos, mi pregunta es: "¿Qué nos hace pensar que los hombres fueron liberados de la maldición por medio de la cruz, pero las mujeres aún deben estar bajo la maldición que les permite a sus maridos gobernarlas en nombre de Dios?". De hecho, las mujeres cristianas que han sido redimidas y transformadas por su Salvador deberían estar entre las personas más poderosas del planeta. Sin embargo, muchos creyentes insisten en que, aunque una mujer puede ser presidenta de una compañía o reina de una nación, no puede ser una anciana en la Iglesia de Jesucristo. ¿No le parece que hay una enorme incongruencia en este pensamiento? (Hablaremos sobre este tema más adelante).

La maldición contra el hombre

La maldición final ese día en el Jardín, fue pronunciada contra Adán. Dios dijo:

> "Por cuanto has escuchado la voz de tu mujer y has comido del árbol del cual te ordené, diciendo: 'No comerás de él', maldita será la tierra por tu causa; con trabajo comerás de ella todos los días de tu vida. Espinos y abrojos te producirá, y comerás de las plantas del campo. Con el sudor de tu rostro comerás el pan hasta que vuelvas a la tierra, porque de ella fuiste tomado; pues polvo eres, y al polvo volverás".
>
> Génesis 3:17-19

Adán no fue maldito por escuchar a su esposa, sino por valorar más la opinión de ella que el mandamiento de Dios. Las consecuencias de cualquier maldición son que aunque usted haga lo correcto, lo malo podrá pasar. En este caso, a Adán se le dijo que trabajaría duro en el Jardín, pero a pesar de sus esfuerzos, la tierra produciría espinas y cardos. En otras palabras, en vez de colaborar con los hombres, la creación se resistiría a ellos.

Cuando Jesús murió en la cruz, los soldados colocaron una corona de espinas sobre su cabeza. ¿Por qué de espinas? Porque Dios quería que quedara claro que la maldición sobre la humanidad pronunciada en el Jardín había quedado sin efecto gracias al sacrificio de Cristo en el Jardín de Getsemaní. Ya nuestros esfuerzos no estarían condenados desde el principio. Ya no trabajaríamos duro sin cosechar los beneficios de nuestra labor. Desde el día de nuestra redención entraría en vigor aquello de que "todo lo que el hombre siembre, eso también segará" (Gl. 6:7, ver también 2 Co. 9:6).

Es hora de que los hombres y las mujeres reciban los beneficios plenos del acto de redención de nuestro Salvador a través de su muerte en la cruz del Calvario. Después de todo, Jesús murió para darnos vida en abundancia y gozo sin fin. Ya es hora de que las mujeres y los hombres reciban poder para alcanzar su potencial pleno en Cristo.

JUANA DE ARCO

La guerrera profética

Juana de Arco es una de las mujeres más increíbles y únicas de la historia, ya que fue una guerrera con un llamado divino. Durante miles de años, las normas sociales dictaron que las mujeres no podían ser soldados. Juana destruyó ese mito y demostró que las mujeres no solo pueden ser buenas en el ámbito militar, sino que también pueden llevar ejércitos a la victoria. Su tenacidad y atrevimiento, combinados con su fiera convicción de haber recibido un llamado de Dios, abrió la puerta para favorecerla y otorgarle tal influencia sobre los líderes, que literalmente cambió el destino de una nación.

Juana de Arco nació en Francia en 1412, justo en medio de la Guerra de los Cien Años con Inglaterra. La guerra se extendió durante décadas, mientras el ejército inglés marchaba por tierra, aplastando la resistencia francesa. Los franceses no habían tenido ni una sola victoria durante generaciones, lo que era humillante para toda la nación. Con la moral baja y Francia a punto de colapsar completamente, era una época desesperada. De repente, de la nada, aparece en escena una chica de dieciséis años. Juana era impetuosa y atrevida. No tenía problemas en decir lo que pensaba. Le dijo al oficial al mando que no solo quería unirse al ejército, ¡sino que también estaba llamada a dirigir sus tropas!

¿Qué pudo llevar a una chiquilla a dejar la comodidad de su hogar y arriesgar su vida peleando en una guerra? A la edad de doce años, Juana había escuchado una voz que le decía: "Ayuda a expulsar a los ingleses de Francia". Después de eso, nada se pudo interponer en su camino. Sus encuentros radicales con Dios desarrollaron en ella un deseo intenso de ver a Francia libre del control inglés y ver a Carlos VII coronarse rey de Francia.

Sin embargo, la tarea de Juana no era tan sencilla como ella hubiese deseado. Aunque le imploró al oficial al mando, este no se inmutó por su petición y rápidamente la envió a su casa. Enardecida por la negativa del oficial, volvió nuevamente al año siguiente. Esta vez, vino armada con una visión del Señor y predijo una victoria militar en una ciudad clave. Cuando su profecía milagrosamente, se hizo realidad, el oficial al mando le concedió una entrevista privada con Carlos VII, futuro rey de Francia. [2]

La historia no registra con exactitud lo que ocurrió ese día en la reunión de Juana con Carlos VII. Pero podemos imaginarnos cuán difícil debió haber sido para una mujer de dieciséis años, apasionada y feroz, tratar de convencer a la corte noble de que la "voz de Dios le había dado instrucciones de dirigir el ejército de su país y llevarlo a la victoria".[3] Los franceses estaban tan desesperados, que estaban dispuestos a considerar casi cualquier plan. Con el favor de Dios sobre ella, convenció a Carlos de que ella era una súbdita leal y confiable. Él inmediatamente le otorgó el permiso para unirse al ejército.

Sin ningún tipo de experiencia militar y armada solo con el conocimiento de que Dios la había comisionado para ganar la guerra, Juana de Arco congregó las tropas francesas, refrescando la pasión en ellos.[4] Ella les mostró a las tropas adormecidas, descorazonadas, la visión de una Francia libre e independiente de los ingleses. Con resolución, comenzó a marchar por toda Francia, dirigiendo a las tropas a tomar varias fortalezas inglesas. Mientras sumaba victorias a su lista, el ejército francés poco a poco comenzó a aceptar su liderazgo. Su valentía y determinación inspiraron a los guerreros a la grandeza. Pero lo más importante es que Juana era una líder a la que ellos podían seguir. ¡A ellos parecía no importarles que fuera mujer!

Aun con lo inspiradora que era Juana de Arco en el campo de batalla, no siempre se granjeaba el aprecio de los demás líderes. Su exceso de entusiasmo con frecuencia la metía en problemas. A veces, los líderes la excluían de los concejos de guerra, lo que la hacía enfurecer. Otras veces, si ella no estaba de acuerdo con ciertas decisiones, sencillamente iba y hacía lo que quería. En una de esas ocasiones, los líderes se reunieron en secreto sin Juana y decidieron no atacar una fortaleza hasta que el refuerzo hubiera llegado. Cuando ella descubrió su plan, insistió en atacar la fortaleza inmediatamente. Durante la guerra fue herida en el cuello con una flecha, pero se rehusó a retirarse y continuó dirigiendo el ataque. Finalmente, los franceses tomaron la fortaleza y Juana, por supuesto, fue considerada una heroína.[5]

La habilidad divina de liderazgo que poseía Juana de Arco, trajo como consecuencia la coronación de Carlos VII y el regreso del control del país a manos de Francia. Pero la tregua fue corta, y pronto Juana se encontró defendiendo nuevamente a Francia del ataque inglés. Esta vez, capturaron a Juana en la batalla. Ella demostró ser una prisionera valiente. Intentó escaparse varias veces, incluyendo una vez en que saltó de su celda, ubicada en una torre de veintisiete pies (8 m).[6] ¡La chica estaba loca!

Una vez que la atraparon, el gobierno inglés necesitó un motivo para asesinarla sin hacerla lucir como una mártir. Ellos sabían que los campesinos la amaban y la consideraban una santa, porque todas sus profecías se habían cumplido, así que el tribunal inglés conspiró para desacreditarla ante los ojos de la gente, haciéndola pasar por hereje. Su juicio por herejía estuvo amañado desde el principio, pero demostró lo increíblemente sabia que era. Los jueces que la procesaron se maravillaron tanto de su inteligencia, que el tribunal cerró el procedimiento al público.

Las líneas más conocidas de la transcripción del juicio muestran lo brillante que era Juana: "Interrogada si sabía que estaba en la gracia de Dios, respondió: 'Si no lo estoy, que Dios me quiera poner en ella; si estoy, que Dios me quiera conservar en ella'".[7]

La pregunta era una trampa, ya que la doctrina eclesiástica establecía que nadie podía estar seguro de estar en la gracia de Dios. Si Juana respondía que sí, podía ser condenada por herejía. Si contestaba que no, podría estar confesando su culpa.

Todos los que escucharon la respuesta de Juana quedaron boquiabiertos; sin embargo, a pesar de su inteligencia fue encontrada culpable de herejía y condenada a morir. Fue quemada en la hoguera a la tierna edad de diecinueve años, pero aún su leyenda perdura.

A pesar de las hazañas de Juana, los franceses no se esforzaron por salvarla. ¿Por qué Francia la abandonó en una mazmorra inglesa en vez de ir a salvarla? Hay varias teorías. Algunos creen que una vez que Juana allanó el camino de Carlos VII hacia el trono, este ya no necesitaba de la impetuosa guerrera. Otros piensan que como no estaba cerca, se olvidaron de ella. Aunque el rey de Francia se negó a apoyar a Juana, algunas mujeres con influencia de su gobierno sí lo hicieron. Algunas financiaron sus batallas, la ayudaron mientras estuvo en cautiverio y testificaron a su favor durante su juicio. Las mujeres creían en Juana, aun cuando los hombres le volvieron la espalda.

Si Juana de Arco hubiese creído que las mujeres no podían pelear en una guerra o dirigir un ejército, lo más probable es que Francia hubiese perdido la guerra y hubiese sido tomada por los ingleses. Ella creía que cualquiera podía recibir un llamado divino de Dios: rico o pobre, hombre o mujer, bien o mal educado. Juana de Arco era una fuerza de la naturaleza. De firme voluntad, feroz y determinada, fue una líder inspiradora y una valiente guerrera. Nunca tuvo dudas de su llamado divino de llevar a Francia a la victoria, y allanó el camino de las mujeres guerreras de los próximos siglos.

4

Creo en cada palabra de la Biblia

*M*e gusta publicar mis opiniones en Facebook y ver cómo responde la gente. Allí siempre están los que creen que su trabajo es patrullar. Como agentes secretos, ocultan sus identidades y sus rostros mientras escudriñan la Internet buscando diligentemente a aquellos que consideran violadores de la verdad, falsos maestros o falsos profetas (creo que es un poco raro estar en Facebook y no mostrar la cara, pero me imagino que eso es normal para los agentes secretos).

Bajo un disfraz de amigo o de seguidor, estas personas tratan de secuestrar el tren de Facebook de sus enemigos para debilitar al ingeniero y descarrilar los vagones.

Por supuesto, ignoran el hecho de que primeramente han vulnerado su propio código de ética mintiendo para abordar ese tren. Pero el fin justifica los medios; después de todo, ellos se han autoproclamado defensores de la verdad, la justicia y el "estilo de vida estadounidense". Una vez que abordan el tren, lo siguiente es defender la verdad celosamente, blandiendo sus espadas y gritando su desaprobación. "¡Creemos en la Biblia!" —afirman—. "¡Defendemos la Palabra de Dios!".

Con ello por supuesto quieren decir que yo no lo hago. Desde su punto de vista, cualquiera que no esté de acuerdo con ellos, forma parte del ejército apocalíptico de guerreros anticristianos del fin de los tiempos. Y como esta autoproclamada Policía de las Escrituras etiqueta a los "violadores de la verdad" como mentirosos, ponen a un lado, por amor al "Reino", los principios de hermandad que se encuentran tan firmemente enraizados en el Libro que dicen proteger.

Yo he llegado a disfrutar fastidiar a este tipo de gente. Publico cosas en mi Facebook solo para provocarlos y hacerlos pensar. Es bastante divertido lanzar una idea y observar al "Departamento de Policía Teológica" lidiar con el crimen. La habilitación de la mujer definitivamente está en la "lista de los más buscados" de estas personas. Cuando publico algo como: "Las mujeres han sido llamadas a ser igual de poderosas y distintivamente diferentes", pueden verse las luces rojas y escucharse las sirenas apresurándose a la escena del crimen.

Considerándose a sí mismos expertos en la ley, estos sujetos aparecen con sus armas desenfundadas y sus escudos arriba, mostrando sus credenciales. Escudriñan las escrituras casi como un abogado escudriñaría un documento legal o un biólogo disecaría una rana. Es una infracción ética para la Policía de las Escrituras aun considerar la expresión contextual o situacional de la verdad; a menos, claro está, que eso ayude a perpetuar su propia agenda. Ellos lo arrestarán y lo meterán a la cárcel si usted trata de hacerles entender cualquier falla obvia en sus argumentos. En sus tribunales legales, la evidencia de que la Biblia muchas veces comparte dos ideas *opuestas*, *ambas* bajo una luz favorable, es inadmisible. Se niegan a oír razones, ya que *pensar* está estrictamente prohibido: es considerado una racionalización de la verdad que compromete la Palabra de Dios.

Los policías de Keystone

Hace unos años, mientras nos preparábamos para tomar un vuelo desde un pequeño aeropuerto en un pueblito de California, ocurrió algo que me recordó mucho a la mentalidad de los Policías de las Escrituras. Kathy y yo llegamos a este aeropuerto dos horas antes, relajados y de buen humor. Cuando entramos al aeropuerto, noté que en el interior del pequeño edificio había solo un mostrador, ubicado a unos veinte pies (6 m) de la puerta principal. Detrás del mostrador estaba un hombre joven, alto, delgado y de aspecto más bien ingenuo. El uniforme de trabajo le quedaba grande, lo cual me hizo preguntarme si sería un empleado nuevo. Se habían dispuesto unas cuantas mesas portátiles frente al mostrador, con dos guardias de seguridad detrás de ellas, para revisar los equipajes. Las mesas de seguridad estaban justo en medio del área de espera.

Los dos guardias eran hombres altos, de mediana edad, y con grandes vientres que colgaban sobre sus cinturones. Parecían el tipo de sujetos que de niños vieron muchas películas policiales y estaban ansiosos por tener un revolver en sus cinturones. Cada pasajero observaba horrorizado como los guardias de seguridad desempacaban cada prenda de vestir, esparciendo los artículos sobre las mesas y buscando a través de ellos como si todos los que entraban estuvieran en la lista de los más buscados del FBI. Separaban los *brassiers* y la ropa interior en pilas separadas, al igual que otros artículos de uso personal que no mencionaré aquí.

Afortunadamente, solo había otros dos pasajeros en el aeropuerto en ese momento, uno sentado en el área de espera y otro en el mostrador frente a nosotros. Hicimos la fila durante veinte minutos, mientras el joven y obviamente inexperto empleado de la aerolínea buscaba a tientas, nerviosamente, un boleto para imprimírselo al pasajero que estaba atendiendo.

Podía sentir como la frustración crecía en mí. "Que inepto", le susurré a Kathy.

Ella me lanzó una mirada de desaprobación y me dijo que me sentara en el área de espera, a poca distancia del mostrador, mientras ella se mantenía en la fila. Me senté refunfuñando y mirando enfadado. Pasaron otros quince minutos hasta que finalmente llegó nuestro turno. Me levanté para acompañar a Kathy.

El empleado de la aerolínea nos miró desde el mostrador y dijo con vergüenza: "Deben ir a revisar sus maletas antes de venir al mostrador".

¡Yo no lo podía creer! Habíamos esperado treinta y cinco minutos en fila, solo para que nos dijeran que debíamos ir primero a que revisaran nuestro equipaje. No había ningún aviso que nos explicara tal procedimiento, y con solo tres clientes en el *aeropuertito* entero, nadie se había molestado en decirnos nada. Estaba a punto de explotar cuando Kathy se acercó, me tocó y le dijo al joven: "Muy bien, señor, ya regresamos" (yo sabía lo que su toque significaba: "Tranquilo. ¡Yo lo resuelvo!").

Rodamos nuestro equipaje una corta distancia hasta las mesas donde los dos guardias de seguridad estaban de pie, mirando como sargentos en un campo de entrenamiento. Uno de los guardias nos indicó, con voz seria, que levantáramos nuestras maletas y las colocáramos sobre la mesa. Traté de abrir el cierre de mi maleta y fui severamente reprendido: "¡Retírese y siéntese hasta que terminemos!".

¡Qué barbaridad!, pensé, *¡dale a alguien una credencial y se creerá el más que manda!*

Kathy y yo nos sentamos junto a los otros dos pasajeros, mientras los policías de Keystone revisaban nuestras maletas. Lentamente sacaron cada cosa de nuestro equipaje (incluyendo la ropa íntima), inspeccionaron todo meticulosamente y lo colocaron sobre la mesa, mientras nosotros observábamos, totalmente avergonzados.

Pasaron veinte minutos y, para entonces, ya Kathy se encontraba tan indignada como yo. Finalmente, justo cuando estaba a punto de levantarme para ir a las mesas y decirles lo que se merecían, los guardias de seguridad le entregaron nuestras dos maletas al empleado de la aerolínea, a través de una abertura en el mostrador.

El joven empleado nos hizo señas de que nos acercáramos al mostrador. Le entregamos nuestros documentos de identidad y la información del viaje. Esperé con impaciencia mientras él observaba la pantalla de la computadora durante casi veinte minutos, sin mirarnos. De vez en cuando, tecleaba algo y decía "ummm... ammm...ehhh...".

Kathy sabía que mi volcán interno estaba a punto de estallar, así que me miraba frotando mi brazo para que me calmara. "¡Esto es ridículo!", dije en voz lo suficientemente alta para que él escuchara.

Finalmente, la impresora revivió delante del joven, y pude sentir un poco de alivio. Por alguna razón, imprimió las etiquetas de las maletas primero y las colocó cuidadosamente en las asas. Sin mirarnos, nerviosamente regresó al monitor, mirándolo como si estuviera transmitiendo alguna película de terror. Transcurrieron algunos minutos, mientras mi impaciencia aumentaba. Seguía presionando teclas y observando la impresora. Finalmente, en lo que parecía su último recurso desesperado, llamó al encargado de mantenimiento para que lo ayudara.

Sin hacer contacto visual con nosotros, el joven empleado murmuró: "Algo ocurre con la impresora de boletos. ¡La estúpida máquina no imprime!". Los dos se agacharon detrás del mostrador, susurrándose cosas entre ellos mientras presionaban diferentes teclas.

Para ese entonces, ya había transcurrido casi una hora y media y nuestro avión estaba esperando para el abordaje. El empleado de la aerolínea nos miró desde el mostrador y dijo en un tono de voz que reflejaba su ansiedad: "Creo que no tenemos más remedio, tendremos que llamar a servicio técnico". Buscó a tientas el número de teléfono y finalmente realizó la llamada. Tardaron varios minutos en responder y luego, inmediatamente, lo colocaron en espera. Se quedó allí parado detrás del mostrador y observó la impresora una vez más.

Transcurrieron varios minutos más, durante los cuales sentí deseos de treparme por las paredes. Finalmente, alguien retomó la llamada en la otra línea y él comenzó a describir el problema. "Sip...correcto. ¡No puedo hacer que la estúpida máquina imprima! Si, lo intenté...Muy bien, déjeme ver si funciona".

Tomó el teléfono con una mano, y con la otra pulsó algunas teclas. "Nop, ¡no lo hace! ¡Oh no! Por favor. ¿No hay otra forma de solucionarlo? Está bien, creo que eso es todo. Gracias, adiós", dijo, mientras colgaba el teléfono.

Sacó la cabeza del mostrador y finalmente hizo contacto visual conmigo. Lucía como si hubiese visto un fantasma.

—Bien —dijo, sonando como si me iba a decir que tenía cáncer—, tendremos que apagar el sistema completo y encenderlo nuevamente para arreglar esto.

—No puede estar hablando en serio —dije sarcásticamente.

—Sí, señor, no hay otra manera de resolverlo —dijo él, más serio que un infarto.

Se agachó bajo el mostrador y ubicó un interruptor que se

encontraba detrás de la computadora. Lo apagó con cuidado, como si estuviera desactivando una bomba. Contó lentamente hasta treinta en voz alta, y luego lo volvió a encender. La pantalla hizo un pitido, y las impresoras se agitaron, como si hubiesen vuelto a la vida. El empleado tímidamente miraba la pantalla mientras la computadora se reiniciaba lentamente. Seguidamente volvió a introducir nuestra información en la computadora, haciéndonos las mismas preguntas que habíamos respondido cuarenta minutos antes. Un poco dudoso, pulsó el botón y la impresora se activó, imprimiendo nuestros pasajes aéreos. Escudriñó los boletos cuidadosamente, y se volvió para colocarlos en nuestro equipaje.

—¡Oh, no! —dijo con una expresión de terror en el rostro.

¿Qué ocurre ahora? —respondí con voz enfadada.

—La hora en los pasajes no coincide con la de la tarjeta del equipaje —dijo—. El equipaje se debe revisar dentro de los veinte minutos de la hora que aparece en los boletos.

—¿Usted se volvió loco? —grité—. ¡Ha tenido las maletas con usted desde que las revisaron!

—Lo siento, señor, son las reglas. Yo no las he inventado, simplemente las cumplo —contestó mientras le pasaba las maleta a los guardias de seguridad.

Los guardias de seguridad tomaron nuestras maletas a través de la abertura del mostrador y las colocaron en las mesas. Yo no podía creer lo que veían mis ojos. ¡Los tipos volvieron a abrir nuestro equipaje y comenzaron a sacar todo de las maletas nuevamente! Para ese momento, los demás pasajeros ya estaban en el avión, esperando por nosotros. Allí mi rabiómetro colapsó.

"Señores, ustedes *tienen* que estar bromeando —les dije con voz severa a los policías de Keystone—. ¡Ustedes revisaron mis maletas hace *treinta* minutos! ¿Qué ocurre en este lugar?".

Kathy hacía lo que podía para calmarme, pero yo no quería escucharla.

"¡Aléjese de la mesa, señor! Las leyes del Ministerio de seguridad de Estados Unidos establecen que debemos revisar su equipaje nuevamente", insistió uno de los policías, mientras continuaban inspeccionando meticulosamente cada pieza de ropa de nuestro equipaje.

El empleado de la aerolínea nos miró con el estrés dibujado en su rostro y nos dijo:

—Tienen que subirse al avión de inmediato o el vuelo saldrá sin ustedes. No creo que tengamos tiempo de subir sus maletas al avión. Se las enviaremos en el próximo vuelo.

—Ese avión *no* se irá sin nosotros, y *no* me iré sin mi equipaje! —Insistí, en voz alta—. Hemos estado aquí durante *dos horas* mientras ustedes juegan con nuestro equipaje y nuestros boletos. ¡Entrégueme mi equipaje y móntenos en ese avión! —exigí.

El empleado de la aerolínea y los dos guardias de seguridad me habían estado observando atentamente. Yo no estaba dispuesto a ceder ni un milímetro. Susurraron algo entre ellos, y seguidamente metieron nuestras cosas de nuevo en las maletas y las llevaron apresuradamente al avión con nosotros a rastras. Siento que ninguno de ellos deseaba llamar a la policía y permitir que le contáramos nuestra historia.

Ahora al contarla es más bien graciosa, pero me hace recordar mucho la manera en que aquellos de espíritu religioso se relacionan con la Biblia. El espíritu religioso expone debilidad, desempaca nuestras vulnerabilidades, presume lo peor, no cree en nadie y busca al diablo en cada maleta. Este espíritu farisaico coloca las reglas por encima de las relaciones. La gente bajo su conjuro adopta una mentalidad de esclavo que los inhibe de pensar en las consecuencias de la manera en que aplican la verdad. Ven los conceptos de relevancia situacional y aplicación contextual como una degradación de la Palabra de Dios. Así como mis amigos del aeropuerto que se rehusaron a cuestionar el espíritu de la ley (aun cuando las maletas estuvieron en su poder todo el tiempo), la Policía de las Escrituras ataca a todo el que crea que el contexto dictamina la definición de la Biblia.

El hecho es que si no entendemos el corazón de Dios, ni creemos en el contexto cultural de las Escrituras, solo queda una opción para explicar los muchos pasajes contrastantes que existen: que la Biblia se contradice. Pero los miembros del

Departamento de Policía Teológica que se la pasan gritando: "¡Creemos en la totalidad de la Biblia! ¡Creemos cada palabra de la Biblia!" nunca han pensado en las consecuencias finales de sus opiniones. Tienen la idea equivocada de que aplicar cada palabra de la Biblia *literal* y *universalmente* a cualquier situación es lo que se necesita para poner en práctica la exhortación del apóstol Pablo a Timoteo cuando le dijo: "Procura con diligencia presentarte a Dios aprobado, como obrero que no tiene de qué avergonzarse, que maneja con precisión la palabra de verdad" (Tim. 2:15). En realidad, es imposible aplicar cada pasaje de la Biblia literalmente y universalmente (y esto cobra especial relevancia cuando se trata de habilitar a las mujeres para que sean todo aquello para lo que Dios las creó). Antes de que arroje este libro a la basura, permítame explicarme. Dios escribió la Biblia a través de cuarenta autores inspirados, con la intención de que el Espíritu dirigiera a aquellos que la leyeran. La Palabra de Dios sin el Espíritu de Dios, conlleva la muerte. Pablo lo dijo así: "Sino que nuestra suficiencia es de Dios, el cual también nos hizo suficientes como ministros de un nuevo pacto, no de la letra, sino del Espíritu; porque la letra mata, pero el Espíritu da vida" (2 Co. 3:5-6). La Biblia está escrita de una manera en la que usted necesitará que el Espíritu Santo le confiera sabiduría sobre cómo aplicarla. Permítame darle varios ejemplos para que pueda entender mi hipótesis.

La verdad bajo escrutinio

El apóstol Pablo escribió a los Gálatas: "Mirad, yo, Pablo, os digo que si os dejáis circuncidar, Cristo de nada os aprovechará" (Gl. 5:2). Ahora observe lo que ocurrió cuando Pablo deseaba llevar a Timoteo con él en un viaje misionero. El Dr. Lucas describe la situación:

> "Llegó también Pablo a Derbe y a Listra. Y estaba allí cierto discípulo llamado Timoteo, hijo de una mujer judía creyente, pero de padre griego, del cual hablaban elogiosamente los hermanos que estaban en Listra y en Iconio. Pablo quiso que este fuera con él, y lo tomó y lo circuncidó por causa de los judíos que había en

Creo en cada palabra de la Biblia

aquellas regiones, porque todos sabían que su padre
era griego".

Hechos 16:1-3

Bien amigos, ¿qué significa esto? ¿Pablo enseña a estar circuncidados o no? ¿Qué pasaje aplicaría usted universal y literalmente?
A continuación le mostraré otro buen ejemplo. Esto le gus
tará. Los fariseos estaban molestos con Jesús de nuevo porque
sus discípulos no se lavaban las manos antes de comer, así que
le pidieron a Jesús que les explicara su interpretación de las leyes
del Antiguo Testamento sobre la limpieza del cuerpo. Jesús les
respondió,

"¿Por qué también vosotros quebrantáis el mandamiento
de Dios a causa de vuestra tradición? Porque Dios dijo:
'Honra a tu padre y a tu madre", y: 'Quien hable mal de
su padre o de su madre, que muera'. Pero vosotros decís:
'Cualquiera que diga a su padre o a su madre: Es ofrenda
a Dios todo lo mío con que pudieras ser ayudado, no necesitará más honrar a su padre o a su madre'. Y así invali-
dasteis la palabra de Dios por causa de vuestra tradición".

Mateo 15:3-6

Ahora, comparemos este pasaje de Mateo con lo que Jesús dijo
en el libro de Lucas. En Lucas 14:26 se encuentra la prédica de
Jesús: "Si alguno viene a mí, y no aborrece a su padre y madre,
a su mujer e hijos, a sus hermanos y hermanas, y aun hasta su
propia vida, no puede ser mi discípulo".

Espero que entienda lo que quiero decir. Jesús les dice a los
fariseos que ellos están invalidando la Palabra de Dios porque
no honran a su padre y a su madre, pero por otra parte les dice
a otras personas que necesitan odiar a su madre y a su padre si
quieren ser sus discípulos. Sé perfectamente que todos podemos
explicar estos versículos, pero en un sentido práctico, ¿cuál de
ellos aplicaría usted literalmente a su situación?

Si usted estuviera aconsejando a un joven y este dijera: "Odio
a mi padre y a mi madre", ¿usted creería que él está cumpliendo

59

la Palabra de Dios? Si usted decidiera confrontarlo por su actitud hacia sus padres, ¿le aconsejaría ser antibíblico? ¿Por qué la respuesta parece ser tan obvia en esta situación, pero cuando hablamos de habilitar a la mitad de la población que ha sido minimizada solo por su sexo, nos encontramos en medio de complejos argumentos sobre la interpretación de las Escrituras?

Pongamos bajo la lupa algunos otros pasajes. La Biblia dice que Dios "quiere que *todos* los hombres sean salvos y vengan al pleno conocimiento de la verdad" (1 Tim. 2:4, itálicas añadidas). Compare esto con lo que Lucas escribió en el libro de Hechos: "Oyendo esto los gentiles, se regocijaban y glorificaban la palabra del Señor; *y creyeron cuantos estaban ordenados a vida eterna*" (Hch. 13:48, itálicas añadidas).

Como puede ver, un versículo dice que Dios quiere que todos sean salvos, y el otro dice que solo ciertas personas estaban ordenadas a vida eterna. ¿Cuál versículo describe el deseo de Dios para los no salvos? ¿Hay algunos que no están "ordenados a vida eterna"? ¿Significa esto que Dios *no quiere* que todos vayamos al cielo? Por supuesto que sí, pero por qué algunos versículos parecen indicar que algunas personas están destinadas a ir al infierno? ¿Y qué significa cuando Dios dice: "Yo amé a Jacob, y aborrecí a Esaú" (Mal. 1:2-3)?

Llama la atención que nunca he escuchado a nadie predicar estos versículos a multitudes de personas no salvas, pero a muchos líderes no les importa predicar en sus congregaciones unos cuantos versículos que les restan derechos a las mujeres. Volveremos a este tema después, pero primero veamos algunos versículos relacionados con la escatología, o el estudio del fin de los tiempos. Cuando los discípulos le preguntaron a Jesús cuales serían las señales del fin de los tiempos, Él dijo:

"Y habréis de oír de guerras y rumores de guerras. ¡Cuidado! No os alarméis, porque es necesario que todo esto suceda; pero todavía no es el fin. Porque se levantará nación contra nación, y reino contra reino, y en diferentes lugares habrá hambre y terremotos".

Mateo 24:6-7

Pero ahora observe lo que el profeta Isaías, más de quinientos años antes de Cristo, predijo en relación a los últimos días:

"Y acontecerá en los postreros días, que el monte de la casa del Señor será establecido como cabeza de los montes; se alzará sobre los collados, y confluirán a él todas las naciones. [...] Juzgará entre las naciones, y hará decisiones por muchos pueblos. Forjarán sus espadas en rejas de arado, y sus lanzas en podaderas. No alzará espada nación contra nación, ni se adiestrarán más para la guerra".

Isaías 2:2-4, itálicas añadidas

Todos tenemos diferentes maneras de decidir cuáles de estos pasajes creeremos, o cuales aplicaremos a nuestra vida o nuestras circunstancias. La intención de este capítulo no es dar mi opinión teológica sobre estos versículos, aunque ciertamente la tengo. Mi intención al exponer estos contrastes —de los cuales por cierto hay literalmente cientos en las Escrituras— es simplemente destacar el hecho de que "creer cada palabra de la Biblia" requiere de una relación con el Espíritu de Dios que nos permita discernir cómo aplicar estos pasajes de una manera que nos lleve al resultado que deseaba el Autor. Hace miles de años, el hombres más sabio del mundo escribió: "Pero para el hombre entendido el conocimiento es fácil" (Pr. 14:6). Es únicamente cuando entendemos la motivación de Dios que podemos aplicar el conocimiento de las Escrituras de una manera que cumpla su propósito.

Esto lo entendí hace unos años, mientras me encontraba caminando por nuestro estudio de grabación en la Iglesia Bethel. Había un aviso en la puerta que decía: "Pare solo madres lactantes". En aquellos días, el estudio de música se utilizaba los domingos para acoger a las madres lactantes, y de la nada me llegó esta revelación: si tú no estuvieras al tanto de que el salón lo utilizan las madres lactantes, podrías malinterpretar el aviso. Comencé a pensar en todos los mensajes que una persona que desconociera los usos múltiples de la sala podría interpretar de aquello. Podría significar:

"Pare solo a las madres lactantes, todos los demás pueden pasar". Y qué tal este: "Usted debe pedirles a las madres lactantes que se paren". Y qué me dice de este: "Todo el mundo puede amamantar excepto las madres". Por supuesto, estas interpretaciones le sonarán tontas a cualquiera que sepa lo que ocurre en esa sala los fines de semana. Sabemos que el aviso en realidad no es para las madres lactantes, sino para todas las demás personas. Obviamente significa "No pase porque hay madres amamantando a sus bebés".

Estoy convencido de que muchas personas no comprenden las intenciones de Dios para las mujeres, y por eso leen los avisos de las Escrituras con los lentes de la restricción puestos. Después de todo, el aviso en la puerta del estudio claramente les prohíbe a las madres lactantes entrar a la sala, ¿no es cierto? Con frecuencia, es desde esa posición restrictiva que los líderes discuten las definiciones de las palabras en griego o en hebreo que aparecen en las Escrituras y, en consecuencia, olvidan totalmente la intención original de Dios para los hombres y las mujeres a quienes Él diseñó para reinar juntos.

¿Se imagina lo que sería tratar de definir el significado del aviso en la puerta del estudio analizando cada palabra individualmente? La discusión sería algo como esto: "Según el diccionario, la palabras *pare* significan detenerse, abstenerse de entrar". Por lo tanto, en mi experta opinión como alguien que posee un doctorado literario, a las mujeres se les prohíbe explícitamente entrar al estudio". Puede sonar loco, pero esta es la suerte que les ha tocado a las mujeres "con base en las Escrituras" durante miles de años. Es hora de corregir los registros y liberar a la creación más hermosa de Dios.

¿Documental o comentario?

A muchas personas se les hace difícil entender que no solo hay cientos de pasajes contrastantes en la Biblia, sino que una gran parte de la Biblia es el documental de Dios sobre el hombre y no el comentario de Dios sobre cómo vivir la vida. Si alguien dice: "Yo vivo de acuerdo a cada palabra de la Biblia", está mintiendo. El hecho es que hay muchas palabras en la Biblia por las que no se supone que usted deba vivir, porque Dios simplemente está narrando una historia y no validando el comportamiento de alguien.

Creo que es importante detenerme aquí para comentar que el simple hecho de que Dios cuente la historia de alguien, no significa de ninguna manera que Él esté de acuerdo con esa persona o con su comportamiento. Me parece que es bastante obvio si vemos que Dios está compartiendo un documental en el cual hay gente malvada que hace cosas malas (Judas es un buen ejemplo). El problema aparece cuando la gente buena del Libro hace cosas malas. Como no sabemos qué hacer cuando la gente buena actúa injustamente en la Biblia, muchas veces terminamos replanteando la historia de una manera que limpia al héroe.

Ester es una de mis heroínas bíblicas favoritas. Su belleza, gracia y valentía ayudaron a rescatar al pueblo judío de un terrible genocidio, pero cuando contamos la historia de Ester, con frecuencia le añadimos fábulas y cosas deshonestas. A pesar de la opinión popular, Ester no entró en un concurso de belleza, sino en un concurso de sexo. Se le ordenó a cada una de las concubinas jóvenes y hermosas del rey que pasaran la noche con él. Las que le gustaran, podían regresar al segundo harén (el equivalente a pasar a la segunda ronda de un concurso). Afortunadamente Ester quedó en primer lugar, sino la historia habría sido muy diferente. El concurso se realizó porque la Reina Vasti se negó a bailar ante los reyes borrachos y sus poderosos invitados. Se negó a comprometer sus valores para entretenerlo a él o ceder ante la presión del grupo de la realeza. La reina Vasti era en realidad una mujer de mucho carácter y fuertes convicciones, pero el rey se divorció de ella porque no podía aceptar que una mujer se enfrentara a su libertinaje (lea cuidadosamente los dos primeros capítulos de Ester).

¿Cómo una persona que afirma vivir de acuerdo a cada palabra de la Biblia procesa el libro de Ester? ¿Puede enseñarles a sus jóvenes que Ester es un gran ejemplo de cómo ganar amigos e influir en las personas? Si su hija sintiera que ha sido llamada para fomentar el Reino de Dios en el mundo empresarial, ¿podría ella planificar su estrategia para influenciar en las megacorporaciones basándose en las hazañas de Ester? Obviamente no estaría bien que ella orara para que el director de una enorme corporación abandonara a su esposa y saliera con ella, y así poder influir en el manejo de la compañía y traerla al Reino, ¿verdad? Déjeme señalar algunas cosas. Primero, muchas veces leemos la Biblia para validar lo que ya creemos como una verdad, y repasamos las historias en nuestras mentes para satisfacer la necesidad que tenemos de tener razón, en vez de ser transformados.

Segundo, la Biblia suele contar historias en las cuales Dios no nos da su punto de vista sobre los personajes que carecen de integridad, o que tienen una visión equivocada del mundo. Recuerde cuando Abraham engañó al rey Abimelec diciéndole que Sara era su hermana y no su esposa para salvar su propio pellejo ¿o no? (ver Gn. 20). Dios vino al rey Abimelec en un sueño y lo reprendió por tomar a Sara como su esposa y casi cometer adulterio con ella. ¡Lo divertido es que en ninguna parte vemos a Dios regañando a Abraham por mentir! De hecho, Dios protegió a Abraham y lo hizo prosperar. Años después, Isaac, el hijo de Abraham, también le mintió al mismo rey sobre su esposa Rebeca. ¡Isaac hasta llamó a uno de sus dos hijos *Jacob*, que es la palabra hebrea para farsante o mentiroso!

¿Significa esto que si usted ama al Señor puede mentir y salirse con la suya? ¡Por supuesto que no! Simplemente destaca el hecho de que necesitamos el Espíritu Santo para que nos guíe a toda la verdad y que cuando la Biblia guarda silencio sobre un asunto no significa que Dios perdona el comportamiento de una persona.

Proverbios y Eclesiastés

Analicemos esto de "vivo de acuerdo con cada palabra de la Biblia" desde otro punto de vista (pero mejor póngase el cinturón de seguridad antes de seguir). ¿Sabía usted que la intención del libro de Eclesiastés nunca fue ser una guía de verdades por las cuales regirnos? Más bien, fue escrito para mostrar lo que sucedió cuando Salomón, el hombre más sabio sobre la tierra, dejó de relacionarse con Dios. El libro de Proverbios fue la contribución más grande de Salomón a la humanidad. Fue escrito para revelarnos la sabiduría de un hombre que tenía una relación estrecha con Dios. Pero

Eclesiastés nos muestra los pensamientos del hombre más sabio del mundo después de haber roto relaciones con Dios.

Reflexionemos en algunos versículos del Eclesiastés, para ver si podemos encontrar un defecto importante en los valores centrales expresados a través del pensamiento de este rey de edad avanzada. Déjeme darle una pista: la palabra vanidad es la palabra hebrea hébel, que significa "vacío, fraude, ilusión, futilidad" o "sin valor".

En el libro de Proverbios, el sabio rey Salomón escribió (en sus mejores días), "Adquirir sabiduría, cuánto mejor que el oro" y que debemos hacer todo cuanto esté en nuestras manos para "adquirir sabiduría, instrucción e inteligencia" (Pr. 16:16, 23:23). Pero luego como un rey tonto y de edad avanzada que había desechado su relación con Dios, se contradice, diciendo:

"Y yo vi que la sabiduría sobrepasa a la insensatez, como la luz a las tinieblas. El sabio tiene ojos en su cabeza, mas el necio anda en tinieblas. Pero yo sé también que ambos corren la misma suerte. Entonces me dije: Como la suerte del necio, así también será la mía. ¿Para qué, pues, me aprovecha haber sido tan sabio? Y me dije: También esto es vanidad".

Eclesiastés 2:13-15

Aquí les dejo otro ejemplo. Salomón escribió en Proverbios 13:22: "El hombre bueno deja herencia a los hijos de sus hijos". Nótese que en los versículos siguientes, sin embargo, Salomón pensaba que dejar herencia a sus hijos era vanidad:

"Cuando hay un hombre que ha trabajado con sabiduría, con conocimiento y con destreza, y da su hacienda al que no ha trabajado en ella, esto también es vanidad y un gran mal. Pues, ¿qué recibe el hombre de todo su trabajo y del esfuerzo de su corazón con que se afana bajo el sol? Porque durante todos sus días su tarea es dolorosa y penosa; ni aun de noche descansa su corazón. También esto es vanidad".

Eclesiastés 2:21-23

El siguiente ejemplo es contundente. Fuimos hechos a imagen y semejanza de Dios, y él hizo con nosotros algo muy diferente de lo que había hecho cuando creó los animales: sopló su mismísimo Espíritu en nosotros (ver Gn. 1:26; 2:27). Sin embargo el siguiente versículo, escrito por el anciano rey, podría ser uno de los valores fundamentales de los evolucionistas, excepto porque no es verdad: "Porque la suerte de los hijos de los hombres y la suerte de los animales es la misma: como muere el uno así muere el otro. Todos tienen un mismo aliento de vida; el hombre no tiene ventaja sobre los animales, porque todo es vanidad" (Ec. 3:19).

Seguramente ya se habrá dado cuenta, pero la premisa que se repite en estos versículos, y en realidad el tema central del libro de Eclesiastés, es que todo es "vanidad". Aunque Salomón retuvo el don de la sabiduría durante toda su vida, el romper relaciones con Dios e ir detrás de ídolos falsos durante sus últimos años corrompió su alma. Sus días, que una vez estuvieron llenos de vida por su relación con Dios, ahora no tenían sentido. La depresión se apoderó de la sabiduría de Salomón y sus palabras se convirtieron en una extraña mezcla de cosas correctas e incorrectas. En un instante, el rey Salomón escribía una verdad profunda como esta:

> "Más valen dos que uno solo, pues tienen mejor remuneración por su trabajo. Porque si uno de ellos cae, el otro levantará a su compañero; pero ¡ay del que cae cuando no hay otro que lo levante! Además, si dos se acuestan juntos se mantienen calientes, pero uno solo ¿cómo se calentará? Y si alguien puede prevalecer contra el que está solo, dos lo resistirán. Un cordel de tres hilos no se rompe fácilmente".
>
> Eclesiastés 4:9-12

Pero al siguiente instante el anciano rey escribiría algo tonto como esto:

> "No seas demasiado justo, ni seas sabio en exceso. ¿Por qué has de destruirte? No seas demasiado impío, ni seas necio. ¿Por qué has de morir antes de tu tiempo? Bueno es que

retengas esto sin soltar aquello de tu mano; porque el que
teme a Dios se sale con todo ello".
                                        Eclesiastés 7:16-18

¿De qué habla Salomón? ¿Acaso dice que está bien estar un
poco loco y ser un poco tonto? Observe este ejemplo de Eclesiastés 10:19· "Para el placer se prepara la comida, y el vino alegra
la vida, y el dinero es la respuesta para todo". ¿El dinero es la
respuesta para todo? ¿De verdad? ¿Qué ocurrió con las sabias
palabras que el Rey Salomón proclamó en Proverbios 23:4-5, durante los años en que caminaba con Dios? "No te fatigues en adquirir riquezas, deja de pensar en ellas. Cuando pones tus ojos en
ella, ya no está. Porque la riqueza ciertamente se hace alas, como
águila que vuela hacia los cielos".

Usted debe estar pensando: *Muy bien Kris, ¿cómo sabes que
son versículos contradictorios, y no solo versículos contrastantes
como los que señalaste antes?* Es una gran pregunta, y me en-
cantaría responderla. Dos versículos contrastantes deben terminar siendo ambos verdad en ciertos contextos o situaciones
específicas (por lo menos). Pero los versículos que contradicen el
mensaje de las Escrituras y el carácter de Dios *nunca* son verdad,
independientemente del contexto o las circunstancias. La vida en
Dios *nunca* es vanidad. *Nunca* estará bien estar un poco loco. El
dinero *nunca* será la respuesta a todas las cosas. El destino de
los animales y el destino de las personas no será *nunca* el mismo.

Estoy seguro de que usted entiende. Leer la Biblia sin conocer
el corazón de Dios y sin ser guiados por el Espíritu Santo, puede
causar decepción, esclavitud e incluso la muerte.

La esclavitud

Es fundamental que entendamos cómo relacionarnos con la Palabra de Dios, y es imperativo que conozcamos la diferencia que
existe cuando Dios está narrando una situación y cuando Dios
nos está dando lineamientos divinos para nuestras vidas. Cuando
Dios habla en forma de narración, con frecuencia da instrucciones sin corregir la evidente cultura disfuncional que existe en

la situación que está narrando. Los ejemplos de Ester y Abraham que di anteriormente ilustran perfectamente esta dinámica. Por otro lado, cuando Dios nos da lineamientos para la vida, debemos adoptarlos completamente y aplicarlos universalmente si deseamos recibir todos los beneficios que él ha planeado.

Confundir las narraciones de Dios con sus mandamientos puede traer consecuencias mortales. Por ejemplo, durante la Guerra Civil de Estados Unidos, muchos cristianos devotos lucharon a favor de la esclavitud. Esos creyentes tomaron pasajes bíblicos como la carta de Pablo a los Colosenses para apoyar la idea de que tenían el derecho divino de esclavizar personas. Citaban versículos como: "Siervos, obedeced en todo a vuestros amos en la tierra, no para ser vistos, como los que quieren agradar a los hombres, sino con sinceridad de corazón, temiendo al Señor" (Col. 3:22). "Amos, tratad con justicia y equidad a vuestros siervos, sabiendo que vosotros también tenéis un Señor en el cielo" (Col. 4:1).

Desafortunadamente, la incapacidad de estos creyentes de entender cómo relacionarse con la Palabra de Dios, esclavizó a un grupo étnico entero. Para empeorar las cosas, más de seiscientas mil personas murieron en la Guerra Civil tratando de arreglar este asunto. Así como en la historia de Ester la Biblia parece ignorar todo el contexto de divorcio e inmoralidad para enaltecer la valentía y determinación de Ester; el apóstol Pablo les habla a los Colosenses acerca de la relación amo y esclavo ignorando, al parecer, la verdad más profunda: "Para libertad fue que Cristo nos hizo libres; por tanto, permaneced firmes, y no os sometáis otra vez al yugo de esclavitud" (Gal. 5:1). La clave es saber en qué momentos Dios le habla a nuestras circunstancias y en qué momentos está dictando las posturas que debemos tomar.

El efecto de los valores fundamentales

¿Cómo saber cuando Dios está hablando de nuestras circunstancias y cuando está dictando las posturas que debemos tomar? Uno de los factores que nos ayudará a entender cómo abordar las Escrituras, son nuestros valores fundamentales. Los valores fundamentales son los principios, normas, y virtudes en los que basamos la manera en que vivimos, amamos y pensamos. Los valores fundamentales son también los lentes a través de los cuales vemos la Biblia. Si nuestros valores fundamentales están equivocados, también lo estará nuestra capacidad de ver lo que las Escrituras dicen realmente. Jesús hizo una declaración poderosa en el evangelio de Lucas, que nos ayuda a aclarar este punto. Dijo: "Por tanto, tened cuidado de *cómo* oís" (Lc. 8:18, itálicas añadidas). Con frecuencia cuestionamos lo que oímos, pero raramente cuestionamos *cómo* oímos. Este principio también se aplica a la visión. Muchas veces cuestionamos lo que vemos, pero casi nunca cuestionamos *cómo* vemos.

Por ejemplo, cada uno de nosotros habla con un acento, aunque generalmente no nos damos cuenta de ello hasta que estamos en presencia de alguien que habla con un acento diferente al nuestro. Por supuesto, todos tendemos a pensar que es la otra persona la que tiene el acento. Lo que casi ninguno de nosotros nota es que también *vemos* con un acento. Este acento visual es un tipo de prejuicio analítico —un lente— que da forma a nuestra visión de mundo, el Reino y la Biblia, y que nos hace ver las cosas no *como son*, sino *como nosotros creemos que son*. De esta forma, al vivir nuestra fe y leer la Biblia, buscamos y esperamos ver eso que valida lo que ya creemos. En otras palabras, tendemos a ver solo aquello que *esperamos* ver.

Recientemente el Dr. Lance Wallnau, un respetado autor y educador, me hizo entender este asunto en una de sus conferencias. Entró con un barril lleno de banderas multicolores al escenario y nos dio treinta segundos para contar todas las banderas doradas. Luego nos dijo que cerráramos los ojos y nos preguntó cuántas banderas rojas había en el contenedor. Nadie pudo contestar la pregunta porque habíamos contado solo las banderas doradas. Esta es una excelente ilustración de nuestra tendencia a leer nuestros propios valores fundamentales, experiencias de vida y prejuicios doctrinales en la Biblia. El peligro es que debido a la *visión* selectiva, a veces creemos que la Biblia dice algo que en realidad no dice.

La historia que conté en los primeros párrafos de este capítulo sobre los policías de Keystone y el empleado de la aerolínea, ilustra el efecto que tienen los valores fundamentales buenos y malos a la hora de seguir instrucciones. Esos tres caballeros no entendían los motivos del Ministerio de seguridad de Estados Unidos, así que siguieron la ley al pie de la letra. ¿Recuerda mi ejemplo del aviso de "Pare solo madres lactantes" en la puerta del estudio y la manera equivocada en que algunas personas mal informadas podían interpretarlo? Los tres hombres del aeropuerto veían el mundo estrictamente a través de la ley porque no entendían, hablando metafóricamente, lo que realmente estaba ocurriendo en el estudio. Y como no entendían el verdadero propósito de la ley y como aplicaba a su situación, se limitaron a cumplir cada palabra contenida ella, en detrimento de las personas.

Los lentes de Jesús

Extendiendo un poco mi metáfora del aviso en el estudio, nuestra comprensión de cómo Dios ve la sala de la femineidad, determina lo que nosotros creemos que Dios nos está diciendo a través del aviso (su Palabra) en la puerta. Si nuestros valores fundamentales relacionados con la habilitación de las mujeres están equivocados, los lentes a través de los cuales vemos los textos que hablan de las mujeres estarán distorsionados. El resultado será que ninguno de nosotros, hombre o mujer, se dará cuenta de los grandes beneficios que la poderosa influencia que Dios planeó para las mujeres tendría a favor del Reino. Por otro lado, si vemos las escrituras a través de los "lentes" de Jesús, que nos libró de toda la maldición del Jardín, veremos cuán valiosas y poderosas son las mujeres.

¿Qué valores fundamentales pudieron haber afectado positivamente nuestra experiencia en el pequeño aeropuerto de California? Primero, los guardias de seguridad tenían que haberse preguntado *por qué* se les requería revisar el equipaje de los viajeros. Si hubiesen indagado, habrían descubierto el "valor fundamental número uno": Su trabajo principal no consistía en revisar el equipaje, sino en garantizar la seguridad de los pasajeros. El Ministerio de Seguridad del país les encargó a esos agentes la misión vital de buscar y atrapar terroristas. Pero, por ignorancia, estaban limitados a revisar equipajes. Si ellos hubiesen entendido cuáles eran sus funciones viéndolas a través de los lentes de "garantizar la seguridad del pasajero", habrían leído de otra manera el manual del empleado, y nos habrían tratado de otra manera.

El "valor fundamental número dos" es que los pasajeros a quienes ellos debían garantizarles la seguridad, son también los clientes de la aerolínea y los que hacen posibles sus salarios. Si los clientes descontentos dejaran de volar desde ese aeropuerto, no habría necesidad de seguridad en ese lugar y los empleados del aeropuerto ya no tendrían empleo. Básicamente, el Ministerio de Seguridad trabaja para el gobierno, el cual representa a las personas que esos guardias están revisando. Ser grosero, irracional o rudo en nombre de la protección de los pasajeros no solo es absurdo, sino autodestructivo. Aunque he regresado a esa ciudad cuatro veces más desde aquel día de furia en el aeropuerto, he utilizado otros medios para llegar allí. No volaré desde o hacia ese aeropuerto nunca más. Todo habría sido diferente si los empleados hubiesen visto las cosas a través de los valores fundamentales correctos, pero ese no fue el caso.

Un nuevo sistema operativo

Hace unos años tuve un sueño vívido y poderoso, que ayudará a explicar cómo se deben aplicar correctamente los valores fundamentales a la verdad bíblica. En este sueño vi palabras escritas que comenzaban a flotar frente a mis ojos en algo como un teletipo corriendo a través de la pantalla de un televisor. Palabras como *santo, verdad, poderoso, pacífico* y *divino* corrían de izquierda a derecha a través de la pantalla. Las palabras eran planas y bidimensionales, como escritas en un papel. De pronto, una fuerte voz retumbó desde de la eternidad y gritó: "¡Estoy liberando un *nuevo sistema operativo* sobre mi pueblo!".

Esta proclamación creó su propia imagen, como una especie de Power Point viviente. La escena cambió y las palabras ahora caían como una lluvia a mi alrededor. Pero esta vez eran multidimensionales, como en tercera dimensión, pero vivas.

Algunas palabras eran más grandes que otras, era como si

pudiera ver diferentes aspectos y puntos de vista de cada palabra mientras las observaba desde diferentes ángulos, como si estuviera viendo un automóvil por el frente, por detrás, por los lados y por dentro. Entré en la visión y comencé a inhalar las palabras como si fueran oxígeno. Fluían dentro y fuera de mí, creando los atributos que contenía cada palabra individualmente. Por ejemplo, cuando inhalé la palabra *paz*, me convertí en un hombre pacífico. Cuando inhalé la palabra *valentía*, esta se adueñó de mi ser y se hizo parte de mi alma.

Las palabras estaban llenas de revelación. Todo lo que sabía de cada palabra parecía tan básico, que apenas capturaba una parte de la esencia total de su significado y el efecto de la verdad real. La revelación e implicación de las palabras no tenía mucho que ver con su definición, sino con su experimentación.

Permítame describirlo de esta manera. Yo puedo definirle a usted la palabra *Corvette* intelectualmente, pero si en lugar de eso le doy un paseo a 180 millas por hora en el automóvil, la palabra *Corvette* tendrá un significado totalmente nuevo para usted. Las definiciones originales de las palabras que vi no estaban erradas, pero lucían casi insignificantes en comparación con la experimentación de cada palabra como tal. En este sueño, cada palabra se convirtió en un vehículo que viajaba a la velocidad de la luz, iluminando las realidades celestiales y arrojando sombras sobre mi comprensión finita.

El Señor me dijo en ese sueño: "Estoy creando un nuevo sistema operativo que pueda contener mi revelación, para que el antiguo odre se desgarre bajo el peso de mi Reino. La mentalidad estancada de las estructuras religiosas, debe dar paso a un organismo vivo que pueda cumplir mis sueños y conferirle poder a mi pueblo".

Toda la verdad no fue creada igual

En mi sueño, vi que unas palabras eran más grandes que otras y por lo tanto eran más pesadas. Me di cuenta de que parte del nuevo sistema operativo de Dios consistía en la revelación de que no toda la verdad fue creada igual. En realidad, esta tiene niveles. Por ejemplo, Pablo escribió: "Y ahora permanecen la fe, la esperanza y el amor, estos tres; pero el mayor de ellos es el amor" (1 Co. 13:13, itálicas añadidas). ¿Se fijó en el hecho de que aunque la fe es verdad, la esperanza es verdad y el amor es verdad, Dios dice que el amor es mayor? Jesús nos dio otro gran ejemplo en el evangelio de Mateo:

> "¡Ay de vosotros, escribas y fariseos, hipócritas!, porque pagáis el diezmo de la menta, del eneldo y del comino, y habéis descuidado los *preceptos* de más peso de la ley: la justicia, la misericordia y la fidelidad; y estas son las cosas que debíais haber hecho, sin descuidar aquéllas".
>
> Mateo 23:23

Jesús dijo que diezmar era una verdad importante y que debían continuar haciéndolo, pero que estaban descuidando los preceptos de más peso. ¡La justicia, la misericordia y fidelidad son verdades más pesadas que el diezmo!

Estas verdades más grandes y más pesadas crean una especie de sistema organizativo. Mientras reflexionaba en mi sueño, comencé a entender que la verdad sin orden, fuera de contexto y a destiempo es *perversión* (la versión equivocada). Isaías lo explico así: "Mandato sobre mandato, mandato sobre mandato, línea sobre línea, línea sobre línea,

un poco aquí, un poco allá" (Is. 28:10).

Déjeme darle otro ejemplo. Dios creó el sexo y dijo que era "muy bueno". Pero si usted saca el sexo fuera de su contexto asignado, este de repente se convierte en perversión y ya no será bueno, sino malo. Lo que quiero decir es que una "palabra" debe estar en el contexto adecuado para que sea verdad. Si usted no se da cuenta de que la palabra *amor* tiene más peso que la palabra *justicia*, usted tendrá la tendencia a destruir sus relaciones en aras de hacer justicia. El resultado es que usted estará en lo correcto como Cam, el hijo de Noé, que fue maldito por decirle a sus hermanos la verdad sobre el pecado de su padre (ver Gn. 9:20-27).

Está revelación no me ha dejado en paz. Ahora entiendo

que como no entendemos las dimensiones de la verdad, hemos limitado nuestra aplicación de las Escrituras a su contexto histórico. Incluso en esto, hemos creado perversiones sumamente destructivas. ¿Qué pasa cuando perdemos de vista el hecho de que la palabra *amar* es mayor (tiene más peso) que la palabra *someterse*? Creamos un ambiente familiar en el que se les dice a las esposas que deben someterse a sus odiosos y abusivos maridos, muchas veces viviendo en el peor infierno que usted pueda imaginar.

Yo no estoy defendiendo el divorcio (aunque pueda ser necesario en casos extremos), solo estoy diciendo que Tarzán debe vivir con los animales si se va a comportar como uno de ellos. Son incontables las veces que he conversado con mujeres que se encuentran en una situación de peligro junto a sus hijos porque su esposo está maltratando a su familia. Muchas veces el pastor le recomienda a la esposa permanecer en esa situación, en nombre de la "sumisión".

Lo siento, ¡pero un pastor que dé este tipo de consejos necesita revisarse la cabeza! Nadie debe someterse voluntariamente a otra persona que abuse de él o de ella. El *amor* es más pesado y por lo tanto, más importante que la *sumisión*. La verdad debe ser puesta en orden o se convertirá en una perversión destructiva, una falsificación peligrosa o una ilusión retorcida.

El Diablo conoce la Biblia

El diablo es el pervertido mayor. Es un experto confundiendo pasajes bíblicos para esclavizar, restar poder, engañar y destruir a las personas. El arma más destructiva del mundo es la Palabra de Dios en manos del diablo. La Biblia mal aplicada es peor que una mentira: es religión. La religión inicia guerras, divide a los creyentes y oprime a las personas. El diablo hasta utilizó la Biblia para tentar a Jesús en el desierto. Lea cuidadosamente el diálogo que tuvieron:

> "Entonces el diablo le llevó a Jerusalén y le puso sobre el pináculo del templo, y le dijo: Si eres Hijo de Dios, lánzate abajo desde aquí, pues escrito está: 'A sus ángeles te

encomendará para que te guarden', y: 'En las manos te llevarán, no sea que tu pie tropiece en piedra'. Respondiendo Jesús, le dijo: Se ha dicho: 'No tentaras al Señor tu Dios'".

Lucas 4:9-12

El diablo escogió versículos específicos de la Biblia que hablaban sobre Jesús para lanzarlos contra Él (ver Sal. 91:11-12). Pero la Biblia en manos del diablo no es la verdad. Se necesita de la Palabra de Dios más el Espíritu de Dios para obtener la verdad de Dios. La Palabra de Dios en las manos de alguien sin el Espíritu Santo, siempre resultará en religiosidad, atadura y muerte "el cual también nos hizo suficientes como ministros de un nuevo pacto, no de la letra, sino del Espíritu; porque la letra mata, pero el Espíritu da vida" (2 Co. 3:6).

Al rescate de las princesas del Rey

En este capítulo hablamos de las diferentes maneras en que Dios escribió las Escrituras. Algunos versículos son un documental sobre la forma en que vivían los personajes de la Biblia, mientras que otros versículos son comentarios sobre lo que Dios espera de nuestras vidas. Hablamos de la importancia de tener valores fundamentales basados en el Reino, que sirvan de lentes para aclararnos la forma en que vemos la vida y nos ayuden a entender con precisión la Palabra de Verdad. Hablamos sobre la necesidad de tener un orden y el peligro de terminar pervirtiendo la aplicación de las Escrituras. Finalmente, hablamos de cómo a Satanás le encanta utilizar la Biblia para matar, robar y destruir la vida de las personas.

Las verdades que hemos aprendido aquí se convertirán en nuestro puente sobre el peligroso foso de la religiosidad que rodea las paredes de la fortaleza malvada del engaño. Estas verdades se convertirán en la gruesa cuerda que utilizaremos para escalar la torre del castillo de la tradición y la espada de doble filo que blandiremos para derrotar al enemigo. Nuestra misión final es rescatar a las princesas de Dios y restaurarlas en su trono, al lado de su rey.

HARRIET TUBMAN

Líder del ferrocarril subterráneo

H arriet Tubman fue la líder más famosa del ferrocarril subterráneo. Nacida como esclava en el siglo XIX y transformada en una luchadora libre, Harriet se liberó de las cadenas de la esclavitud y se convirtió en una agente a favor de la justicia social. Enfrentó retos insuperables en su vida. Era una esclava pobre, sucia y completamente iletrada. Pero a pesar de sus circunstancias, cientos de esclavos fueron puestos en libertad gracias a su enorme valentía y su autosacrificio. Harriet nació en 1830, cuarenta y tres años antes de que el presidente Lincoln firmara la Proclamación de Emancipación. Sus abuelos sobrevivieron el peligroso viaje en barco del tráfico de esclavos desde África, lo que hacía de Harriet una esclava de tercera generación. Es difícil para nosotros imaginar cómo pudo haber sido ser adquirido y negociado como una propiedad, como le ocurrió a Harriet y su familia.

Harriet sufrió dolores inimaginables durante su infancia. Sus amos la golpearon con un látigo muchas veces y llevó las cicatrices de estos latigazos durante toda su vida. Cuando se negó a ayudar a un dueño de esclavos a capturar a un esclavo que se había escapado, el amo le lanzó una enorme roca que la golpeó en la cabeza. La roca la dejó inconsciente durante dos días. Cuando recuperó la consciencia, su amo despiadadamente la forzó a regresar a los campos de trabajo bajo el calor agobiante, a pesar de que su herida estaba aún abierta y sangrando. El ataque le causó daño cerebral y sufrió de epilepsia durante el resto de su vida.[1]

Cuando Harriet escuchó rumores de que sería vendida entre un grupo de esclavos encadenados, supo que era hora de escapar. La idea de ser atada con grilletes de hierro con un grupo de prisioneros y cavar zanjas bajo el sol ardiente era más de lo que podía soportar. Con la ayuda de Dios, caminó más de cien millas hasta llegar a un estado libre, Pensilvania. Más tarde dijo: "Miré mis manos para ver si yo era la misma persona, ahora que era libre. Todo estaba recubierto de gloria…y me sentía como si estuviera en el cielo".[2]

Pero era difícil para Harriet estar sola en una tierra desconocida, mientras trataba de acostumbrarse a su recién adquirida independencia. A pesar del gran gozo que le ocasionó su independencia, extrañaba a su familia y deseaba verlos libres. Esta pasión finalmente la llevó a abandonar su vida de paz y arriesgarse para ayudar a otros a alcanzar la libertad.

Las consecuencias de haberse escapado de la esclavitud eran terribles. Cazadores de recompensas operaban en el norte y en el sur, y una persona de color podía ser arrestada como fugitiva simplemente por la acusación de una persona blanca.[3] Si los fugitivos eran atrapados, eran entregados a sus amos y torturados por haberse fugado. Cualquiera que ayudara a un esclavo a escaparse también enfrentaba un castigo severo. Los dueños de esclavos no se detenían ante nada para recuperar su propiedad, ofrecían recompensas en avisos por la cabeza de sus esclavos. El analfabetismo de Harriet casi le costó su libertad, cuando se quedó dormida ¡justo debajo de su propio aviso de *"Se busca"*![4]

Luego de su escape, Harriet comenzó a viajar de incógnito de vuelta al sur y a transportar esclavos a los estados libres de Estados Unidos y Canadá en el norte, utilizando el ferrocarril subterráneo. El ferrocarril subterráneo era una red de rutas secretas y casas seguras que los esclavos utilizaban para escapar hacia la libertad.[5] Durante más de veinte viajes peligrosos, nunca capturaron a Harriet. Ella amenazaba a los viajeros con la muerte si alguno de ellos llegaba a considerar la idea de devolverse y rendirse. Uno de los fugitivos que viajaba con ella se arrepintió, e insistió en devolverse a casa de su amo. Ella lo apuntó con un arma en la cabeza y le dijo: "O continúas o mueres". Obviamente fue bastante intimidante, así que él continuó su viaje hasta que llegaron a un sitio seguro. Más tarde se le citó diciendo: "Fui la conductora del ferrocarril subterráneo durante ocho años, y puedo decir lo que muchos conductores no pueden decir: jamás me salí del carril y jamás perdí un pasajero".[6]

Harriet fue llamada la Moisés de su gente, por conducirlos a la libertad. ¿Será que parte de su éxito se debió al hecho de que era una mujer haciendo el papel de espía, lo cual normalmente haría un hombre? ¡Estaba oculta a plena vista!

Los métodos de escape de Harriet eran ingeniosos. Solo viajaba en invierno, cuando las noches eran largas y las personas permanecían dentro de sus casas, lo que disminuía el riesgo de ser vistos. Los escapes se planeaban para los sábados en la noche, lo que les daba a los fugitivos un día adicional de viaje, antes de que los periódicos imprimieran avisos de fuga los lunes en la mañana. Y Harriet utilizaba canciones con mensajes codificados para darles instrucciones o advertencias a sus compañeros de viaje.[7]

La vida de Harriet Tubman involucró mucho más que el ferrocarril subterráneo. Cuando comenzó la Guerra Civil en 1861, adoptó varios roles. Comenzó como cocinera y enfermera, pero luego sirvió como exploradora armada y espía. Conocía el territorio mejor que nadie después de haber huido y viajado entre los bosques y pantanos durante años. Fue la primera mujer en dirigir una misión armada en la Guerra Civil, y guió a las tropas en el Asalto al Río Combahee, en el que fueron liberados más de setecientos esclavos.[8]

Más adelante Harriet fue líder en la lucha por los derechos de las mujeres. Viajó por muchas ciudades, incluyendo Washington D.C., para hablar a favor del derecho al voto de las mujeres. Fue la oradora principal en el primer encuentro de la Federación Nacional de Mujeres Afroamericanas en 1896. A principios del siglo XX fundó una casa hogar para "indigentes y personas mayores de color".[9] Pasó sus últimos días en esa casa hogar, que fue bautizada con su nombre, y murió de neumonía en 1913.

Harriet, profundamente devota del Señor, creía fervientemente en la bondad de Dios. Ella creía que Dios la había llamado para liberar a los esclavos, y confió en que Él la llevaría y la protegería. Alguien una vez le dijo que nunca había conocido a alguien que tuviera más confianza en la voz de Dios.[10] Harriet también se negó a guardar rencor en su corazón hacia aquellos que habían abusado de ella, creyendo que Dios era el autor de la justicia. Su amor incondicional por todas las personas definió su vida.[11]

Harriet Tubman fue una patriota estadounidense y una altruista devota, y fue nombrada una de las civiles más famosas en la historia de Estados Unidos antes de la Guerra Civil. Ella impartió esperanza a las personas esclavizadas cuya situación era desesperada. Fue una guerrera y una campeona en la lucha por los derechos civiles.

5

Jesús: el fundador del primer movimiento de liberación femenina

uando la mayoría de los cristianos piensan en Jesús, se imaginan a un caballero de maneras gentiles y voz suave, caminando por las calles de Jerusalén, compartiendo su sabiduría mansamente, mientras besa en la frente de los niños. Por desgracia, muchos creyentes tienen una idea equivocada sobre la verdadera naturaleza del Jesús que están siguiendo. Mayormente, la Iglesia ha domesticado al León de la tribu de Judá, relegándolo al papel de una mascota, o encerrándolo tras las rejas de algún zoológico religioso. Pero la verdad es que cuando Jesús caminaba en la tierra era un radical contracultural, que no solo sanó a los enfermos y levantó a los muertos, sino que liberó a los oprimidos y a los cautivos. ¡Las mujeres estaban de primeras en su lista!

Los cuatro Evangelios: Mateo, Marcos, Lucas y Juan, fueron escritos para contarnos sobre la vida y las enseñanzas de Cristo. El pastor Bill Johnson de la Iglesia Bethel en Redding, California, dice: "Jesús es la teología perfecta". Bill tiene razón. De hecho, el apóstol Juan lo dice de esta manera: Jesús es la Palabra que "se hizo carne, y habitó entre nosotros" (Jn. 1:14). Somos llamados a ser como Cristo porque fuimos hechos a su imagen y semejanza. Cuando actuamos como Dios, estamos siendo nosotros mismos. Es por ello que el apóstol Pablo escribió: "Sed imitadores de Cristo, como sus hijos amados" (Ef. 5:1). En otras palabras, el Hijo de Dios se convirtió en el Hijo del Hombre para que los hijos del hombre se pudieran convertir en los hijos de Dios.

Ya que Jesús es la teología perfecta, la pregunta del millón de dólares es: ¿Cómo se relacionó Él con las mujeres? Antes de responder esta pregunta, es importante que entendamos cómo era la vida de las mujeres durante los días en que Cristo caminaba sobre la tierra.

Las mujeres gentiles del siglo I

Creo que no debe sorprendernos el hecho de que la mayoría de las mujeres gentiles eran mucho más poderosas y respetadas en sus culturas que las mujeres en el judaísmo. En Macedonia, las mujeres construían templos, fundaban ciudades, engranaban ejércitos y retenían fortalezas. Servían como regentes y corregentes. Los hombres admiraban a sus mujeres y hasta le colocaban sus nombres a sus ciudades. Tesalónica era este tipo de ciudad, y allí se le otorgaron derechos civiles innatos a las mujeres. Lydia, la mujer de negocios macedonia, fue la fundadora de la iglesia de Filipo, luego de que Pablo la llevara a los pies de Cristo (ver Hch. 16:14-15).

En Egipto las mujeres eran legalmente iguales a los hombres. Podían comprar, vender, prestar y pedir dinero prestado. Podían pedir ayuda o asistencia al gobierno para iniciar un divorcio, y pagaban impuestos. La hija mayor también podía ser legítima heredera.

A las mujeres romanas se les restringía más que a las macedonias o egipcias. La autoridad del padre era primordial. Una chica romana era "vendida" por nombre y entregada en manos de su futuro esposo. Tanto los hijos como las hijas recibían educación, los chicos hasta los diecisiete y las chicas hasta los trece (cuando se suponía que debían casarse). Una mujer romana no podía administrar un negocio en su propio nombre, pero podía indicar que contaba con la ayuda de un familiar o amigo de sexo masculino, que le servía de agente. Las mujeres tenían derecho a la herencia y derecho al divorcio. Las mujeres romanas no tenían derecho al voto, ni podían ocupar cargos públicos; sin embargo, las matronas romanas tenían poder e influencia porque eran la cabeza visible de los hogares y administradoras de los negocios mientras sus esposos luchaban en el ejército del César. El cristianismo se diseminó rápidamente en el mundo romano, en gran parte debido a la influencia de estas matronas romanas acaudaladas.

Por norma general, las mujeres poseían un gran estatus socioeconómico en la cultura gentil, que adoraba deidades femeninas fuertes como Afrodita en Corinto, Artemisa (llamada también Diana) en Éfeso e Isis en Egipto. En prácticamente todas las culturas gentiles del siglo I, tanto las mujeres como los hombres ejercían el liderazgo religioso en condiciones de igualdad.[1]

El judaísmo del siglo I

En el Israel del siglo I no existía un grupo de personas más oprimidas que las mujeres. Eran consideradas ciudadanas de segunda clase, similares a esclavas. Prácticamente no tenían derechos, respeto, ni opinión. Eran propiedad del hombre. Se les ofrecía poca o ninguna educación. Si una familia tenía hijos e hijas jóvenes, los chicos iban a la escuela, mientras que las chicas se quedaban en casa con su madre.

Como las mujeres de Afganistán antes de la intervención de Estados Unidos, a las mujeres judías se les prohibía hablarles a los hombres en público, y debían cubrir sus rostros con un velo cada vez que salían de sus casas. Encontrar a una mujer sin velo en público era una causal de divorcio. Ellas cuidaban la casa, cuidaban los niños y servían según la voluntad de su esposo. Si un invitado de sexo masculino venía a casa para cenar, las mujeres debían cenar en otra habitación. Sus padres arreglaban la mayoría de sus matrimonios, así que raramente se casaban con el hombre de sus sueños. Lo mejor que podían desear, era alguien que las tratara mejor de lo que lo había hecho su padre. Para empeorar las cosas, la poligamia era legal para los hombres, pero no para las mujeres, así que la mayoría de las mujeres compartían su esposo con otras mujeres. Y si sus maridos se hartaban de ellas por casi cualquier razón, se divorciaban y las descartaban como trapos usados. Las mujeres judías tampoco tenían derecho al voto, ni ningún tipo de influencia política. ¡Una mujer no podía ni siquiera ser testigo en un caso en los tribunales!

El judaísmo era más estricto que el Antiguo Testamento con respecto a las mujeres. Las mujeres eran relegadas a la parte externa de la sinagoga y frecuentemente se les prohibía leer las

Escrituras (la Torá). Un rabino del siglo I llamado Eliezer dijo: "Mejor sería que las palabras de la Torá fuesen quemadas que confiadas a una mujer...cualquiera que enseña la Torá a su hija, le enseña lascivia".[2] Su comentario describe la actitud de la comunidad religiosa hacia las mujeres en aquella época. A las mujeres ni siquiera se les permitía recitar la Shemá, o la Plegaria Matutina, ni orar en las comidas.[3]

Las muchas amigas de Jesús

Cuando digo que Jesús tenía muchas amigas, obviamente no estoy diciendo que Jesús tuvo relaciones románticas o íntimas con mujeres. Eso sería una locura. Simplemente digo que, a pesar de la cultura judía del siglo I, muchas de las amigas cercanas de Jesús eran mujeres. Las hermanas de Lázaro, María y Marta, fueron dos de sus amigas más cercanas. Con frecuencia se encontraban con Él cuando viajaba, y Él parecía pasar bastante tiempo en su casa. El Dr. Lucas registra una ocasión en que Jesús llegó al pueblo y Marta lo invitó a su casa. Como muchos de nosotros cuando le pedimos a un invitado famoso o especial que venga a nuestra casa, Marta estaba bastante preocupada por que la comida resultara buena y la casa estuviera limpia. Pero su hermana María estaba compartiendo con Jesús en la sala, en vez de ayudar. María parecía preocuparse más por construir una relación con Jesús que por preparar la comida para Él. Marta entró enfadada en la sala, donde María estaba asentada a los pies de Jesús, levantó la voz y le dijo a Jesús frente a María: "Señor, ¿no te importa que mi hermana me deje servir sola? Dile, pues, que me ayude" (Lc. 10:40).

Estoy seguro de que Marta esperaba que Jesús reprendiera a María severamente, por varias razones. Primero, Marta estaba haciendo lo que la cultura y tradición judía exigían de una mujer: estaba en la cocina preparando la comida para un hombre. Marta estaba haciendo el papel de servidora que exigía el judaísmo. Segundo, María estaba pasando el tiempo hablando y aprendiendo de Jesús, un hombre. Como señalamos anteriormente, el judaísmo les prohibía estrictamente a los hombres enseñar a las mujeres. Y no solo eso, era tabú para un hombre compartir y conversar con una mujer. Pero la respuesta de Jesús a Marta fue asombrosa: "Marta, Marta, tú estás preocupada y molesta por tantas cosas; pero una sola cosa es necesaria, y María ha escogido la parte buena, la cual no le será quitada" (Lc. 10:41-42). ¿Qué le estaba diciendo Jesús a Marta? ¿Le dijo: "Marta, no le otorgo valor a tu don de la hospitalidad o tu trabajo duro; me gusta compartir con personas perezosas e irresponsables, así que búscate algo que hacer"? Conociendo la ética de trabajo de Jesús, sabemos que no fue así. ¿Qué le dijo el Señor a Marta? Lo más probable es que le haya dicho: "Marta, tú y María son bienvenidas a sentarse y hablar conmigo. No vine a su casa para tener una comida gratis o hacerte servirme. Realmente valoro tu amistad y disfruto de tu compañía. Tú estás acostumbrada a que los hombres te usen y te pidan que les sirvas. María conoce mejor mi corazón que tú. ¿Por qué no vienes y te sientas con nosotros? Podemos comer más tarde".

Lázaro está muerto

Juan, el apóstol amado, nos narra otro encuentro que Jesús tuvo con María y Marta. Su hermano Lázaro estaba mortalmente enfermo, así que enviaron palabra a Jesús para que viniera a ayudarlos. Cuando Jesús recibió la información del estado de Lázaro, Juan escribió: "Y Jesús amaba a Marta, a su hermana y a Lázaro" (Jn. 11:5).

Me resulta interesante que Juan mencione a Marta primero, aun después del incidente en la cocina. Sabemos que Jesús ama a todo el mundo, así que Juan no está diciendo: "Jesús no ama a la mayoría de las personas, pero seguro los ama a ellos". Juan nos está diciendo que Jesús siente un aprecio especial por su tres amigos, dos de los cuales son mujeres. De hecho, hay solo cuatro personas que la Biblia dice específicamente que Jesús amaba: Juan, Lázaro, Marta y María. Juan también nos dice que, a pesar del hecho de que Jesús ama a sus amigos, Él intencionalmente retrasa su visita dos días más para que Lázaro muera (v. 6).

Cuando Marta escucha que Jesús está finalmente en camino para ayudar a su hermano, ella camina un par de millas para encontrarse con Él, mientras que María se queda en la casa. Marta está enfadada por la aparición tardía de Jesús y le dice: "Señor, si hubieras estado aquí, mi hermano no habría muerto" (v. 21). A mí personalmente me encanta Marta. En verdad la entiendo. Era fuerte, terca y polémica. Todo lo exteriorizaba, y la gente siempre sabía exactamente donde estaba parada con ella. Para ella no había medias tintas y buscaba la justicia. Para Marta, el mundo se dividía en dos categorías: lo que era correcto y lo que era incorrecto. Su pensamiento era algo como, *María no está ayudando en la cocina, ¡eso no está bien!* Y *Jesús empleó su tiempo valioso en venir a nuestra casa, pero convirtió una caminata de dos días en un viaje de cuatro días, y eso le costó la vida a Lázaro. ¡Eso no está bien!* Sin embargo, Marta le dice a Jesús: "Aunque llegaste tarde, todavía puedes resolver esto". Declara: "Aun ahora, yo sé que todo lo que pidas a Dios, Dios te lo concederá" (v. 22).

Jesús no se amilana por la personalidad fuerte de Marta, su necesidad de justicia o sus insinuaciones. Él entendía su dolor, y de hecho pensó en ella cuando esperó que Lázaro muriera para venir a ayudar. Él necesitaba que Marta y María entendieran el milagro de la resurrección. Necesitaba que ellas comprendieran que no todo el que muere permanece muerto. Necesitaba que supieran que algunas personan regresan de la muerte, y que Él regresaría también.

Ahora viene la enseñanza. Jesús está a punto de dar a conocer la revelación más profunda, el poder resucitador de Dios; y se lo revela a *una mujer*, a alguien a quien se le prohíbe leer la Torá, a alguien relegada a la parte externa del templo, a alguien despreciada por la jerarquía religiosa, a alguien considerada la propiedad del hombre, una ciudadana de segunda clase… a la creación más hermosa de Dios. Fíjese en la conversación. Jesús le dice a Marta: "Tu hermano resucitará", y Marta le responde: "Yo sé que resucitará en la resurrección, en el día final" (Jn. 11:23-24).

Jesús, probablemente pensó: *Marta, tú no lo entiendes,* así que lo dijo de otra manera: "Yo soy la resurrección y la vida; el que cree en mí, aunque muera, vivirá, y todo el que vive y cree en mí, no morirá jamás. ¿Crees esto?" (vv. 25, 26).

Marta le contestó "Sí, Señor; yo he creído que tú eres el Cristo, el Hijo de Dios, el que viene al mundo" (v. 27). ¿Notó que Marta respondió en tiempo pasado? "He creído". En otras palabras: "Sé que me lo dijiste antes, Jesús. ¡He creído!". La fe comienza a crecer en su corazón, y entonces corre a su casa a buscar a María y le dice: "El Maestro está aquí, y te llama" (v. 28). Puede parecer algo insignificante para nosotros, pero a la luz de la cultura judía, comienza a emerger una verdad poderosa aquí. Marta llama a Jesús *Maestro*, no Amo o Señor. Le dice *Maestro*. Jesús está enseñándoles a mujeres, quienes habían estado hambrientas de Dios durante generaciones.

María finalmente toma valor para reunirse con Jesús en las afueras del pueblo. Pero, a diferencia de Marta, María está llorando, llena de tristeza y sentimiento. Angustiada, cae rendida a los pies de Jesús, y en medio del llanto murmura: "Señor, si hubieras estado aquí, mi hermano no habría muerto" (v. 32). Jesús no tiene ninguna revelación para María. Comprende que la lucha de María no tiene que ver con incongruencias teológicas como en el caso de Marta. María simplemente expresa su profundo dolor por la muerte de su hermano. Ella no está enfadada o decepcionada de Jesús. Solo desea que su hermano vuelva.

A Jesús no lo asusta su dolor. Al contrario, abraza a María en medio de su dolor y llora con ella. "Y cuando Jesús la vio llorando [...] se conmovió profundamente en el espíritu, y se entristeció, y dijo: ¿Dónde lo pusisteis? Le dijeron: Señor, ven y ve. Jesús lloró. Por eso los judíos decían: Mirad, cómo lo amaba" (vv. 33-36).

El duelo era cosa de mujeres, un acto que revelaba debilidad; y no era la cosa más masculina que alguien pudiera hacer. Con todo, Jesús *lloró*. Su llanto fue un mensaje para María, para todas las mujeres y para la multitud que observaba. Él estaba diciendo: "Valoro los sentimientos, siento tu dolor y entiendo tu pena".

Finalmente, profundamente conmovido, Jesús llega a la tumba y dice: "Quitad la piedra". Marta siente la necesidad de advertirle a Jesús sobre los riesgos existentes. Le dice: "Señor, ya hiede, porque hace cuatro días que murió" (v. 39).

Jesús le responde: "¿No te dije que si crees, verás la gloria de Dios?"

(v. 40). Jesús sabía que Marta en realidad no estaba preocupada por el olor. Ella temía desilusionarse por el no cumplimiento de una profecía y un hermano sin vida. El resto es historia. Unos meses después llega la Pascua y Jesús está de visita en casa de María y Marta. Por supuesto, Marta está atendiendo a todos, Lázaro está sentado a la mesa cenando, y, como podrá usted adivinar, la siempre apasionada María entra a la habitación portando un perfume por valor igual al de un año de salario. Frente a todos los discípulos que la observaban, se agacha en el suelo y comienza a poner el costoso perfume sobre los pies de Jesús y a secarlos con su cabello.

Este momento apasionado casi se pierde en el ambiente cargado de testosterona, cuando los hombres comienzan a quejarse de la poca pertinencia de malgastar un costoso perfume, cuando este puede ser vendido para ayudar a los pobres. Judas quiere venderlo y robarse el dinero.

Pero Jesús dice: "¿Por qué molestáis a la mujer? Pues buena obra ha hecho conmigo. Porque a los pobres siempre los tendréis con vosotros, pero a mí no siempre me tendréis [...]. Dondequiera que este evangelio se predique, en el mundo entero, se hablará también de lo que ésta ha hecho, en memoria suya" (Mt. 26:10-11, 13).

Allí estaba Jesús, protegiendo los sentimientos de una mujer, valorando los sentimientos de María, valorando más una experiencia de $60.000 que la satisfacción de las necesidades básicas de los pobres que pesaban sobre sus almas.

Ahora entiendo

Todo comienza a tener sentido para mí. Cosas como la razón por la que los fariseos le trajeron a una mujer sorprendida en adulterio a Jesús, pero no trajeron al hombre. Si los fariseos hubiesen estado tratando simplemente de ver si Jesús hacía extensiva su gracia a cualquier persona que transgrediera la ley, pudieron haberle traído fácilmente también al hombre. Pero no solo estaban enfurecidos porque Jesús perdonaba la culpa; estaban enfurecidos porque Él reconocía y habilitaba a las mujeres. Ellos deseaban poder capturarlo haciendo una declaración herética de protección a las mujeres. O peor aún, deseaban forzarlo a defender su Divinidad apedreando a la mujer, y así destruir el honor que venía demostrando hacia las mujeres durante todo su ministerio (ver Jn. 8:3-11).

Las mujeres veían a Jesús como su Libertador de la opresión cultural, el que las rescataba de las ataduras religiosas, su caballero de armadura brillante. Él vino a liberar a los oprimidos y a los cautivos. Las mujeres lo amaban porque Él las valoraba, las protegía y les enseñaba. Él trataba a las mujeres como iguales y se rehusaba a inclinarse ante el club religioso dominado por hombres que había regido el mundo judío durante siglos.

Lucas 7:36-49 registra la poderosa historia de una mujer que le demostró su amor a Jesús en la casa de un líder religioso. Ahora entiendo que fue lo que ocurrió en realidad en casa de Simón el fariseo cuando la mujer entró a su casa y perturbó su cena. Recuerde: las mujeres no tenían derecho a estar en la misma habitación donde hubiesen hombres hablando y comiendo. Para empeorar las cosas, esta mujer era una dama de la noche, una mujer de dudosa reputación, lo peor de lo peor.

Mientras los sucesos se desarrollaban, Simón se pensaba: *Aun siendo profeta, este hombre no se da cuenta de que esta mujer es una prostituta.* Pero de repente, todo cambia, cuando Jesús mira profundamente en el alma de Simón y le dice:

> "Simón, tengo algo que decirte: Y él dijo: Di, Maestro. Cierto prestamista tenía dos deudores; uno le debía quinientos denarios y el otro cincuenta; y no teniendo ellos con qué pagar, perdonó generosamente a los dos. ¿Cuál de ellos, entonces, le amará más? Simón respondió, y dijo: Supongo que aquel a quien le perdonó más. Y Jesús le dijo: Has juzgado correctamente. Y volviéndose hacia la mujer, le dijo a Simón: ¿Ves esta mujer?".
>
> Lucas 7:40-44

Si los fariseos se negaban a reconocer a las mujeres, mucho menos harían lo impensable: reconocer a las prostitutas. Pero Jesús le dijo Simón: ¿*Ves* a esta mujer? La connotación era que Simón debía mirarla, reconocerla y aceptarla. Luego Jesús continuó:

Simón, "Yo entré a tu casa *y* no me diste agua para los pies, pero ella ha regado mis pies con sus lágrimas y los ha secado con sus cabellos" (v. 44).

Simón, "No me diste beso, pero ella, desde que entré, no ha cesado de besar mis pies (v. 45).

Y, Simón, "No ungiste mi cabeza con aceite, pero ella ungió mis pies con perfume" (v. 46).

Simón, "Por lo cual te digo que sus pecados, que son muchos, han sido perdonados, porque amó mucho; pero a quien poco se le perdona, poco ama. (v. 47).

Y a ella le dijo: "Tus pecados han sido perdonados [...] Tu fe te ha salvado, vete en paz" (v. 48, 50).

Ahí está de nuevo, rescatando a una mujer de las garras de otro líder religioso. Jesús defendió a una mujer que obviamente rompió el protocolo al autoinvitarse a la cena de un líder poderoso. Como si eso no fuera suficientemente malo, en vez de mezclarse calladamente entre la multitud, comenzó a protagonizar una escena y a convertirse en el centro de atención.

¿Cómo se interpreta que una mujer de reputación dudosa se acerque a Jesús, bese sus pies y los seque con sus cabellos? ¿Por qué Él lo permitió, cuando debió más bien proteger su reputación? Después de todo se supone que Él es el Hijo justo de Dios, que morirá por los pecados del mundo. ¿Por qué no dejar bien claro ante la comunidad religiosa que no estaba pasando nada entre Él y estas mujeres? Y quizás la pregunta más importante es: ¿Por qué estas mujeres se sentían atraídas hacia Jesús? ¿Cuál era su poder de atracción? ¿Por qué tanta fanfarria?

Pozos de compasión

Tengo que admitir que antes de escribir este libro, nunca había entendido el mensaje radical de igualdad de géneros que los autores de los Evangelios trataron de expresar a través de la vida de Jesús. Sí, sabía que Jesús odiaba la religión. Sabía que Él había sido un radical contracultural que volteó las engañosas mesas de la hipocresía y expulsó a los mercaderes del templo. Habiendo leído la Biblia a diario durante más de treinta años, sabía que muy pocas mujeres habían compartido con Jesús. Pero como no tenía mucho conocimiento sobre la cultura opresiva del judaísmo del siglo I y el maltrato masivo a las mujeres durante los días de Cristo, se me escapó totalmente uno de los mensaje más profundos de los Evangelios: que Jesús apoyaba la igualdad de la mujer. Está por todos los cuatro Evangelios, y es casi imposible no verlo. Como los avisos de *Se busca* en una estación de tren, o los avisos de *Precaución* en una planta nuclear, los autores del Evangelio registraron estos sorprendentes decretos con una frecuencia sorprendente a lo largo de sus manuscritos. Pero de alguna manera logré avanzar ciegamente a trompicones a través de los pasillos de la libertad y salté sobre los tesoros de la femineidad.

En el Evangelio de Juan encontramos a Jesús cansado y sediento luego de un largo día de viaje. Está sentado junto a un pozo profundo bajo el ardiente sol del mediodía, sin posibilidades de poder extraer agua de él. Los discípulos habían ido al pueblo a buscar algo para almorzar, así que Él se quedó solo, pero no durante mucho tiempo. Por una coincidencia divina, entra en escena una mujer samaritana con un cántaro en la mano, justo a tiempo para calmar su sed.

Jesús le dice: "Dame de tomar" (Jn. 4:7). Me encanta la manera en que Jesús va al punto sin malgastar palabras.

La mujer samaritana le responde: "¿Cómo es que tú, siendo judío, me pides de beber a mí, que soy samaritana?" (v. 9).

Estoy seguro de que ella estaba siendo un poco sarcástica aquí, porque ella sabía muy bien que los judíos no trataban a los samaritanos y que miraban por debajo del hombro tanto a los samaritanos como a las mujeres. Y ella era obviamente ambas cosas. Los judíos mantenían un fuerte prejuicio contra su raza y su sexo. En una oportunidad, Santiago y Juan hasta insinuaron pedir que cayera fuego del cielo sobre los samaritanos, pero aquí vemos a Jesús pidiéndole ayuda a una mujer samaritana.

Jesús le respondió: "Si tú conocieras el don de Dios, y quién es el que te dice: 'Dame de beber', tú le habrías pedido a Él, y Él te hubiera dado agua viva" (v. 10).

Paremos un momento y analicemos un poco lo que está ocurriendo aquí. Viajemos juntos al pasado una vez más, hasta el siglo I. Jesús le está ofreciendo a una mujer—a una mujer samaritana—agua viva. Recuerde: los hombres no les hablaban a las mujeres, porque las mujeres eran posesiones. A ellas no se les podía enseñar, no eran valoradas y no eran admiradas. Sus cabezas debían estar cubiertas y definitivamente no podían ser espirituales.

La mujer le dijo a Jesús: "Señor, no tienes con qué sacarla, y el pozo es hondo; ¿de dónde, pues, tienes esa agua viva? ¿Acaso eres tú mayor que nuestro padre Jacob, que nos dio el pozo del cual bebió él mismo, y sus hijos, y sus ganados?" (vv. 11, 12).

Esta chica era lista e intuitiva. Cuando se encontró con Jesús unos minutos antes, había enfatizado el hecho de que Él era judío y ella samaritana. Pero de repente la situación cambia. El Hombre sediento la respetaba. La trataba como una persona, así que se apresura a encontrar cosas en común con Él. Aunque era mestiza, le dice que Jacob es su patriarca. Esta mujer sabía cómo conectar con un hombre judío, trayendo a colación su origen en común.

Jesús le dice: "Todo el que beba de esta agua volverá a tener sed, pero el que beba del agua que yo le daré, no tendrá sed jamás, sino que el agua que yo le daré se convertirá en él en una fuente de agua que brota para vida eterna" (v. 13).

La mujer responde: "Señor, dame esa agua, para que no tenga sed ni venga hasta aquí a sacarla" (v. 15).

La mujer se muestra sedienta y Jesús ofrece darle un río de vida. Pero seguidamente la historia se torna un poco incómoda: Jesús procede a develar un doloroso ciclo de disfunción en la vida de ella. ¿Mentirá ella para tratar de ocultar que es una fornicaria, o confiará en Él con todo su corazón y lo dejará desenterrar décadas de abandono, divorcio y traición?

Ella decide ser honesta:

> "Él le dijo: Ve, llama a tu marido y ven acá. Respondió la mujer y le dijo: No tengo marido. Jesús le dijo: Bien has

dicho: 'No tengo marido', porque cinco maridos has tenido, y el que ahora tienes no es tu marido; en eso has dicho la verdad. La mujer le dijo: Señor, me parece que tú eres profeta. Nuestros padres adoraron en este monte, y vosotros decís que en Jerusalén está el lugar donde se debe adorar".

Juan 4:16-20

Jesús le muestra respeto aun sabiendo su pecado y la felicita por ser honesta. Ella pudo haber tenido una vida personal desastrosa, pero también sentía un hambre profunda por las cosas de Dios. En una cultura que se negaba a educar a las mujeres, esta mujer samaritana era instruida y obviamente conocía las Escrituras. Su historia me recuerda a la de tantas personas con las que me he tropezado a lo largo de la vida. Cuando ves sus historias desde las barreras (en su caso, cinco esposos y una vida en común con su novio), pareciera que no tienen ningún tipo de interés en Dios. El mundo religioso con frecuencia excluye a esta clase de personas, hablan piadosamente de ellas desde el púlpito y utilizan sus historias para ilustrar la maldad. Pero al igual que en la historia de Rahab (ver Jos. 2), bajo años de disfunción y una montaña de dolor, yace un corazón hambriento...un ansia de conocer a Dios.

Lo que ocurrió después es increíble. ¡La clase sobre adoración más profunda jamás enseñada es revelada a una mujer samaritana que vive con su novio! Jesús le dice:

"Mujer, créeme; la hora viene cuando ni en este monte ni en Jerusalén adoraréis al Padre. Vosotros adoráis lo que no conocéis; nosotros adoramos lo que conocemos, porque la salvación viene de los judíos. Pero la hora viene, y ahora es, cuando los verdaderos adoradores adorarán al Padre en espíritu y en verdad; porque ciertamente a los tales el Padre busca que le adoren. Dios es espíritu, y los que le adoran deben adorarle en espíritu y en verdad".

Juan 4:21-24

Y cuatro esposos y un novio después, la mujer aún está buscando al Mesías, al ungido que liberará a los oprimidos y los cautivos. Ella le dice a Jesús: "Sé que el Mesías viene (el que es llamado Cristo); cuando Él venga nos declarará todo" (v. 25). Jesús le responde: "Yo soy, el que habla contigo" (v. 26). ¿Se fijó en eso? Jesús se revela personalmente por primera vez en la historia registrada como el Mesías, ¡y se lo revela a una mujer samaritana!

En ese momento llegan los discípulos y se sorprenden al ver a Jesús hablando con una mujer. Aún con lo estupefactos que se encuentran por haberlo visto hablando con una samaritana, no se atreven a confrontarlo por su comportamiento inadecuado. Ya han visto esta película muchas veces antes. Las cosas se ponen aún más interesantes:

"Entonces la mujer dejó su cántaro, fue a la ciudad y dijo a los hombres: Venid, ved a un hombre que me ha dicho todo lo que yo he hecho. ¿No será éste el Cristo? Y salieron de la ciudad e iban a Él. Y de aquella ciudad, muchos de los samaritanos creyeron en Él por la palabra de la mujer que daba testimonio, diciendo: Él me dijo todo lo que yo he hecho. De modo que cuando los samaritanos vinieron a Él, le rogaban que se quedara con ellos; y se quedó allí dos días. Y muchos más creyeron por su palabra, y decían a la mujer: Ya no creemos por lo que tú has dicho, porque nosotros mismos le hemos oído, y sabemos que este es en verdad el Salvador del mundo".

Juan 4:28-30, 39-42

Observe lo que pasa aquí. Una mujer samaritana que ha estado casada cinco veces y que ahora vive con su novio, cuyo entorno religioso jamás le permitirá poner un pie en la sinagoga, se convierte en la primera evangelista de la historia. Esta mujer, que jamás calificaría como anciana en ninguna iglesia, acaba de voltear una ciudad al revés luego de encontrarse con su Mesías.

Créame, ¡privar de liderazgo a las mujeres nos está costando nuestras ciudades!

Usted pensará, ella no era una líder. Y usted está en lo cierto: ella no tenía un título. Pero dirigió a la gente y esa gente la siguió hasta Cristo. El liderazgo es más que un título, una placa sobre un escritorio o un nombre en algún organigrama. Liderazgo significa que la gente lo siga, que lo escuchen cuando hable, que valoren sus palabras, que emulen sus experiencias. Hay muchas personas alrededor de aquellos que tienen una placa sobre su escritorio, su nombre en algún organigrama, o un cargo importante, pero nadie los sigue. John Maxwell lo explica así: "El que piense que es un líder, pero no tiene seguidores, solo está dando un paseo".

No solo los samaritanos siguieron a esta mujer, sino que conocieron a Jesús a través de ella. Ella les dijo que Jesús era el Mesías. Si las palabras de Pablo en 1 Timoteo 2:12 "Yo no permito que la mujer enseñe" hubiesen sido aplicadas universalmente en este caso, muchos samaritanos no habrían conocido a Cristo (hablaremos más sobre esta declaración de Pablo en el capítulo 7).

Muchos discutirán sobre si se le puede otorgar o no el título de líder, anciana, apóstol, profeta, etcétera, a una mujer, pero los líderes verdaderos son reconocidos por medio de títulos, no creados a través de ellos. Llamar a alguien anciano no lo convierte en anciano, así como llamar a alguien ingeniero no lo convierte en ingeniero. Un constructor es alguien que construye. Un paracaidista es alguien que salta de un avión en paracaídas. Un bailarín es alguien que baila, un líder es alguien a quien la gente sigue, y un maestro es alguien de quien la gente aprende.

¿Entiende lo que quiero decir? Podemos tratar de redefinir estos roles espirituales para proteger nuestro conocimiento de las Escrituras, pero nos rehusamos a aceptar que cuando un hombre aprende de una mujer ella le está enseñando, y que cuando la gente sigue a una mujer, ella es su líder. Punto.

¡Mi madre me obligó a hacerlo!

¿Dónde aprendió Jesús a valorar tanto a las mujeres? Cuando alguien crece como lo hizo Jesús, en una cultura que devalúa a las mujeres, que las trata como esclavas o posesiones y que las desecha como trapos sucios, ¿cómo puede llegar esa persona a apoyar un paradigma totalmente diferente?

Parte del secreto se revela en una fiesta. Retrocedamos un par de miles de años y adentrémonos en la celebración de las bodas de Caná. Jesús está ahí con sus familiares y amigos, así que ubiquémonos en un rincón y observemos cómo se comportan los invitados para ver qué podemos aprender. Todos parecen estar disfrutando: bailan, cantan y beben. Es un gran jolgorio, hasta que se quedan sin vino. María, la madre de Jesús, se abre camino entre la multitud y le dice a Él: "No tienen vino" (Jn. 2:3).

Esto me parece interesante por algunas razones. Primero, a menos que Él lo hubiera hecho con anterioridad en su casa, ¿cómo sabía María que Jesús podía hacer vino? En serio, ¿qué la impulsó a pensar que Jesús podría hacer algo para solucionar el problema de la falta de vino? Pero lo que realmente me intriga es la siguiente parte del diálogo. Jesús le dice a su madre: "Mujer, ¿qué nos va a ti y a mí en esto? Todavía no ha llegado mi hora" (v. 4).

En otras palabras, le dijo: "No es hora de lanzar mi ministerio público, ni de hacer milagros, ni de revelar que soy el Hijo de Dios". Después de todo, como afirmó Jesús más de una vez: "El Hijo no puede hacer nada por su cuenta, sino lo que ve hacer al Padre; porque todo lo que hace el Padre, eso también hace el Hijo de igual manera" (Jn. 5:19, 20).

María ignora sus palabras, se vuelve hacia los sirvientes y les dice: "Haced todo lo que Él os diga" (v. 5).

Piense en esto: la madre de Jesús le dice que haga vino. Él le dice que le parece prematuro lanzar su ministerio de milagros y, por lo tanto, no quiere hacer el vino. Este es el único diálogo registrado en Caná entre ellos. Ahora, me imagino que ella debió haberle dirigido una de esas miradas de madre judía, como diciéndole: "Soy tu madre. ¡Haz el vino, hijo!".

Admitámoslo, a nivel práctico el chico ya tiene treinta años, por no mencionar el hecho de que es el Hijo de Dios. Con todo y eso Jesús obedece a su madre, y contra su deseo inicial, se vuelve hacia el mesero y le dice: "Llenad de agua las tinajas [...]. Sacad ahora un poco y llevadlo al maestresala" (vv. 7, 8). El resultado es que el maestresala prueba el agua, que se ha convertido en vino, pero sin tener idea de su proveniencia.

¿Cuál fue el resultado de la audaz petición de María? Juan lo describe así: "Este principio de sus señales hizo Jesús en Caná de Galilea, y manifestó su gloria, y sus discípulos creyeron en Él" (v. 11). Este acontecimiento contradice la idea de que la Iglesia debe aplicar universalmente la exhortación de Pablo a Timoteo: "Que la mujer aprenda calladamente, con toda obediencia. Yo no permito que la mujer enseñe ni que ejerza autoridad sobre el hombre, sino que permanezca callada" (1 Tim 2:11-12). Es ridículo argumentar que María (una mujer) no instruyó ni influyó en el Hijo de Dios. Este vistazo que hemos dado en la vida de Jesús y su madre, es una clara indicación de que Él le permitió a su madre influir en su vida.

María, la madre de Dios

Resulta interesante que Jesús haya crecido con una madre que supuestamente quedó encinta de Él fuera del matrimonio. Cuando José descubrió que su prometida estaba embarazada, intentó romper la relación en privado. El Señor finalmente tuvo que enviar un ángel para que le explicara a José que María estaba encinta por inmaculada concepción. Es divertido que María le haya preguntado al ángel Gabriel cómo podía quedar embarazada, si era virgen. Gabriel le dijo: "El Espíritu Santo vendrá sobre ti, y el poder del Altísimo te cubrirá con su sombra; por eso el santo Niño que nacerá será llamado Hijo de Dios" (Lc. 1:35).

Pero luego Gabriel fue a ver a Zacarías, y le dice que su esposa Isabel, que ya había pasado la menopausia, iba a tener un hijo (Juan el Bautista). Zacarías le dijo al ángel: "¿Cómo podré saber esto? Porque yo soy anciano y mi mujer es de edad avanzada" (Lc. 1:18). El ángel, cambiando a un tono severo, le dice: "Yo soy Gabriel, que estoy en la presencia de Dios, y he sido enviado para hablarte y anunciarte estas buenas nuevas. Y he aquí, te quedarás mudo, y no podrás hablar hasta el día en que todo esto acontezca, por cuanto no creíste mis palabras, las cuales se cumplirán a su debido tiempo" (vv. 19, 20). Es gracioso que tanto María como Zacarías le hicieron prácticamente la misma pregunta al ángel, ¡pero el ángel le responde a la mujer y deja mudo al hombre!

Ahora, si para José fue difícil creerle a María (y la conocía bien), solo puedo imaginar lo que el resto de la comunidad pensaba de ella. Tenemos que tener en cuenta que esta historia no involucra a una familia estadounidense del siglo XXI, donde la gente normalmente vive junta sin casarse. Esto pasó en la cultura judía del siglo I, cuando el adulterio y la fornicación eran castigados con apedreamiento. Puedo imaginarme a María, de unos seis meses de embarazo, diciéndoles a sus vecinos: "José y yo nunca hemos tenido sexo. ¡El Espíritu Santo me embarazó con la semilla de Dios!". Estoy seguro de que todos en la comunidad se rieron a carcajadas al oír esa historia.

Aunque María y José eran rectos y de carácter impecable, su reputación quedó en entredicho por causa de estos hechos. Luego llegó Jesús, unos seis meses adelantado. Imagínese en el siglo I. Piense en el escarnio y el ridículo al que Él debió estar expuesto por culpa del comportamiento supuestamente ilícito de su madre. Seguramente no era extraño para Jesús escuchar a sus vecinos hablando mal de su mamá. Me imagino que hasta los niños con quienes Él jugaba se burlaban de su madre y probablemente le colocaban motes irrespetuosos.

Crecer en una situación como esa debe haberle dado a Jesús una perspectiva clara de la enorme vergüenza que experimentaban las mujeres inmorales durante sus vidas. Es muy probable que María, con su dudosa reputación, sintiera una gran compasión por las mujeres sexualmente promiscuas. Quizá hasta hizo amistad con ellas. Esta pudo haber sido la razón por la cual Jesús conectó tan bien con los pecadores y fue invitado a sus fiestas. Esto también explicaría por qué tantas mujeres de dudosa reputación congeniaban con él tan fácilmente.

Hasta los fariseos molestaron a Jesús acusándolo de haber nacido fuera del matrimonio. Cuando Jesús les dijo a los fariseos en Juan 8:41: "Vosotros hacéis las obras de vuestro padre", ellos le respondieron: "Nosotros no nacimos de fornicación; tenemos un Padre, es decir, Dios". La implicación era que Jesús era un hijo ilegítimo nacido de una relación extramatrimonial. Él no era ajeno al escarnio que conllevaban tales acusaciones. Los Evangelios están llenos de historias de mujeres inmorales que amaban a Jesús, y a quienes Él con frecuencia liberaba. Es el caso de la prostituta María Magdalena, que tenía siete demonios. Estaba también la mujer capturada en el acto de adulterio, a quienes los fariseos deseaban apedrear. También la mujer de reputación dudosa, que apareció en la casa de Simón el fariseo. Y no olvidemos a la mujer samaritana del pozo, que había estado casada cinco veces y vivía con su novio.

La frecuencia de los encuentros de Jesús con tales mujeres y el hecho de que los autores de los Evangelios las mencionaran a ellas específicamente, es intrigante. De hecho, la manera en que Jesús trata la inmoralidad en el Nuevo Testamento es totalmente opuesta a la manera en que lo hace el Antiguo Testamento. En Proverbios capítulos 2 y 7, se da un claro ejemplo de la visión del Antiguo Testamento con respecto al pecado sexual. Veamos:

"Hijo mío, si recibes mis palabras, y atesoras mis mandamientos dentro de ti, da oído a la sabiduría, inclina tu corazón al entendimiento. [...] La discreción velará sobre ti, el entendimiento te protegerá [...]. Ella te librará de la mujer extraña, de la desconocida que lisonjea con sus palabras, la cual deja al compañero de su juventud, y olvida el pacto de su Dios; porque su casa se inclina hacia la muerte, y sus senderos hacia los muertos; todos los que a ella van, no vuelven, ni alcanzan las sendas de la vida".
Proverbios 2:1-2, 11, 16-19

"Porque desde la ventana de mi casa miraba por la celosía, y vi entre los simples,distinguí entre los muchachos a un joven falto de juicio, pasando por la calle cerca de su esquina; iba camino de su casa, al atardecer, al anochecer, en medio de la noche y la oscuridad. Y he aquí, una mujer le sale al encuentro, vestida como ramera y astuta de corazón. Es alborotadora y rebelde, sus pies no permanecen en casa; está ya en las calles, ya en las plazas, y acecha por todas las esquinas.

Y lo agarra y lo besa, y descarada le dice: Tenía que ofrecer ofrendas de paz, y hoy he cumplido mis votos; por eso he salido a encontrarte, buscando tu rostro con ansiedad, y te he hallado. He tendido mi lecho con colchas, con linos de Egipto en colores; he rociado mi cama con mirra, áloes y canela. Ven, embriaguémonos de amor hasta la mañana, deleitémonos con caricias. Porque mi marido no está en casa, se ha ido a un largo viaje; se ha llevado en la mano la bolsa del dinero, volverá a casa para la luna llena. Con sus palabras persuasivas lo atrae, lo seduce con sus labios lisonjeros. Al instante la sigue, como va el buey al matadero, o como uno en grillos al castigo de un necio, hasta que una flecha le traspasa el hígado; como el ave que se precipita en la trampa, y no sabe que esto le costará la vida. Ahora pues, hijos míos, escuchadme, y prestad atención a las palabras de mi boca. No se desvíe tu corazón hacia sus caminos, no te extravíes en sus sendas. Porque muchas son las víctimas derribadas por ella, y numerosos los que ha matado. Su casa es el camino al Seol, que desciende a las cámaras de la muerte".

Proverbios 7:6-27

¿Notó usted algo que tienen en común estos dos pasajes de Proverbios? Correcto: ambos previenen al hombre de la mujer seductora. De hecho, hay literalmente más de cien versículos en el libro de Proverbios que alertan al hombre sobre la mujer fácil, pero ni un solo proverbio previene a las mujeres contra los hombres inmorales. En resumen, el libro de Proverbios, al igual que casi todo el Antiguo Testamento, endilga la responsabilidad de los actos inmorales a las mujeres.

Ahora, comparemos las enseñanzas de Jesús con las enseñanzas del Nuevo Testamento sobre los temas de la sexualidad y el divorcio, para ver si podemos captar alguna diferencia en sus puntos de vista:

"Habéis oído que se dijo: "No cometerás adulterio". Pero yo os digo que todo el que mire a una mujer para codiciarla ya cometió adulterio con ella en su corazón".

Mateo 5:27-28

"Y se acercaron a Él algunos fariseos para probarle, diciendo: ¿Es lícito a un hombre divorciarse de su mujer por cualquier motivo? Y respondiendo Jesús, dijo: ¿No habéis leído que aquel que los creó, desde el principio los hizo varón y hembra, y añadió: 'Por esta razón el hombre dejara a su padre y a su madre y se unirá a su mujer, y los dos serán una sola carne'? Por consiguiente, ya no son dos, sino una sola carne. Por tanto, lo que Dios ha unido, ningún hombre lo separe. Ellos le dijeron: Entonces, ¿por qué mandó Moisés darle carta de divorcio y repudiarla? Él les dijo: Por la dureza de vuestro corazón, Moisés os permitió divorciaros de vuestras mujeres; pero no ha sido así desde el principio. Y yo os digo que cualquiera que se divorcie de su mujer, salvo por infidelidad, y se case con otra, comete adulterio".

Mateo 19:3-9

Las enseñanzas de Jesús sobre la inmoralidad sexual y el divorcio son totalmente contrastantes con las de Salomón y las de la mayoría de los autores del Antiguo Testamento. En lugar de alertar a los hombres contra las mujeres seductoras, como hizo Salomón en Proverbios (donde prácticamente culpa a las mujeres de seducir a los hombres), Jesús alerta a los hombres en cuanto a mirar a una mujer con motivos impuros. En vez de culpar a las mujeres, coloca la responsabilidad sobre los hombres por sus acciones. De paso, ¿sabía que ni una sola vez en los cuatro Evangelios Jesús les advierte a las mujeres sobre sensualidad e inmoralidad?

Por supuesto, todas las enseñanzas de Jesús sobre la inmoralidad deben aplicarse tanto a los hombres como a las mujeres. Yo simplemente estoy señalando que Él dirigió sus correcciones hacia los hombres y no hacia las mujeres.

Ahora, veamos lo que Jesús opinaba sobre el divorcio.

¿Recuerda cuál era la concepción cultural sobre el divorcio de la que hablamos anteriormente en este capítulo? Las mujeres eran descartables, desechables. Un hombre judío podía tener varias esposas y divorciarse de cualquiera de ellas sin ninguna razón. ¿Sabe usted por qué los fariseos probaron a Jesús con el tema del divorcio? Porque los fariseos y la comunidad religiosa eran los que oprimían a las mujeres. Su prueba no era tanto sobre el divorcio sino sobre el valor de la femineidad.

Me resulta interesante que casi siempre es el espíritu religioso el que minimiza y oprime a las mujeres. Me encanta la forma en que Jesús lleva a los fariseos de vuelta al Jardín, antes de la caída de Adán, y les recuerda el designio divino para los hombres y las mujeres al decirles: "Por consiguiente, ya no son dos, sino una sola carne" (Mt. 19:6). Luego, en el mismo versículo, Él agrega este pedacito: "Por tanto, lo que Dios ha unido, ningún hombre lo separe". Jesús continúa su diálogo radical diciéndoles a los hombres que si se divorcian de sus esposas y se casan con alguien más, cometen adulterio.

Esto no debe malinterpretarse: Jesús estaba convirtiendo la prueba de los fariseos sobre el divorcio en un asunto de igualdad de géneros. En efecto, Él lo que estaba declarando era: "Ustedes y sus esposas son uno solo, inseparables, una unidad divina, una sola carne. Minimizarlas a ellas significa minimizarse ustedes mismos, oprimirlas a ellas es oprimirse ustedes mismos. Fariseos, discípulos, hombres en general, ¿no lo pueden entender? ¡Ellas forman parte de ustedes! Ellas no son sus esclavas, sus posesiones o sus amantes".

Los discípulos, muchos de ellos casados, quedaron tan sorprendidos por esta idea tan radical sobre el matrimonio que le respondieron: "Si así es la relación del hombre con su mujer, no conviene casarse" (Mt. 19:10). Incluso los discípulos de Jesús subvaloraban a las mujeres y por lo tanto no se habían casado con la idea de permanecer con ellas durante largo tiempo. ¡Bah!

Jesús entendía los asuntos femeninos

En dos evangelios aparece la poderosa historia de una mujer que había sufrido de hemorragias durante largo tiempo. Su ciclo menstrual estaba totalmente fuera de control, lo que dio como resultado que presentara su período continuamente durante doce largos, agonizantes y vergonzosos años. Para entender el significado de la historia, hay que saber dos cosas. Primero, cuando una mujer presentaba su período menstrual, era considerada impura. La ley judía le exigía permanecer en cuarentena durante su ciclo. Segundo, cualquiera que tocara una mujer durante su ciclo menstrual, también era considerado impuro durante siete días y no podía estar en público.

Puede leer la historia en Marcos 5:25-34 y en Lucas 8:43-48, pero se la resumiré aquí. Cuando esta mujer vio a Jesús sanando a las personas, se dijo: Si toco el borde de su manto, seré sanada. Así que apresuró el paso a través de la multitud y tocó las vestiduras de Jesús. Inmediatamente fue sanada y deseaba alejarse rápidamente, para que nadie supiera que una mujer impura estaba en público. Pero Jesús sintió el poder salir de su cuerpo y gritó a la multitud: "¿Quién me tocó? ¡Alguien me tocó!".

Los discípulos pensaban que Jesús estaba exagerando, porque muchas personas en la multitud lo estaban tocando. Ellos trataron de decirle que obviamente la multitud lo estaba tocando y que no era una gran cosa (como si Él no supiera eso), pero Él sabía lo que había ocurrido.

Esta mujer se dio cuenta de que la habían descubierto rompiendo el protocolo judío y estaba muy asustada por eso. Le confesó a Jesús frente a todo el mundo que ella había sufrido de hemorragias durante doce años, y que había ido a muchos doctores para ser sanada. Estoy seguro de que en ese momento habría podido escucharse el ruido de un alfiler caer cuando la multitud hizo silencio. Quizás los presentes comenzaron a susurrarse unos a otros: "¿Qué hace esta mujer fuera de su casa?...Ahora Jesús está impuro...¿Qué va a hacer?".

Pero Jesús sabía lo que estaba pasando. Él había creado ese revuelo a propósito para hacer una declaración frente a los líderes religiosos y a la multitud. Por eso le dio tanta importancia a un toque en medio de una multitud agitada. Quería que la mujer compartiera su testimonio. Quería que la gente viera que, en vez de Él volverse impuro con el toque de la mujer, ella se volvió pura al tocarlo a Él. Jesús les estaba diciendo a las mujeres y a todos los presentes: "No me importa lo que digan los líderes religiosos, en lo que a mí concierne, las mujeres son limpias. Las mujeres son bienvenidas a mi presencia sin ninguna condición. Los hombres no tienen ninguna ventaja sobre ustedes en cuanto al tiempo que comparten conmigo solo porque ustedes tienen el período y ellos no".

El lado femenino de Dios

En Lucas capítulo 15 Jesús se encuentra una vez más con sus archienemigos, los fariseos y los escribas. Estos están criticando a Jesús por recibir a los pecadores y compartir con ellos. Como se quejan de la manera en que Jesús acepta a los pecadores, Él les cuenta tres parábolas. La primera, es acerca de un pastor que tiene cien ovejas y pierde una, usted conoce la historia. El pastor sale y encuentra a la oveja perdida, y está más contento por esa oveja que recuperó que por las noventa y nueve que no se extraviaron.

¿A quiénes representan los tres personajes de esta parábola? El pastor es Dios, la oveja perdida representa a aquellos pecadores de quienes se quejaban los líderes religiosos. Y las noventa y nueve ovejas son los fariseos y los escribas, quienes se consideran a sí mismos rectos.

La tercera historia es la parábola del hijo pródigo. Esta historia también es bien conocida, así que estoy seguro de que usted sabe cuál es (no, no estoy olvidando la segunda historia. Ya volveremos a ella). La tercera historia comienza con un padre que tiene dos hijos. El hijo más joven reclama su herencia y la malgasta toda en prostitutas, hasta que termina comiendo de un abrevadero de cerdos. Finalmente, reúne valor para regresar a casa, donde su padre lo recibe con los brazos abiertos, corriendo al campo para encontrarse con él. Cuando el padre hace una fiesta para el chico, el hijo mayor se niega a ir a la celebración, porque piensa que su hermano debe ser castigado y no celebrado.

De nuevo, ¿a quienes representan los tres personajes de esta parábola? El hijo pródigo representa a los pecadores, con los que Jesús comparte. El padre que corre al campo a encontrarse con él, representa a Dios. Y el hijo mayor, que espera que su hermano menor sea castigado en vez de perdonado, representa a los líderes religiosos, que quieren que todos paguen por sus pecados.

Ahora volvamos atrás, a la segunda parábola. Esta trata sobre una mujer que tiene diez monedas de plata y pierde una de ellas. Enciende una lámpara, barre toda la casa y finalmente consigue la costosa moneda. Se alegra tanto que invita a todos sus amigos a la casa a celebrar la aparición de la moneda. Hagámoslo una vez más. ¿A quiénes representan los personajes de esta parábola? La moneda perdida representa a los pecadores que Jesús busca, y de quienes se quejan los fariseos. Las nueve monedas representan a los fariseos y los escribas, que se ven a sí mismos como rectos. ¿Y a quién representa la mujer? Lo adivinó: representa a Dios.

La connotación es obvia para los espectadores religiosos que estaban familiarizados con la historia de la creación. Ya he citado este versículo varias veces, pero aquí va de nuevo: "Y creó Dios al hombre a su imagen, a imagen de Dios lo creó, varón y hembra lo creó" (Gn. 1:27, itálicas añadidas). Jesús claramente les está diciendo a los fariseos y escribas que hace falta tanto la femineidad de las mujeres, a quienes ellos oprimen, como la masculinidad del hombre, para representar a Dios. Al dominar a las mujeres, diseñadas a la imagen de Dios, la religión oculta a las personas el lado femenino de Dios. Esto las relega a una relación unidimensional con su Creador, y les impide ver el espectro total de la naturaleza de Dios.

Haciendo discípulos

Muchos se apresuran a señalar que cuando Jesús escogió a sus doce discípulos, a quienes luego ascendió a apóstoles, ninguno era mujer. Creo que dado el contexto histórico del judaísmo y la cultura judía en general, es fácil ver por qué habría sido imposible para Cristo comisionar mujeres con títulos de liderazgo y cargos formales. No solo habría creado una situación peligrosa para esas líderes, sino que a efectos prácticos, tomando en cuenta el corto período de tiempo de tres años y medio en los cuales

Jesús ministró, hubiese sido imposible para la sociedad cambiar su mentalidad y ver a las mujeres como líderes, cuando durante generaciones habían sido consideradas solo posesiones.

Imagine a un afroamericano postulándose para el cargo de presidente de Estados Unidos, tres años antes de la Proclamación de la Emancipación. Imagine a una persona de color dirigiendo una iglesia de blancos en 1950. Por supuesto, cualquier objeción a estas situaciones parece ridícula hoy en día, pero ilustran perfectamente por qué Jesús trataba a las mujeres en condiciones de igualdad, pero no les otorgó títulos oficiales de liderazgo en la cultura judía del siglo I.

Pero el hecho es que ¡muchos de los discípulos de Jesús eran mujeres! Lucas señala que Jesús ministraba de ciudad en ciudad con los doce discípulos y algunas mujeres, casadas y solteras. Lucas nombra a tres de estas mujeres: María Magdalena, Susana y Juana, la esposa de Chuza (el administrador de Herodes). La palabra griega para apoyo o cooperación es *diakoneo*. Se traduce como "servir", "ministrar", "cuidar", o como "diáconos". Esta es la misma palabra griega utilizada en Hechos 6 cuando los apóstoles escogieron a siete hombres para *servir* (*diakoneo*) mesas, que luego se convirtió en la el fundamento y la calificación para los *diáconos* (*diakoneo*), que eran líderes en las primeras iglesias. No estoy diciendo con esto que estas mujeres que apoyaban a Jesús eran diáconos en su ministerio. Simplemente destaco que realizaban una labor similar, sin portar el título.

Lo que quiero que entienda es que el solo hecho de que los autores de los Evangelios hayan reconocido y documentado que Jesús enseñó a mujeres, hizo amistad con mujeres, viajó con mujeres y ministró con mujeres, ya era una declaración atrevida y contracultural. ¿Recuerda que anteriormente en este capítulo señalé que cuando los discípulos encontraron a Jesús hablando con una mujer en el pozo se quedaron atónitos? Los Evangelios fueron escritos al menos tres décadas después del incidente de la samaritana en el pozo, así que para ese entonces, su opinión sobre las mujeres era completamente diferente.

Yo antes pensaba que cuando los autores del evangelio

afirmaban que Jesús alimentó y enseñó a cinco mil hombres, más mujeres y niños, estaban degradando a las mujeres y los niños.

Pero ahora me doy cuenta de que los escritores estaban tratando de destacar que una dinámica radical estaba ocurriendo en el ministerio de Jesús: estaba enseñando y preparando a mujeres y niños, al igual que a los hombres. Esta era una desviación extrema para el judaísmo, que veía a las mujeres como seres muy poco inteligentes como para ser educadas.

Para los estadounidenses, la manera más fácil de entender la enorme brecha de género que existía en la cultura judía del siglo I, sería visualizar a nuestro país antes del movimiento por los derechos civiles y recordar la gran diferencia que existía entre blancos y negros. Los blancos y los negros no podían utilizar los mismos baños, tomar agua de las mismas fuentes, ni asistir a las mismas escuelas. A los niños blancos no se les permitía jugar con los niños afroamericanos, punto. *Fin de la historia*. Era tabú. Eso no ocurría.

Ahora imagínese leyendo una carta en esa época de un amigo que le dice: "Fuimos al cine esta noche con John y Henry, y algunos de nuestros amigos negros". O quizás algo como esto: "Estábamos en la iglesia, y la gente de color en verdad participó en la adoración". Tomando en cuenta los aspectos culturales de la época, la parte sorprendente de la carta no sería el cine o la iglesia. Los lugares habrían sido insignificantes en comparación con la importante declaración sobre la compañía que tenían.

Si tomamos en cuenta el período en el cual Jesús vivió en la tierra, estuvo en compañía de personas sorprendentes. He estado durante todo este capítulo exponiendo la opresión a las mujeres que existía en el judaísmo del siglo I, en comparación con el comportamiento contracultural de Jesús hacia las mujeres. Mi intención es que usted pueda captar la esencia de la época y entender el intenso amor, honor y respeto que sentía Jesús por las mujeres.

72 horas para el amanecer

¿No le parece extraño que *solo* hombres estuvieron involucrados en la crucifixión de Cristo? *Ni una sola mujer* participó en su asesinato. Fue un hombre quien lo traicionó y soldados masculinos los que lo arrestaron. Fue Caifás, el sumo sacerdote, los escribas y los ancianos (todos hombres) los que lo acusaron. Fue Pilato, el gobernador y Herodes, el rey, quienes lo juzgaron. Fueron los soldados romanos quienes lo golpearon y el centurión romano quien ordenó que lo colgaran de la cruz. Fue un prisionero quien lo maldijo y soldados quienes apostaron sobre su ropa. Fueron guardias masculinos quienes lo enterraron y discípulos hombres quienes lo negaron.

Por otro lado, fue una mujer en la casa de Simón quien colocó perfume costoso sobre su cuerpo, preparándolo para la tumba. Fue la esposa de Pilato quien tuvo un sueño inspirado por Dios y trató de convencer a su esposo de que soltara a Jesús. Fueron su madre María, María Magdalena y María la esposa de Cleofás, quienes estuvieron con Él en la noche oscura de su alma. Solo había dos mujeres presentes el día de su sepultura, y hubo solo una persona fiel, sufriendo allí para felicitarlo cuando venció el pecado, la muerte, el infierno y el sepulcro. Si, lo adivinó: una mujer.

Con todos estos extraordinarios antecedentes que tienen los hombres, es lógico que a las mujeres no se les permita ser líderes en la Iglesia, ¿verdad? ¡Por favor! ¡Qué absurdo!

¿Dónde estaban los once que iban a cambiar el mundo, y que se suponía que estremecerían a las naciones? Cuando las dos mujeres descubrieron la tumba vacía y los ángeles gozosos, regresaron corriendo al pueblo a contarles las buenas nuevas a los discípulos, pero "los grandes líderes espirituales de la Iglesia" se rehusaron a creer en la resurrección. Aunque los once apóstoles se habían ido en ese momento, solo Pedro y Juan se molestaron en comprobar la historia de las dos mujeres. Y recuerde, ¡Jesús les había estado diciendo a sus discípulos durante meses que moriría y resucitaría al tercer día!

Gracias a Dios por las mujeres que le creyeron a Jesús y no se callaron la experiencia. Cristo se detuvo durante su ascensión para decirle a María Magdalena, una exprostituta que una vez tuvo siete demonios, que les contara a sus discípulos que Él estaba vivo. Ocho días después, los chicos estaban todavía encerrados en una casa temiendo por sus vidas. Gracias a Dios por las mujeres que se negaron a quedarse calladas en esos momentos oscuros. En verdad es lógico que a las mujeres no se les permita enseñar en la Iglesia. ¡Podrían destrozar la doctrina de los apóstoles! El apóstol Pablo debe haber pensado sus principios restrictivos para que fueran aplicados universalmente a todas las mujeres. Pero gracias a Dios que las cartas de Pablo no fueron escritas sino después de tres décadas del episodio de la resurrección, porque si no los apóstoles aún estarían tratando de entender que fue lo que ocurrió ese fatídico día (obviamente, estoy siendo sarcástico).

De hecho, estoy convencido de que cualquiera (indistintamente del sexo) que haya tenido un encuentro con Jesús tendrá algo que decirle a la Iglesia y al mundo. Estas palabras están registradas a lo largo de las Escrituras. Si usted no quiere saber sobre las mujeres, tendrá que eliminar un montón de versículos de su Biblia (lo que analizaré con mayor profundidad en el próximo capítulo). Ni un solo libro de la Biblia fue escrito por una mujer, pero se les cita con frecuencia (algunos eruditos creen que el libro de Hebreos fue escrito por Priscila, y por eso es que permanece sin autor. Creo que es posible, aunque no estoy seguro de cuan probable). Demos gracias a Dios porque los autores fueron lo suficientemente sabios para conocer la Palabra del Señor cuando la escucharon. Demos gracias a Dios por las mujeres que visitaron las tumbas vacías y creyeron en los ángeles.

Tráelo a casa

Yo crecí con hombres que oprimían a las mujeres solo porque podían hacerlo. Utilizaban su fuerza física para acosarlas todo el tiempo. Cuando nací de nuevo y comencé a leer la Biblia, me dejó boquiabierto el hecho de que Jesús hubiese sido tan amoroso, capacitador y protector con las mujeres. Aún recuerdo cuando fui a la iglesia por primera vez, aproximadamente un año después de haber aceptado al Señor. Me sorprendió darme cuenta de que aunque la violencia contra las mujeres ya no existía, el poco valor que se les daba no había cambiado. También me sorprendió que la iglesia era solo otro club de chicos que minimizaba a las mujeres, asignándoles todo tipo de roles de servicio. Agradezco que Kathy y yo nos topáramos con Bill y Beni Johnson cuando aún éramos unos jóvenes creyentes. Bill amaba y respetaba a las mujeres, y las había facultado para enseñar, liderar y ministrar. Kathy y yo aprendimos de los Johnson el valor de ambos sexos y la fuerza de su diversidad.

Como nación, en Estados Unidos les hemos pedido perdón a los nativos americanos y nos hemos arrepentido ante los afroamericanos (como debíamos hacerlo). Pero el grupo más oprimido en la historia del mundo permanece reducido dentro de la Iglesia. El mundo por el que murió Jesús habilita a las mujeres. Pueden ser madres, doctoras, astronautas, científicas, neurocirujanas, astrofísicas, educadoras, analistas de deportes, atletas, bomberos, policías, soldados, marineras, generales, emprendedoras, detectives, artistas, bailarinas, misioneras, y mucho más. Las mujeres pueden defender países, comenzar negocios, luchar contra el crimen, crear tecnología, rescatar vidas, apagar fuegos y criar hijos. La Biblia reconoce a las mujeres como reinas, profetisas, juezas, maestras, madres, líderes, apóstoles, coherederas, consejeras, guerreras, hijas de Dios y mucho más. Por lo tanto, es confuso para mí que de alguna manera, en la Iglesia de la cual Jesús es la Cabeza, no se les considere calificadas para hablar, enseñar, pastorear o ayudar a dirigir una congregación de treinta personas. Algo está mal, y creo que es hora de componerlo.

Es vergonzoso que las mujeres del mundo sean más poderosas que las hermanas de la Iglesia. No puedo imaginarme cómo se puede sentir una mujer que es Presidente de una gran corporación al venir a la iglesia y ser tratada como una ciudadana de segunda clase. Es difícil comprender lo que una mujer, que es madre de varios niños y esposa de un hombre que la valora, debe pensar cuando va a la mayoría de las iglesias por primera vez.

Puedo decirle una cosa: si Jesús tuviera la oportunidad de liderar realmente la iglesia, las mujeres serían poderosas. Jesús no permitió que los líderes religiosos de sus días oprimieran a las mujeres. Ya es hora de que seamos como Cristo en ese aspecto.

Rosa Parks

Iniciadora del Movimiento por los Derechos Civiles

Rosa Parks fue una mujer normal que jugó un papel extraordinario en contra del racismo, convirtiéndose en un ícono estadounidense de los derechos civiles para todos los afroamericanos. Su acto de desafío a las leyes de segregación inspiró un movimiento entero. Ella es conocida como la Madre de los Derechos Civiles, y transformó toda una nación con su valentía. Su historia es extraordinaria.

Era una noche fría y oscura de ese día histórico, 1 de diciembre de 1955. En Montgomery, Alabama, Rosa Parks acababa de salir del trabajo, luego de un largo día trabajando como costurera en una tienda por departamentos local. En la década de los cincuenta, no era fácil para una mujer de color conseguir un empleo, así que Rosa estaba muy agradecida de contar con uno. No pasaba nada inusual aquel día; nada indicaba los acontecimientos que estaban a punto de ocurrir, y que le cambiarían la vida. Mientras se encontraba de pie en la esquina, esperando que el autobús llegara, los pensamientos de Rosa se centraban en llegar a casa y pasar la velada con su esposo.

El autobús se detuvo en la parada y Rosa se subió en él, tomando asiento en la sección solo para negros. Hacía unas décadas se había aprobado una ordenanza de la ciudad de Montgomery que establecía la separación de blancos y negros en los autobuses. La ley, técnicamente, no requería que ningún pasajero cediera su puesto si el autobús estaba lleno. Pero con el pasar del tiempo, se hizo costumbre obligar a los negros a ceder sus asientos a los blancos, si el autobús estaba lleno. A veces, se les pedía que se bajaran del autobús. Rosa ya había experimentado de primera mano este tipo de discriminación. En 1943, había abordado el autobús y pagado el pasaje. El conductor le ordenó bajarse del autobús y usar la entrada trasera, para que pudiera sentarse en la sección de la gente negra. Humillada, cumplió con su solicitud y salió del autobús. Pero antes de llegar a la entrada trasera, el conductor arrancó el vehículo y se alejó, dejándola abandonada a un lado de la calle.

Esta vez, Rosa estaba sentada en la sección de negros, pero el autobús se estaba llenando rápidamente de pasajeros que iban a sus casas. Tres paradas después, algunos pasajeros blancos abordaron el autobús, y el conductor, que casualmente era el mismo que la había dejado abandonada hacía más de una década, solicitó que cuatro pasajeros negros de su fila se levantaran para que los pasajeros blancos se pudieran sentar. Al principio, nadie respondió a la solicitud del conductor. Pero cuando les solicitó una vez más que se levantaran, tres de ellos lo hicieron. Pero esta vez fue diferente para Rosa. Después de décadas de sufrir humillaciones por el color de su piel, algo dentro de ella estalló y se negó a levantarse del asiento.

El conductor del autobús amenazó con llamar a la policía si Rosa no se movía, pero ella se sujetó firmemente y no dejó su asiento. Por supuesto, el conductor llegó hasta el final y la hizo arrestar. Luego ella dijo: "Tenía que saber de una vez y por todas qué derechos tenía como ser humano y ciudadana".[4] Continuó diciendo: "Mientras estaba siendo arrestada, sabía que esa sería la última vez que sufriría ese tipo de humillaciones…".[5]

En su autobiografía *"My History"* [Mi historia], cuenta:

> "La gente siempre dice que yo no cedí mi asiento porque estaba cansada, pero eso no es cierto. No estaba cansada físicamente, o al menos no más cansada de lo que siempre estaba después de un día de trabajo. No era vieja, aunque algunas personas tienen una imagen de mí en esa época como una señora mayor. Yo solo tenía cuarenta y dos años. No, de lo único que yo estaba cansada, era de ceder".[6]

El arresto de Rosa Parks desencadenó una serie de sucesos que serían conocidos como uno de los desafíos más importantes a las leyes de segregación racial en la historia. Cuatro días después de su arresto, fue declarada culpable de alterar el orden público. Ese mismo día, un pequeño grupo de dirigentes de la Asociación Nacional para el Progreso de las Personas de Color (NAACP, por sus siglas en inglés), se reunieron para discutir el caso de Rosa y organizar un boicot de los ciudadanos negros de Montgomery a los autobuses. En esa reunión eligieron un nuevo líder, un pastor joven y desconocido de la Iglesia Bautista de la Avenida Dexter. Su nombre era Dr. Martin Luther King Jr.[7] El boicot de un día fue tan exitoso, que decidieron continuar. Durante 381 días, la comunidad negra, que abarcaba el setenta y cinco por ciento de los pasajeros de los autobuses, se rehusó a tomar transporte público. Encontraron métodos alternativos para ir al colegio, al trabajo y las áreas de compras. Tomaron taxis, compartieron sus vehículos, se trasladaron en bicicleta o a pie, bajo la lluvia o el sol ardiente, durante más de un año. Finalmente, la Corte Suprema declaró que la ordenanza era inconstitucional y prohibió la segregación racial en el transporte público.[8] El sacrificio había valido la pena, ¡y la victoria era suya!

Aunque el caso exitoso de Rosa y el boicot atrajeron la atención mundial a la causa de los derechos civiles, no fue sin grandes sacrificios personales. Rosa recibía amenazas de muerte de continuo, perdió su empleo en la tienda por departamentos, y su esposo fue obligado a renunciar a su trabajo cuando su jefe le prohibió hablar sobre su esposa o el caso en la corte. Cuando no pudieron encontrar trabajo en Montgomery, los Parks se mudaron a Michigan, cerca de donde vivía la hermana de Rosa. Comenzaron una nueva vida en Detroit.

Rosa Parks dedicó su vida a la defensa de los derechos civiles, creó la Fundación de Becas Rosa L. Parks y el Instituto para el Autodesarrollo Rosa y Raymond Parks. Cuando Rosa murió, la nación le rindió honores en una ceremonia de estado y fue enterrada en la rotonda del Capitolio de los Estados Unidos, en Washington D. C. Ella es la única mujer y la segunda persona afroamericana en recibir tal honor, que normalmente se reserva para los presidentes de los Estados Unidos.[9] Rosa Parks fue el catalizador del movimiento por los derechos civiles, y su legado perdura hasta el día de hoy.

6

Los apóstoles malinterpretados

*D*urante años, he leído la exhortación de Pablo a los Corintios de que "las mujeres guarden silencio en las iglesias, porque no les es permitido hablar [...] porque no es correcto que la mujer hable en la iglesia" (1 Co. 14:34-35) y me he preguntado cómo puedo eludir estos versículos. Yo deseaba estar a la vanguardia con el siglo XXI y continuar diciendo con honestidad que creía en la Biblia como la Palabra de Dios. La mayoría de las veces simplemente ignoraba estos versículos, y argumentaba que algunos individuos que conocían la Biblia mejor que yo permitían que las mujeres hablaran y que, por lo tanto, debían tener algunas razones bíblicas para hacerlo.

Mi esposa Kathy nunca tuvo un gran interés por enseñar o predicar (hasta hace poco), y siempre ha sido más bien del tipo callado; así que, cuando éramos más jóvenes, nunca abordamos el tema de la autoridad pública de las mujeres en la iglesia. Pero cuando nacieron nuestros primeros dos hijos biológicos, y ambas fueron niñas, comencé a pensar en las consecuencias de criar a las niñas en la iglesia y permitir que algún erudito en griego o un experto en teología limitara el destino de mis hijas. Esto hizo nacer en mí una pasión por descubrir la verdad, por el bien de las mujeres que tanto amo. Me enorgullece decir que mis dos hijas dirigen iglesias como pastoras titulares en dos congregaciones. Y en el 2010, mi esposa se convirtió en una de los doce líderes principales de la Iglesia Bethel, que supervisa nuestra iglesia y nuestro movimiento. En los últimos años, Kathy también ha sido muy solicitada como oradora y maestra internacional. Observar la transformación de Kathy ha sido inspirador y estimulante para mí.

Volvamos a lo que nos interesa e investiguemos cuál era el

pensamiento del apóstol Pablo sobre el tema de las mujeres. En uno de los capítulos anteriores, mencioné la manera en que el contexto de un versículo con frecuencia determina su significado. Compartí con usted lo que dijo el rey Salomón: "El escarnecedor busca sabiduría, y no la halla, pero para el hombre entendido el conocimiento es fácil" (Pr. 14:6). También le demostré este principio en la historia que conté sobre el estudio de música en la Iglesia Bethel, que también era utilizado los domingos por las madres lactantes. Como quizás recuerde, el aviso en la puerta decía *"Pare solo madres lactantes"*. Hablamos de algunas maneras graciosas en que el aviso podía ser interpretado por alguien que viera la sala solo como un estudio, y no supiera que también era un lugar donde las madres amamantaban a sus hijos. En gran parte, es el apóstol Pablo quien moldea la mayoría de nuestras creencias sobre las restricciones que al parecer deben ser impuestas a las mujeres en el ministerio o el liderazgo. Pero antes de discutir los versículos específicos, quiero que nos adentremos en lo que estaba ocurriendo tras la puerta del estudio de la vida en los días de Pablo. Esto nos ayudará a leer el "aviso en la puerta" a través de los lentes transparentes de la perspectiva de Dios.

Una mala interpretación del aviso

La Biblia es el libro más vendido en la historia del mundo.[1] Es el único libro del mundo que ha sido traducido a cada idioma existente en el planeta. Dios inspiró a cuarenta autores para que escribieran sesenta y seis libros que contienen la Palabra de Dios. Tomó catorce siglos terminar el Libro Divino. Fue escrito en la profundidad de las mazmorras y en los corredores de los palacios…del campo de cebada al campo de batalla…en épocas de gran prosperidad y bajo la maldición de la pobreza inimaginable. Fue escrito en cuevas bajo la tierra y en barcos en medio de tormentas. Sus autores fueron reyes, pastores, sacerdotes, profetas, apóstoles, físicos, pescadores, granjeros, generales, videntes e incluso un exfariseo. Todos ellos aportaron a la Biblia (es interesante notar aquí que Jesús, como hombre, nunca escribió ni una sola palabra de la Biblia, aunque Él era el Verbo de Dios que se hizo carne).

Para hacer nuestro viaje aún más emocionante, los autores de la Biblia frecuentemente citaban muchas fuentes diferentes, incluyendo a Dios Padre, Jesús, el Espíritu Santo, el diablo, hombres, mujeres, reyes, reinas, espíritus malvados, ángeles, creyentes, ateos, brujos, adivinos, profetas, profetisas, enemigos, amigos, fariseos, escribas, sacerdotes, hombres sabios, tontos, prostitutas, princesas, indigentes, príncipes, libros seculares, e incluso un asno. En consecuencia, todas estas citas se llegaron a formar parte de la Palabra de Dios, lo que hace más estimulante la aventura de navegar por las aguas bravas de la verdad de la Biblia. Hablamos un poco sobre este reto en un capítulo anterior, pero quiero profundizar un en ello ahora.

La Biblia se divide en dos partes, una llamada el Antiguo Testamento y la otra el Nuevo Testamento. Hay 252 mandamientos y leyes en el Antiguo Testamento, pero en el Nuevo Testamento, incluso los diez mandamientos se resumen en dos: "Amarás al Señor tu Dios con todo tu corazón, y con toda tu alma, y con toda tu fuerza, y con toda tu mente; y a tu prójimo como a ti mismo" (ver Lc. 10:27). ¿Recuerda que en el capítulo anterior le dije que el judaísmo del siglo I era mucho más restrictivo que la Ley del Antiguo Testamento? Aquí le tengo un excelente ejemplo: ¡El judaísmo tenía 613 mandamientos y leyes!

Algunos podrían estar totalmente confundidos porque dije que la Biblia se divide en Antiguo Testamento y Nuevo Testamento, y luego mencioné al judaísmo como algo totalmente diferente. Me gustaría ampliar esto un poco, en caso de que usted se esté preguntando qué quise decir. Aunque se trata de algo más complejo que la explicación que daré, piénselo de esta manera: hay cuatrocientos años de silencio entre Malaquías, el último libro del Antiguo Testamento; y Mateo, el primer libro del Nuevo Testamento. En esos años de silencio, los líderes religiosos, llamados escribas y fariseos, comenzaron a reinterpretar el Antiguo Testamento y le añadieron sus tradiciones, leyes y opiniones a la Biblia (la Torá). Lo que resultó de eso finalmente vino a ser conocido como judaísmo.

Pronto verá qué relación tiene esto con la habilitación de la mujer. Tenga en cuenta que de cuarenta autores que escribieron la Biblia durante un período de 1450 años, en varios países y múltiples culturas, en varias situaciones y bajo el Nuevo y el Viejo Pacto, solo un hombre parece excluir a las mujeres del liderazgo y la enseñanza: el gran apóstol Pablo.

Si Dios le hubiese querido prohibir a la mitad de la población que dirigiese o enseñase a los hombres (algo bastante importante, creo yo), ¿por qué hay treinta y nueve autores que callan sobre ese tema, mientras que Pablo parece excluir específicamente a las mujeres? Y una vez más: ¿Por qué Pablo les escribe a nueve iglesias o líderes eclesiásticos diferentes, pero solo excluye a las mujeres en tres lugares? ¿Por qué Pablo habilita a las mujeres en algunos lugares y las limita en otros?

Por ejemplo, Pablo le escribe a Timoteo, el líder de la iglesia de Éfeso, y le dice que no les permita a las mujeres enseñar o ejercer autoridad sobre un hombre. Pero les escribe dieciséis capítulos a los romanos y no hace ni un solo comentario excluyente sobre las mujeres. De hecho, la primera persona que Pablo saluda en el libro de los Romanos es a Priscila, y a su esposo, Aquila. Los llama a ambos "colaboradores", que es la expresión exacta que utiliza para los apóstoles Timoteo y Tito, y el Dr. Lucas y Marcos (autor del Evangelio de Marcos).

He aquí otro ejemplo de las instrucciones variadas de Pablo. ¿Por qué Pablo les dice a los corintios que no se les permita a las mujeres hablar en la iglesia, pero en su carta a los Gálatas no hace ningún tipo de exclusión contra ellas? De hecho, escribe:

> "Pues todos sois *hijos* de Dios mediante la fe en Cristo Jesús. Porque todos los que fuisteis bautizados en Cristo, de Cristo os habéis revestido. No hay judío ni griego; no hay esclavo ni libre; *no hay hombre ni mujer*; porque todos sois uno en Cristo Jesús".
>
> Gálatas 3:26-28, itálicas añadidas

¿Notó usted que llama hijos tanto a hombres como a mujeres y luego dice que no hay distinción de géneros en Cristo?

¿Qué estoy tratando de decir? Que si queremos tener un punto de vista bíblico sobre el liderazgo de las mujeres, necesitamos tener una perspectiva más amplia sobre las Escrituras y sus contextos; más amplia que los pocos versículos del apóstol Pablo que excluyen a las mujeres. De no ser así, y hablando metafóricamente, malinterpretaremos el aviso en la puerta del estudio de la vida.

En relación con las Epístolas

La mayoría de las cartas del Nuevo Testamento, llamadas Epístolas, fueron escritas para personas o iglesias específicas. Las excepciones son los libros de Santiago, Judas y primera, segunda y tercera de Juan, que son llamadas "epístolas generales" porque no fueron dirigidas específicamente a ninguna persona o grupo. En el año 373 d. C., todas estas cartas, junto a los cuatro Evangelios y el libro de Apocalipsis, se ensamblaron en el libro que ahora llamamos el Nuevo Testamento. Es decir, una congregación del siglo I habría obtenido su comprensión doctrinal del Reino, no de la totalidad del Nuevo Testamento, sino de una combinación del Antiguo Testamento, una carta de un apóstol (si había recibido alguna) y cualquier cosa enseñada por un apóstol, profeta, pastor, anciano o maestro que les hubiese ministrado.

Debió haber sido común que las cartas dirigidas a una iglesia en particular, fuesen copiadas y enviadas a otras iglesias, pero es importante entender que ninguna iglesia del siglo I pudo haber contado con algo ni remotamente parecido a lo que hoy conocemos como Nuevo Testamento. Ni pudo ninguna de ellas tener el privilegio de leer una o dos cartas de un apóstol. La iglesia en Tesalónica probablemente no habría leído la carta a los Corintios, o a los Gálatas, y viceversa. Pablo no escribía una carta y les pedía a los discípulos que la copiaran quinientas veces y la enviaran a todas las iglesias del mundo conocido. En vez de eso, sus cartas fueron escritas para abordar situaciones específicas en lugares específicos.

Cuando usted compara las epístolas con el Pentateuco (los primeros cinco libros del Antiguo Testamento), comienza a surgir una verdad importante. El Pentateuco, atribuido comúnmente a Moisés, fue escrito pensando en la gran audiencia de todo el pueblo de Dios. Al igual que la Constitución de Estados Unidos, el Pentateuco fue escrito originalmente para ser aplicado grupalmente a una nación entera, Israel, el pueblo de Dios en esa época.

Un cristiano del Nuevo Testamento no puede interpretar el libro de Corintios de la misma manera que a un judío del Antiguo Testamento se le hubiese pedido interpretar el libro de la Ley. Por supuesto, ambas partes de las Escrituras deben ser veneradas como la palabra infalible de Dios. Pero el Pentateuco fue escrito para que fuera un modelo para vivir, mientras que las epístolas son instrucciones específicas de Dios para una persona o iglesia en particular. Desde las epístolas tenemos la visión de Dios sobre cómo lidiar con ciertos asuntos en un lugar específico, pero no podemos aplicar el consejo situacional de Dios a todas las circunstancias, y lograr que sea la solución en cada caso. La realidad es que ahora millones de copias de cada una de esas cartas, que originalmente fueron dirigidas a una persona o iglesia en particular, han sido distribuidas a la mayoría de los creyentes en el mundo. Esto nos ha dado una gran visión de la manera en que Dios piensa sobre ciertas situaciones, en su debido contexto.

El problema es que con frecuencia, el contexto de una epístola es mal entendido o ignorado, y entonces personas bien intencionadas toman el consejo situacional de Dios y tratan de hacerlo cumplir universalmente. Tal vez usted piensa que uno se daría cuenta de que aplicar las Escrituras de una manera que no es redentora, que no capacita, ni honra, y que es opresiva, viola de alguna manera la naturaleza de Dios. Pero la gente continúa haciéndolo, ignorando el consejo *total* de la Palabra de Dios y socavando el propósito de la cruz de Cristo.

Ignorar el escenario contextual de las Escrituras y aplicar las epístolas universalmente ha tenido innumerables consecuencias negativas, entre ellas la esclavitud y el prejuicio absurdo hacia la mujer. Durante siglos se ha forzado a las mujeres a hacer votos de silencio al entrar a una iglesia y han sido reducidas ser las ciudadanas sin poder del Reino. Durante demasiado tiempo las mujeres han vivido en un ambiente mayormente promovido, perpetuado y propagado por creyentes mal informados.

La lucha con Pablo

Usted ha recorrido ya cinco capítulos de este libro. Así que para este momento, probablemente ha tenido una de estas tres reacciones: 1) Está enfadado y tomando notas para desarrollar su propia objeción. 2) Usted es de mente abierta y está dispuesto a escuchar, pero en realidad desea que se le presente un buen argumento para los comentarios excluyentes de Pablo. 3) Usted ya cree que habilitar a las mujeres forma parte del evangelio, y está contento de que su creencia esté siendo reforzada. Cualquiera que sea su respuesta, lo invito a adentrarse al meollo del asunto, analizar el debate doctrinal y ver si podemos revelar algunos malentendidos y malas aplicaciones de las instrucciones de Pablo.

Como mencioné anteriormente, Pablo les escribió a nueve personas o ciudades, pero pareció excluir específicamente a las mujeres en solo tres sitios geográficos. Esos tres sitios estaban relacionados con la primera carta que Pablo escribió a la ciudad de Corinto; la primera carta que le escribió a Timoteo, el líder de la iglesia de Éfeso, y finalmente la carta a Tito, que era el líder de la iglesia en la isla de Creta. Examinaremos cada una de ellas en unos minutos, pero primero quiero darle un vistazo al contexto histórico de las mujeres en tales ciudades y ver si podemos entender un poco la preocupación de Pablo por estos tres lugares.

La ciudad de Corinto

Cuando estudié los tres lugares mencionados —Corinto, Éfeso y Creta— lo primero que me vino a la mente es que las tres ciudades adoraban deidades femeninas. En Corinto aún se pueden ver las ruinas del templo de Afrodita, la diosa del amor. Ya estaba en ruinas en la época de Pablo, pero las sucesoras de sus mil prostitutas de culto continuaban practicando su profesión en la ciudad. Corinto era una ciudad puerto que atendía a marineros y comerciantes. Incluso en la época clásica había ganado mala reputación debido a su atmósfera inmoral. Llamar a una mujer una "chica corintia" era como llamarla una zorra. El nombre Corinto, por ende, se convirtió en sinónimo de inmoralidad sexual. Era específicamente el templo de Afrodita lo que le daba a Corinto su reputación de gran inmoralidad, porque los adoradores de deidades femeninas incluían orgías y sexo escandaloso en sus servicios de adoración.[2]

La ciudad de Éfeso

Éfeso era el hogar de la diosa griega Artemisa, o Diana, como era conocida comúnmente. La diosa Artemisa era una combinación de la diosa virgen de la caza y la diosa anatoliana Cibeles. A veces conocida como la Gran Madre, Cibeles estaba asociada a la tierra y la fertilidad (si, escuchó bien. La Artemisa efesia de alguna manera combinaba la virginidad de Artemisa con Cibeles, la madre fértil). Artemisa tenía una corona sobre su cabeza, lo que pudo haber significado autoridad femenina. También tenía huevos alrededor de su parte media, lo que muchos interpretan como un signo de fertilidad.[3] El Dr. Lucas registra la poderosa influencia de esta diosa griega en los días de Pablo:

"Porque cierto platero que se llamaba Demetrio, que labraba templecillos de plata de Diana y producía no pocas ganancias a los artífices, reunió a estos junto con los obreros de oficios semejantes, y dijo: Compañeros, sabéis que nuestra prosperidad depende de este comercio. Y veis y oís que no solo en Éfeso, sino en casi toda Asia, este Pablo ha persuadido a una gran cantidad de gente, y la ha apartado, diciendo que los dioses hechos con las manos no son dioses verdaderos. Y no solo corremos el peligro de que nuestro oficio caiga en descrédito, sino también de que el templo de la gran diosa Diana se considere sin valor, y que ella, a quien adora toda Asia y el mundo entero, sea despojada de su grandeza. Cuando oyeron esto, se llenaron de ira, y gritaban, diciendo: ¡Grande es Diana de los efesios!".

Hechos 19:24-28

La isla de Creta

En la mitología griega, Creta fue el lugar de nacimiento de Zeus, el rey de los dioses. La diosa Creta Dictina, supuestamente también había nacido en Kaino, en las montañas blancas de

Creta occidental. Se dice que la pequeña isla de Gavdos, sobre la costa sur de Creta, fue el lugar donde vivió la ninfa Calipso, una deidad femenina. De acuerdo a una pomposa historia de la mitología griega, Calipso tomó prisionero al rey Odiseo durante siete días porque estaba enamorada de él. Finalmente llegó Zeus y liberó al rey.[4] La historia es mucho más compleja que esto, pero por cuestiones de espacio en este libro, baste decir que las deidades femeninas formaban parte importante de la cultura cretense. El apóstol Pablo pasó un tiempo en Creta en su camino a Roma (ver Hch. 27:7-8). Evidentemente, no estaba impresionado con la gente de Creta. Sobre ellos, le escribió a Tito:

"Porque hay muchos rebeldes, habladores vanos y engañadores, especialmente los de la circuncisión, a quienes es preciso tapar la boca, porque están trastornando familias enteras, enseñando, por ganancias deshonestas, cosas que no deben. Uno de ellos, su propio profeta, dijo: Los cretenses son siempre mentirosos, malas bestias, glotones ociosos. Este testimonio es verdadero. Por eso, repréndelos severamente para que sean sanos en la fe".

Tito 1:10-13

Aparentemente, el apetito de los cretenses por la mitología griega corrompió sus valores centrales e incluso afectó la manera en que los judíos circuncidados abordaban el evangelio.

El viaje de regreso a Corinto

Ahora que conocemos un poco mejor los aspectos en común de las tres ciudades donde Pablo parecía excluir a las mujeres, viajemos de vuelta a Corinto y veamos si podemos develar la intención de Dios sobre las mujeres en el ministerio y el liderazgo. La exhortación excluyente más fuerte de toda la Biblia la encontramos en el siguiente pasaje escrito por Pablo a los Corintios:

"Las mujeres guarden silencio en las iglesias, porque no les es permitido hablar, antes bien, que se sujeten como dice también la ley. Y si quieren aprender algo, que pregunten a sus propios maridos en casa; porque no es correcto que la mujer hable en la iglesia".

1 Corintios 14:34-35

Algunas personas sacan este pasaje de contexto y lo utilizan para argumentar que la Biblia claramente no permite a las mujeres hablar en la iglesia. Si estos fueran los únicos versículos que Pablo escribió sobre el tema, entonces sería difícil argumentar que, según las Escrituras, estos amigos están equivocados. Nos limitaríamos a utilizar la filosofía humana para justificar las incongruencias existentes en las Escrituras sobre el tema de permitir a las mujeres hablar en la Iglesia. Afortunadamente, ese no es el caso. Es casi seguro que Pablo estaba citando una pregunta que le hicieron los corintios, y que está respondiendo a sus preocupaciones en los textos que rodean estos versículos.

Permítame explicar el contexto de la carta a los Corintios, así como sus destinatarios y su intención. En primer lugar, es importante entender que Pablo escribió el libro de 1 Corintios en respuesta a una carta que había recibido de los Corintios. Esto se evidencia a lo largo del libro, por ejemplo, cuando Pablo escribe: "En cuanto a las cosas de que me escribisteis, bueno es para el hombre no tocar mujer" (1 Co. 7:1). El problema de este libro es que Pablo no siempre usa el formato de citar las preguntas de los corintios antes de darles respuesta, como usted puede notar al leer la totalidad del libro. Esto nos plantea algunos dilemas: no siempre estamos seguros de cuál pregunta está respondiendo Pablo y a veces no queda claro qué parte del texto es la pregunta de los corintios y qué parte es la respuesta.

Segundo, es importante notar que 1 Corintios no es un libro sobre las mujeres escrito para los hombres. Es un libro escrito para una congregación de hombres y mujeres. Esto marca una gran diferencia en la manera en que leemos esta epístola, lo que explicaré con más detalle en unos momentos. Pero primero, permítame demostrar que Pablo está instruyendo a las mujeres acerca de sus cosas, así como a los hombres sobre sus preguntas. Permítame citar 1 Corintios 7:1-7 y 12-16, la cual es una porción algo extensa de las Escrituras, pero destacaremos algunos puntos de estos pasajes. Esta es la exhortación de Pablo a los hombres y las mujeres:

"En cuanto a las cosas de que me escribisteis, bueno es para el hombre no tocar mujer. No obstante, por razón de las inmoralidades, que cada uno tenga su propia mujer, y cada una tenga su propio marido. Que el marido cumpla su deber para con su mujer, e igualmente la mujer lo cumpla con el marido. La mujer no tiene autoridad sobre su propio cuerpo, sino el marido. Y asimismo el marido no tiene autoridad sobre su propio cuerpo, sino la mujer. No os privéis el uno del otro, excepto de común acuerdo y por cierto tiempo, para dedicaros a la oración; volved después a juntaros a fin de que Satanás no os tiente por causa de vuestra falta de dominio propio. Mas esto digo por vía de concesión, no como una orden. Sin embargo, yo desearía que todos los hombres fueran como yo. No obstante, cada cual ha recibido de Dios su propio don, uno de una manera y otro de otra".

"Pero a los demás digo yo, no el Señor, que si un hermano tiene una mujer que no es creyente, y ella consiente en vivir con él, no la abandone. Y la mujer cuyo marido no es creyente, y él consiente en vivir con ella, no abandone a su marido. Porque el marido que no es creyente es santificado por medio de su mujer; y la mujer que no es creyente es santificada por medio de su marido creyente; de otra manera vuestros hijos serían inmundos, mas ahora son santos. Sin embargo, si el que no es creyente se separa, que se separe; en tales casos el hermano o la hermana no están obligados, sino que Dios nos ha llamado para vivir en paz. Pues ¿cómo sabes tú, mujer, si salvarás a tu marido? ¿O cómo sabes tú, marido, si salvarás a tu mujer?"

A la luz de todo lo que hemos aprendido hasta ahora en este libro, estos pasajes deberían saltar de la página y atraparnos. La primera cosa que es evidente es que Pablo se dirige tanto a hombres como a mujeres; por lo tanto, este libro no es un libro sobre mujeres escrito para hombres, como afirmé anteriormente. Pero note que la declaración más radical que se ha escrito sobre las esposas del siglo I fue escrita por este exfariseo que, la mayor parte de su vida, debió haber pensado que las mujeres eran posesiones de sus esposos y una especie de esclavas. ¡Pero este gran apóstol enfáticamente declara que una esposa tiene autoridad sobre el cuerpo de su esposo, así como el esposo tiene autoridad sobre el cuerpo de la esposa! De hecho, Pablo específicamente declara que los esposos no tienen autoridad sobre sus propios cuerpos. ¡Tremendo!

La siguiente idea radical que destaca en este pasaje es que una esposa creyente santifica a un esposo no creyente. La palabra griega para *santificado* es *hagiazo*, que significa "consagrar o hacer santo a alguien". Una mujer que tenga una relación con Dios, consagra a un hombre que no lo conoce. ¡Doblemente tremendo!

¿Significa esto que una esposa creyente crea un manto protector sobre su esposo incrédulo? ¿Estaría una esposa nacida de nuevo bajo el manto protector de un esposo no creyente? ¿El sexo de una persona determina la relación con Dios? En otras palabras, ¿se esperaría que un hombre que no tiene una relación con Dios —un hombre que se niega a caminar con Cristo, que no tiene la mente de Cristo, que no está lleno de la sabiduría de Dios, que no está lleno ni guiado por el Espíritu, sino que en efecto está siendo manipulado por el espíritu de la potestad del aire que trabaja en los hijos de la desobediencia (ver Efesios 2)— dirigiera a una mujer que es una nueva criatura, poseída por el mismísimo Espíritu de Dios? Lo dejaré reflexionar en esas preguntas por ahora.

Pero espere, hay más. ¿Ha notado lo que Pablo les dice a las mujeres que tienen esposos no creyentes? "No abandone a su marido" (v. 13). Pablo les está hablando a mujeres poderosas en la iglesia, dirigiéndose a ellas como personas de autoridad, no como esclavas sin poder o posesiones sin cerebro. Este es un cambio radical para el siglo I, una nueva mentalidad contracultural.

Permítame señalar dos cosas más de estos pasajes. Pablo les escribe a las esposas de los esposos no salvos: "¿Cómo sabes tú, mujer, si salvarás a tu marido?" (v. 16). Esto contradice el razonamiento de 1 Corintios 14:35, que declara: "Y si quieren aprender algo, que pregunten a sus propios maridos en casa; porque no es correcto que la mujer hable en la iglesia". Este pasaje del capítulo 14 parece indicar que las mujeres son ignorantes de los asuntos espirituales. Pero en el capítulo 7, ¡Pablo les dice a las mujeres cristianas que tienen poder e influencia sobre sus esposos para llevarlos a Cristo!

También podemos ver en estos versículos que la congregación corintia estaba conformada obviamente por muchas mujeres que tenían esposos no salvos. Por lo tanto, si la solución de Pablo para las esposas era quedarse calladas en la iglesia y dejar que fuesen sus esposos los que respondieran sus preguntas sobre el Reino, entonces las mujeres con esposos no salvos estarían relegadas a una vida de ignorancia.

El último punto que quisiera tocar sobre este pasaje es que las preguntas de los corintios revelan sus valores centrales con respecto a las mujeres. Sus interrogantes revelan que ellos, no Pablo, tenían un sistema de valores de dos clases: femeninos y masculinos. Es importante que tengamos presente la perspectiva de los corintios sobre las mujeres mientras transitamos nuestro camino a través de la carta que Pablo les dirigió. Note que ellos no preguntan: "¿Es bueno para una mujer no tocar a un hombre y para un hombre no tocar a una mujer?". Ellos solo preguntan: "¿Es bueno para un hombre no tocar a una mujer?". Pero Pablo valida la sexualidad de *ambos* sexos cuando les dice que un esposo tiene el *deber* de satisfacer las necesidades sexuales de su esposa (no solo la procreación) y viceversa.

Pablo, ¿qué estás tratando de decir? ¿Les estás diciendo a los esposos de la Iglesia de Cristo del siglo I que deben cuidar y satisfacer las necesidades sexuales de sus esposas? ¿Quieres decir que no todo se trata de que los hombres satisfagan sus necesidades a través de sus esposas, que no son más que esclavas sexuales y sirvientas en el judaísmo? ¡Otra vez tremendo!

La profecía y el velo

Ahora, me quiero adentrar en la estrategia gubernamental de Pablo para facultar a las mujeres para ministrar (esta es otra porción algo extensa de las Escrituras, pero el contexto es vital para nuestra comprensión de la perspectiva de Dios sobre la vida y el ministerio). Pablo escribe:

"Os alabo porque en todo os acordáis de mí y guardáis las tradiciones con firmeza, tal como yo os las entregué. Pero quiero que sepáis que la cabeza de todo hombre es Cristo, y la cabeza de la mujer es el hombre, y la cabeza de Cristo es Dios. Todo hombre que cubre su cabeza mientras ora o profetiza, deshonra su cabeza. Pero toda mujer que tiene la cabeza descubierta mientras ora o profetiza, deshonra su cabeza; porque se hace una con la que está rapada. Porque si la mujer no se cubre la cabeza, que también se corte el cabello; pero si es deshonroso para la mujer cortarse el cabello, o raparse, que se cubra. Pues el hombre no debe cubrirse la cabeza, ya que él es la imagen y gloria de Dios; pero la mujer es la gloria del hombre. Porque el hombre no procede de la mujer, sino la mujer del hombre; pues en verdad el hombre no fue creado a causa de la mujer, sino la mujer a causa del hombre. Por tanto, la mujer debe tener un símbolo de autoridad sobre la cabeza, por causa de los ángeles. Sin embargo, en el Señor, ni la mujer es independiente del hombre, ni el hombre independiente de la mujer. Porque así como la mujer procede del hombre, también el hombre nace de la mujer; y todas las cosas proceden de Dios. Juzgad vosotros mismos: ¿es propio que la mujer ore a Dios con la cabeza descubierta? ¿No os enseña la misma naturaleza que si el hombre tiene el cabello largo le es deshonra, pero que si la mujer tiene el cabello largo le es una gloria? Pues a ella el cabello le es dado por velo. Pero si alguno parece ser contencioso, nosotros no tenemos tal costumbre, ni la tienen las iglesias de Dios".

1 Corintios 11:2-16

Lo primero que notamos en este pasaje es que Pablo agradece a los corintios por seguir las tradiciones que él les enseñó. También es importante para nosotros entender que esta porción de la Escrituras es una continuación de la conversación que comienza en el capítulo anterior de Corintios, sobre si está bien o no para ellos comer carne sacrificada a ídolos cuando son invitados en casa de alguien que no es creyente. Pablo les habla a los cristianos de Corinto de las situaciones culturales paganas con las que lidiaban en su vida diaria. Como usted recordará, Corinto era el hogar de Afrodita, la diosa del amor, y su culto de las mil prostitutas. Las prostitutas del culto se afeitaban la cabeza como signo de devoción a Afrodita y el poder que tenían para seducir a los hombres. Las mujeres que eran capturadas cometiendo adulterio en Corinto también debían afeitarse la cabeza, ya que sus cabezas rapadas las identificaban fácilmente como mujeres inmorales.[5]

Pablo les dice a las mujeres corintias que pueden orar y profetizar en público, siempre y cuando tengan una buena relación con su liderazgo, que en la cultura corintia se simbolizaba con tener el cabello largo. Ha sido muy común a través de la historia que el largo del cabello de una persona, o la manera en que él o ella se vista, sea una expresión externa de una actitud interna. En la década de 1960 en Estados Unidos, si un hombre tenía el cabello largo era considerado un hippie, relacionado con el movimiento contracultural y contra el sistema, enraizado en la adicción a las drogas y la rebelión.

Por supuesto, hoy en día el cabello largo ya no es un símbolo del movimiento contracultural, sino simplemente un estilo que algunos hombres disfrutan. El significado de un hombre que lleva el cabello de esta manera ha cambiado, así que las personas ya no ven a los hombres con cabello largo como hippies.

Ahora, es importante entender que los hombres adoraban diosas en la ciudad pagana de Corinto. En el paganismo, la seducción a los hombres era admirada y celebrada como un atributo positivo de estas deidades femeninas y de la femineidad.

Pablo lleva a los corintios a través del orden gubernamental de la creación para mostrarles la importancia de relacionarse correctamente los unos con los otros.

Aquí es donde la cosa se complica un poco, y aquí es también donde los investigadores no se ponen de acuerdo. En el idioma griego (como en la mayoría de los idiomas) el contexto frecuentemente define el significado de una palabra. En el caso del pasaje que acabamos de leer, la palabra griega para mujer es *gune*, que es exactamente la misma palabra para esposa. Para complicar las cosas, la palabra griega para hombre es *aner*, que también es exactamente la misma palabra para esposo. En consecuencia, en muchas traducciones de este pasaje bíblico, se sustituye la palabra *esposo* por la palabra *hombre* y la palabra *esposa* por la palabra *mujer*.

¿Por qué esto es importante? Porque cambia el rango de la influencia y el tipo de relación que los hombres y las mujeres tienen entre ellos. Y el contexto de donde surge la definición de las palabras en cuestión dependerá en gran parte de los valores fundamentales que usted tenga sobre las mujeres.

Esta es la razón por la que los investigadores griegos no se ponen de acuerdo sobre este pasaje. Por ejemplo, aquellos que creen que las mujeres deben estar sujetas a los hombres, traducen *gune* y *aner* como *hombre* y *mujer,* en vez de *esposo* y *esposa.*

Una manera de leer el pasaje entonces es que Dios es la cabeza de Cristo, y Cristo es la cabeza del hombre, y el hombre es la cabeza de la mujer. Otra manera de leer el pasaje es que Dios es la cabeza de Cristo, Cristo es la cabeza del esposo, y el esposo es la cabeza de su esposa. Esto sin mencionar que hay una *enorme* diferencia entre la idea de que los hombres tienen autoridad sobre las mujeres, y la del esposo (que es llamado a entregar la vida por su esposa) teniendo autoridad sobre su novia.

Conocer el idioma griego no resuelve el problema, ya que los investigadores no están de acuerdo sobre la función exacta de estas dos palabras, *gune* y *aner.* Tome en cuenta que la versión *Reina Valera* de la Biblia, la *Nueva Versión Internacional* y la

Nueva Traducción Viviente, prefieren traducirlas como *hombre* y *mujer*. Sin embargo, otras versiones le dan a las misma palabra el significado de *esposa* y *esposo*.[6] (como se evidencia en 1 Co. 11:3 en la versión *Dios Habla Hoy* de la Biblia).

Luego, y solo para demostrar cuánto se pueden complicar las cosas, hay versiones de la Biblia como la *Young's Literal Translation* y la *Amplified Bible* [en inglés], que prefieren mezclar las dos palabras, traduciendo *gune* como mujer (no esposa) y *aner* como esposo. Me encanta la manera como Pablo concluye sus pensamientos en relación a los niveles de autoridad y protección. Dice: "Sin embargo, en el Señor, ni la mujer es independiente del hombre, ni el hombre independiente de la mujer. Porque así como la mujer procede del hombre, también el hombre nace de la mujer; y todas las cosas proceden de Dios" (vv. 11, 12). Esto parece concordar con la exhortación que él hace a los gálatas, cuando dice: "No hay judío ni griego; no hay esclavo ni libre; no hay hombre ni mujer; porque todos sois uno en Cristo Jesús" (Gl. 3:28).

Me gustaría sugerir que el objetivo final de Pablo en el pasaje que vimos de 1 Corintios 11 es enseñar a los creyentes de Corinto que los hombres y las mujeres no son independientes unos de otros. Los hombres corintios reaccionaron al paganismo de la ciudad, el culto a la diosa Afrodita, oprimiendo y limitando a las mujeres, pero Pablo les enseña a estos creyentes que, a pesar de la experiencia de los corintios con las prostitutas paganas, las mujeres debían ser facultadas para orar y profetizar en público, mientras que sus corazones fuesen rectos.

Recuerde, Pablo les dice a los corintios que una mujer debe cubrir su cabeza específicamente cuando ora o profetiza. Continúa diciendo que el velo es un símbolo de autoridad usado por el bien de los ángeles. ¿Qué tiene que ver el velo en la cabeza de la mujer con los ángeles? Los ángeles honran a las mujeres que tienen una buena relación con Dios cumpliendo sus profecías y dando respuesta a sus oraciones. El rey David lo explica así: "Bendecid al SEÑOR, vosotros sus ángeles, poderosos en fortaleza, que ejecutáis su mandato, obedeciendo la voz de su palabra" (Sal. 103:20). Cuando profetizamos, estamos hablando en nombre de

Dios, y son normalmente los ángeles quienes llevan a cabo tales profecías. También son ellos quienes normalmente dan respuesta a nuestras oraciones. De hecho, el libro de Hebreos llama a los ángeles "Espíritus ministradores, enviados para servir por causa de los que heredarán la salvación" (Heb. 1:14). Yo personalmente rechazo la idea de que el género de una persona le dé automáticamente autoridad sobre otra persona. No tiene sentido para mí que un hombre que viva sin una relación con Dios tenga automáticamente autoridad sobre una mujer que es nacida de nuevo. También me parece incorrecto que un hombre que es un creyente nuevo tenga autoridad sobre una mujer que ha conocido a Cristo durante toda su vida. Por supuesto, hablo en términos generales, dentro del ámbito de la Iglesia. Una mujer creyente puede obrar por un hombre, sin importar la condición espiritual en la que este se encuentra y someterse a su autoridad, porque esas son sus posiciones (suponiendo que nada de lo que él le pida está en contra de las Escrituras, por supuesto).

Me gusta la manera en que la versión de la Biblia *The Message* trata este tema, en su paráfrasis de 1 Corintios 11:1-16. Observe:

"Me complace que ustedes me sigan recordando y honrando al continuar las tradiciones de fe que yo les enseñé. Toda autoridad real viene de Cristo. En una relación matrimonial, hay autoridad de Cristo al esposo y del esposo a la esposa. La autoridad de Cristo es la autoridad de Dios. Todo hombre que hable con Dios o sobre Dios de una manera que demuestre falta de respeto hacia a autoridad de Cristo, deshonra a Cristo. De la misma manera, una esposa que habla con Dios de una manera que demuestre falta de respeto por la autoridad de su esposo, deshonra a su esposo. Peor, ella se deshonra a sí misma, una visión desagradable, como una mujer con la cabeza rapada. Este es básicamente el origen de estas costumbres que tenemos de que las mujeres se cubran la cabeza con el velo durante la adoración, mientras que los hombres se quitan el sombrero. Mediante estos actos simbólicos, los hombres y las mujeres, quienes con demasiada frecuencia apuntan sus cabezas unos a otros, someten sus "cabezas" a la Cabeza: Dios. Sin embargo, no se centren demasiado en las diferencias que existen aquí entre hombres y mujeres. Ni el hombre ni la mujer pueden estar solos ni reclamar prioridad. El hombre fue creado primero, como un hermoso reflejo brillante de Dios, es verdad. Pero la cabeza en el cuerpo de la mujer, refleja claramente la hermosura de la cabeza de su "cabeza", su esposo. La primera mujer vino del hombre, cierto, pero desde entonces, ¡todos los hombres vienen de una mujer! Y ya que de todas maneras todo proviene de Dios, dejemos de lado ese juego de "quién fue primero". ¿No creen ustedes que hay algo naturalmente poderoso en este simbolismo: una mujer, con su hermoso cabello, reminiscencia de los ángeles, rendida en adoración; un hombre: su cabeza desnuda en reverencia, orando es sumisión? Espero que no discutan esto. Todas las iglesias de Dios lo ven de esta manera, no quiero que ustedes sean la excepción".

(Traducción libre de la versión de la Biblia *The Message*, en inglés).

El origen de la autoridad

Me gustaría señalar aquí que independientemente de la manera en que usted vea estos textos, el liderazgo y la autoridad no fueron creados para reducir a una persona. En 1 de Corintios 11:3, Pablo dice que "Dios es la cabeza de Cristo". Dos cosas deben destacarse de esta declaración: Primero, El Padre y Cristo Jesús son el mismo Dios, pero tienen roles diferentes, uno como el Padre y el otro como el Hijo. Segundo, e igualmente importante, se refiere a lo que Dios hizo como la cabeza de Cristo. Pablo lo expresa de esta manera en Efesios 1:20-21: "El cual obró en Cristo cuando le resucitó de entre los muertos y le sentó a su diestra en los lugares celestiales, muy por encima de todo principado, autoridad, poder, dominio y de todo nombre que se nombra, no solo en este siglo sino también en el venidero". Cristo se sometió a Dios, y Dios utiliza su propia autoridad para elevar a Cristo, ¡aún *por encima de sí mismo*!

Pero espere, esto se pone mejor: "Y con Él nos resucitó, y con Él nos sentó en los lugares celestiales en Cristo Jesús" (Ef. 2:6). ¿Entiende esto? Dios es la cabeza de Cristo. Cristo es la cabeza del hombre. El esposo es la cabeza de las esposa. Dios colocó a Cristo en los lugares más altos de la creación, ¡y luego sentó a los hombres y las mujeres en Cristo en los lugares celestiales!

Mi pregunta a las personas que creen que el hombre tiene autoridad sobre la mujer es la siguiente: ¿Está usted utilizando su autoridad para facultar, promover, exaltar a las mujeres a su alrededor, o la está utilizando para reducir, oprimir, y suprimir a las mujeres? Jesús dejó muy claro que el más grande entre nosotros serviría a todos (ver Lc. 22:26). En mi opinión, la discusión sobre dónde se origina la autoridad es insignificante a la luz de la responsabilidad, el servicio y la humildad que requiere la verdadera autoridad.

Danny Silk y yo estábamos dando una conferencia en Inglaterra juntos. Danny, quien es pastor de familias en la Iglesia Bethel, es autor de un libro increíble sobre la habilitación de las mujeres llamado *"Powerful and Free: Confronting the Glass Ceiling for Women in the Church"* (Poderosas y libres: cómo enfrentar las limitaciones de las mujeres en la iglesia) (Red Arrow, 2012). En la conferencia, Danny hablaba sobre el tema de conferirle poder a las mujeres. Cerró su sesión con una ronda de preguntas y repuestas. Pero antes de que alguien pudiera realizar alguna pregunta, dos mujeres comenzaron a gritarle: *"¡Los hombres no les confieren poder a las mujeres! ¡Las mujeres no se someten a los hombres, y por lo tanto, la autoridad no les es dada a través del hombre! ¡Los hombres no tienen poder para dárselo a las mujeres! ¡Las mujeres reciben autoridad directamente de Dios!"*.

Los gritos continuaron durante un rato. Yo entré para tratar de rescatar a mi amigo de las garras de las mujeres que protestaban, pero eso solo sirvió para alertarlas más. Tengo que admitir que para ese momento no entendía la verdadera razón del enfado de estas dos mujeres. Pero ahora entiendo que algunas personas, especialmente las mujeres, ven el concepto de que los hombres les otorguen poder a las mujeres como una cachetada en pleno rostro. Argumentan que esto coloca a los hombres en medio de la relación de la mujer con Jesús. Insisten en que la autoridad de las mujeres se origina en Dios y no fluye hacia ellas a través de un hombre. Yo creo que se puede defender muy bien la idea de que en el matrimonio hay un flujo de autoridad natural en el cual a la mujer se le pide que se someta a un esposo amoroso que entrega su vida por ella. Por supuesto, para un esposo, entregar su vida es en realidad algo que conlleva mucha más humildad y altruismo que sumisión. Esto genera un matrimonio que cuenta con grandes valores de servicio, sacrificio y sumisión.

Pero es difícil defender la idea de que el hombre *como género* tiene autoridad para dar a la mujer *como género*. Creo que todos los creyentes deben estar sometidos a una autoridad espiritual. El autor del libro de Hebreos señala claramente esto cuando dice: "Obedeced a vuestros pastores y sujetaos a ellos, porque ellos velan por vuestras almas, como quienes han de dar cuenta" (Heb. 13:17). Pero la autoridad que viene de Dios puede fluir de un hombre y de una mujer, como ocurrió en el Jardín de Edén; o fluir de uno o del otro, solo de un hombre *o* solo de una mujer, como ocurrió en los días de Débora la profetisa, que era Jueza de Israel (ver Jue. 4:4). Hablaremos más de esto en el próximo capítulo. Por ahora volvamos a la preocupación de los corintios de que las mujeres permanecieran calladas en la Iglesia.

La profecía: catalizador o confusión

Hemos dejado claro el hecho de que independientemente de la manera en que se vea el origen de la autoridad, las mujeres tienen la facultad, que incluso los ángeles reconocen, de orar y profetizar en público, siempre y cuando tengan una buena relación con Dios (opino que los hombres también necesitan tener una buena relación con Dios para recibir los dones del Espíritu. Nuevamente, el apóstol Pablo se dirige a las mujeres simplemente por el contexto cultural de las deidades femeninas y prostitutas del templo en Corinto). Pero lo interesante de la exhortación de Pablo hacia las mujeres de que permanezcan calladas en la iglesia, es que está en el contexto de las profecías públicas. Así que adelantemos hasta el capítulo 12 de 1 Corintios y averigüemos el escenario contextual de lo que parece una restricción de Pablo hacia las mujeres. Pablo escribe:

"En cuanto a los dones espirituales, no quiero, hermanos, que seáis ignorantes. Sabéis que cuando erais paganos, de una manera u otra erais arrastrados hacia los ídolos mudos. Por tanto, os hago saber que nadie hablando por el Espíritu de Dios, dice: Jesús es anatema; y nadie puede decir: Jesús es el Señor, excepto por el Espíritu Santo. Ahora bien, hay diversidad de dones, pero el Espíritu es el mismo. Y hay diversidad de ministerios, pero el Señor es el mismo. Y hay diversidad de operaciones, pero es el mismo Dios el que hace todas las cosas en todos. Pero a cada uno se le da la manifestación del Espíritu para el bien común. Pues a uno le es dada palabra de sabiduría por el Espíritu; a otro, palabra de conocimiento según el mismo Espíritu; a otro, fe por el mismo Espíritu; a otro, dones de sanidad por el único Espíritu; a otro, poder de milagros; a otro, profecía; a otro, discernimiento de espíritus; a otro, diversas clases de lenguas, y a otro, interpretación de lenguas. Pero todas estas cosas las hace uno y el mismo Espíritu, distribuyendo individualmente a cada uno según la voluntad de Él".

1 Corintios 12:1-11

Me gustaría recordarle nuevamente que Pablo no está escribiéndoles a los hombres sobre las mujeres; su blanco son los hombres y las mujeres. Los pasajes anteriores fueron escritos para ambos sexos, con el fin de aclarar la diferencia existente entre la visión pagana del mundo espiritual y la visión del Reino. Es interesante notar que Pablo está escribiéndole a una Iglesia que está recibiendo con poder los dones espirituales, pero cuyos conocimientos teológicos están enraizados en la mitología griega. Cuando Pablo dice que nadie que hable por el Espíritu dice "Jesús es maldito" y nadie dice "Jesús es el Señor", excepto por el

Espíritu Santo, se refiere a los dioses paganos que luchaban unos a otros por dominio espiritual. Luego hace referencia a los nueve dones espirituales con los que estaban familiarizados los corintios, y él les dice siete veces que esos dones vienen del mismo espíritu, el mismo Señor y el mismo Dios. En otras palabras, la Iglesia de los Corintios tenía la experiencia correcta, pero la doctrina equivocada. Ellos pensaban, por ejemplo, que el don de la sabiduría provenía de un Dios, el don de los milagros provenía de otro Dios, el don de profecía provenía de otro Dios, y así sucesivamente. Puede sonar loco para nosotros que los cristianos no entendían que servimos a un solo Dios que se manifiesta de muchas maneras, pero se trataba de paganos convertidos que, a diferencia de los judíos nacidos de nuevo, no tenían ningún conocimiento de la Biblia (o la Torá). Ellos fueron criados en la mitología griega, no en el judaísmo.

Pablo continúa diciendo: "Y hay diversidad de operaciones, pero es el mismo Dios el que hace todas las cosas en *todos*" (v. 6, itálicas añadidas). Aquí nuevamente Pablo les dice a los Corintios que los dones del Espíritu están disponibles para todos, lo que incluye tanto a hombres como mujeres. Unos años antes, el apóstol Pedro ya había establecido que Dios usaría tanto a hombres como mujeres para profetizar, en igualdad de condiciones. Pedro, citando al profeta Joel, proclamó:

"Y sucederá en los últimos días —dice Dios— que derramaré mi Espíritu sobre toda carne; y vuestros hijos y vuestras hijas profetizaran, vuestros jóvenes verán visiones, y vuestros ancianos soñarán sueños; y aun sobre mis siervos y sobre mis siervas derramaré mi espíritu en esos días, y profetizarán".

Hechos 2:17-18

Adelantemos nuevamente hasta 1 Corintios 14, donde Pablo escribe: "Procurad alcanzar el amor; pero también desead ardientemente los dones espirituales, sobre todo que profeticéis [...]. Yo quisiera que todos hablarais en lenguas, pero aún más, que profetizarais; pues el que profetiza es superior al que habla en lenguas"

(vv. 1, 5). La connotación obvia es que *todos* profetizarían. Pablo no dijo todos los varones o todos los hombres, así que, hasta este punto, no encontramos ningún tipo de exclusión de género en contra del ministerio de las mujeres en reuniones públicas. Luego Pablo continúa:

> "¿Qué hay que hacer, pues, hermanos? Cuando os reunís, *cada cual* aporte salmo, enseñanza, revelación, lenguas o interpretación. Que todo se haga para edificación. Si alguno habla en lenguas, que hablen dos, o a lo más tres, y por turno, y que uno interprete; pero si no hay intérprete, *que guarde silencio* en la iglesia y que hable para sí y para Dios. Y que dos o tres profetas hablen, y los demás juzguen. Pero si a otro que está sentado le es revelado algo, *el primero calle*. Porque *todos podéis profetizar uno por uno*, para que todos aprendan y todos sean exhortados. Los espíritus de los profetas están sujetos a los profetas; porque Dios no es Dios de confusión, sino de paz, como en todas las iglesias de los santos".
>
> 1 Corintios 14:26-33

En este pasaje vemos que Pablo exhorta a "cada cual" a aportar enseñanza, salmo, revelación o algo parecido, y la idea es edificarse unos a otros dentro de la iglesia. Es importante notar aquí nuevamente que a las mujeres, al igual que a los hombres, se les faculta para enseñar y recibir los dones del Espíritu. También es vital saber que todos los investigadores griegos (todos los que pude encontrar) creen que el uso de las expresiones *él*, y *él mismo* en el pasaje anterior son aplicados genéricamente a ambos sexos y no se utilizaron como referencias de género, lo que el texto de todas maneras aclara.

Ahora examinemos más de cerca los versículos más excluyentes sobre las mujeres que existen en los 66 libros de la Biblia. Pablo dice:

> "Las mujeres guarden silencio en las iglesias, porque no les es permitido hablar, antes bien, que se sujeten como dice

también la ley. Y si quieren aprender algo, que pregunten a sus propios maridos en casa; porque no es correcto que la mujer hable en la iglesia. ¿Acaso la palabra de Dios salió de vosotros, o sólo a vosotros ha llegado?".

1 Corintios 14:34-36

Y luego Pablo concluye con esta idea:

"Si alguno piensa que es profeta o espiritual, reconozca que lo que os escribo es mandamiento del Señor. Pero si alguno no reconoce esto, él no es reconocido".

1 Corintios 14:37-38

Tomemos unos instantes para revisar lo que hemos aprendido. Lo primero es que las mujeres estuvieron presentes en las reuniones públicas en Corinto y eran educadas junto a los hombres, al contrario del judaísmo, doctrina en la cual Pablo fue líder durante el tiempo en que fue fariseo. Esto en sí mismo es una declaración extremadamente valiosa para las mujeres en los días de Pablo, cuando se colocan en el contexto del judaísmo del siglo I.

De lo otro que estamos seguros es que los hombres y las mujeres tienen igual valor en el matrimonio, como dijimos cuando estudiamos 1 Corintios 7. ¿Recuerda el pasaje donde Pablo dijo que el esposo no tiene autoridad sobre su propio cuerpo, sino la esposa, y que la esposa no tiene autoridad sobre su propio cuerpo, sino su esposo? Esto indica que las mujeres en Corinto eran vistas como personas poderosas, no esclavas o campesinas.

Otra cosa que hemos aprendido es que las mujeres fueron comisionadas con la oración y la profecía en público, siempre que tuvieran una buena relación con Dios. En el contexto cultural de Corinto, esta posición correcta era simbolizada por el velo sobre sus cabezas.

Finalmente, aprendimos que se les enseñaba tanto a los hombres como a las mujeres a desear ardientemente los dones espirituales, especialmente el don de la profecía. Pablo exhorta a todos los creyentes de la Iglesia de Corinto a asistir a sus reuniones públicas con algo espiritual que aportar a los demás.

Así que la pregunta del millón de dólares es: ¿Cómo se aplican hoy en día las palabras aparentemente excluyentes de Pablo sobre las mujeres?

El proceso de eliminación

Eruditos en griego mucho más inteligentes y calificados que yo han discutido estos pasajes durante más de mil años. Algunos de estos investigadores han concluido que las mujeres deben ser excluidas en las reuniones públicas, mientras que otros piensan exactamente lo contrario. Permítame mostrarle un enfoque un poco diferente para solucionar este complejo asunto. Propongo que procesemos la información difícil de entender eliminando aquellas cosas que estamos seguros de que *no pueden ser verdad*. Luego veremos qué alternativas nos quedan. A continuación le doy un ejemplo. Yo he estado casado con Kathy durante treinta y ocho increíbles años. La conozco desde que tenía doce años. Si ella llegara una hora tarde del trabajo y alguien me dijera que ella se encontraba en una relación inapropiada con un hombre, yo tendría que admitir que no sabía dónde se encontraba Kathy en ese momento en particular, ¡pero *sabría* con seguridad donde *no* estuvo, porque *la* conozco! Ella *no* habría estado involucrada en una relación inapropiada.

Hemos pasado un buen rato hablando del poderoso ministerio en el que participaron estas mujeres corintias. Sabemos que fueron incluidas en la exhortación de Pablo para mujeres y hombres de "desear ardientemente" los dones espirituales (ver Co. 12:1-11; 14:1). Por lo tanto, debemos concluir que estos pasajes no pueden significar que a las mujeres se les debe prohibir universal y unilateralmente hablar en la Iglesia.

Además sabemos sin sombra de dudas que a las mujeres en la iglesia de Corinto en realidad se les animó, se les enseñó y se les exhortó a orar y profetizar públicamente. Podría no tener ningún sentido, entonces, que Pablo utilizara dos versículos para descalificar a las mujeres en el ministerio, cuando ya las había preparado y comisionado para ello durante catorce capítulos previos.

Causa probable

Ahora que sabemos lo que estos pasajes restrictivos *no pueden estar diciendo*, ¿que pueden significar? Hay dos escuelas de pensamiento predominantes en estos versículos y, para ser sincero, ambas tienen sentido para mí. El contexto de estos versículos crea un orden en el uso de los dones espirituales en las reuniones públicas. Recuerde que Pablo les dice a las personas que hablan en lenguas sin intérprete que deben "permanecer calladas" y también que alguien que tenga una revelación mientras los profetas están hablando debe "permanecer callado". Claramente, a estos dos grupos no se les dice que no hablen *nunca*. Simplemente se les indica, en el contexto del desorden existente en la iglesia de Corinto, que sigan el protocolo y no aumenten la confusión hablando cuando no sea su turno.

Tenga en cuenta que la iglesia de los corintios estaba conformada por expaganos que adoraban en el templo de Artemisa, donde las mujeres jugaban un papel predominante. En este contexto, si las mujeres se estaban comportando de la manera en que lo hacían en el templo pagano y estaban interrumpiendo, las correcciones "excluyentes" de Pablo tendrían sentido, especialmente si ellas estaban tratando de entender el significado del mensaje mientras el líder predicaba. Está claro, en este contexto, que Pablo podía no estarles diciendo a las mujeres unilateralmente que debían permanecer calladas en la iglesia. Él dice que estas mujeres que interrumpen necesitan "guardar silencio" en estos servicios particulares y hacer sus preguntas luego, en privado. La parte positiva de este pasaje es que Pablo aún quiere que las mujeres sean enseñadas por sus esposos, lo que pudo haber sido una idea contracultural en las costumbres de Pablo.

Es cierto, hay unos cuantos conflictos en este punto de vista teológico. Primero, muchas mujeres en la iglesia de Corinto eran solteras, así que la exhortación de Pablo no pudo haber sido una solución viable para ellas. Segundo, estos pasajes parecen indicar que los esposos entendían las Escrituras y, por lo tanto, podían responder las preguntas de sus esposas, pero a juzgar por la audiencia estimada en 1 Corintios, los hombres parecían ser tan

ignorantes como las mujeres en cuanto a las cosas del Espíritu.
Por estas razones, yo rechazo la idea de que la interpretación final
de estos pasajes es que las mujeres siempre deben estar calladas
en la iglesia y que los esposos siempre les deben explicar las cosas
en casa.

El otro punto de vista, muy común entre los eruditos, es que
los dos versículos en cuestión citan a los propios hombres Corintios, quienes en efecto decían que las mujeres debían permanecer
calladas y hacerles a sus maridos las preguntas que tuvieran.
Según esta teoría, Pablo les responde a los hombres cuando les
pregunta: " ¿Acaso la Palabra de Dios salió de vosotros, o solo a
vosotros ha llegado?" (1 Co. 14:36). O en otras palabras: "¿Ustedes,
hombres, creen que la Palabra de Dios comenzó con ustedes o
que fue hecha solo para los hombres?". Luego Pablo continúa diciendo: "Si alguno piensa que es profeta o espiritual, reconozca
que lo que os escribo es mandamiento del Señor. Pero si alguno
no reconoce esto, él no es reconocido" (vv. 37, 38). En otras palabras: "Les dije, hombres de Corinto, que *todos* ustedes pueden
profetizar y que *cada uno* debe venir con una enseñanza, una revelación...si ustedes fuesen profetas, ¡reconocerían que esta es la
Palabra de Dios!

En cuanto al idioma griego

Existe una buena evidencia que respalda la teoría de que estos
versículos representan un diálogo entre Pablo y los hombres de
Corinto. Una parte de dicha evidencia es bastante compleja, y
tiene que ver con el idioma griego en sí. Trataré de simplificar el
argumento y de suministrar algunas referencias en las notas finales, para que usted pueda investigar por sí mismo. En el idioma
griego, existe algo que se conoce como "disociación expletiva",
que se denota con la palabra griega ἤ.[7] Aunque se utiliza de varias maneras, a veces Pablo la usa como una respuesta emocional
para expresar su desaprobación ante alguna situación existente.

El equivalente más cercano a ἤ en el idioma español sería
"¿Qué?" O "¡No tiene sentido!", o "¡Imposible!" La siguiente lista
fue tomada del libro titulado *Why not Women* [Por qué no las

mujeres] de Loren Cunningham y David Joel Hamilton. Esta lista nos da una idea de cómo Pablo utiliza este símbolo griego en el libro de 1 Corintios.

- 1 Corintios 1:13 ἤ (¡Imposible!), cuando preguntan si fueron bautizados en el nombre de Pablo.

- 1 Corintios 6:2 ἤ (¿Qué?), cuando pregunta si no saben que los santos juzgarán el mundo.

- 1 Corintios 6:9 ἤ (¡No tiene sentido!), cuando pregunta si no saben que los malvados no heredarán el Reino de Dios.

- 1 Corintios 6:16 ἤ (¡Imposible!), cuando pregunta si no saben que el que se une a una prostituta es uno con ella en su cuerpo.

- 1 Corintios 6:19 ἤ (¿Qué?), cuando pregunta si no saben que el cuerpo es templo del Espíritu Santo que habita en ellos.

- 1 Corintios 7:16 o ἤ (¿Qué?), cuando pregunta al esposo como sabrá si ha salvado a su esposa

- 1 Corintios 9:6 o ἤ (¡No tiene sentido!), cuando pregunta si solo él y Barnabás deben trabajar para vivir.

- 1 Corintios 9:7 ἤ (¡Imposible!), cuando pregunta quien cuida un rebaño y no tomará de la leche ordeñada.

- 1 Corintios 9:8 ἤ (¿Qué?), cuando pregunta si la ley no dice lo mismo.

- 1 Corintios 9:10 ἤ (¡Imposible!), cuando pregunta si lo dice por ellos.

- 1 Corintios 10:22 ἤ (¡No tiene sentido!), cuando pregunta si están tratando de provocar los celos del Señor.

- 1 Corintios 11:22 o ἤ (¿Qué?), cuando pregunta si desprecian la iglesia del Señor y humillan a los que no tienen nada.

- 1 Corintios 14:36 ἤ (¡No tiene sentido!), cuando pregunta si la palabra de Dios se originó con ellos.

- 1 Corintios 14:36 ἤ (¿Qué?), cuando pregunta si son las únicas personas alcanzadas.[8]

Como puede ver, el símbolo griego cambia completamente la manera de leer estos versículos excluyentes en 1 Corintios 14:34-36. Cuando los hombres de Corinto dicen que las mujeres de su Iglesia deben guardar silencio hasta que lleguen a casa, la respuesta de Pablo es, (ἤ) "¡No tiene sentido! ¿Acaso la palabra de Dios salió de vosotros? (ἤ) ¿Qué? o solo a vosotros ha llegado?".

Yo estoy algo de acuerdo con los eruditos que apoyan esta posición porque es la que tiene más sentido en el contexto de todo el libro de 1 Corintios. También cumple con el formato de preguntas y respuestas existente en gran parte del libro. Pero hay otro detalle interesante que me lleva a pensar que nuestro pasaje excluyente es más bien una pregunta *a* Pablo en vez de una afirmación suya. Quien sea que esté detrás del versículo 34, que dice: "Porque no les está permitido hablar, pero deben sujetarse a sí mismas, justo como dice la ley," no conocía la ley. Nada en la ley excluye a las mujeres de hablar en lugares públicos.

Pablo era un experto en la ley (la Torá). Era un exfariseo educado por Gamaliel, el instructor de la ley judía más famoso de todos los tiempos. Sin ninguna duda, Pablo sabría que la ley no validaba ningún punto expresado en este pasaje. Hubo mujeres profetisas bajo la ley del Antiguo Testamento. Por lo tanto, mi conclusión es que el apóstol Pablo está citando a los hombres corintios, que no conocen bien la ley y de alguna manera la han modificado para satisfacer su propia necesidad de minimizar a las mujeres, como vemos a lo largo del libro 1 Corintios.

Esto me recuerda mi propia crianza. Cuando era niño, mi madre trató de enseñarme a no ser perezoso diciéndome: "Dios dice: ayúdate que yo te ayudaré". Me quedé estupefacto cuando leí la Biblia y me di cuenta de que el refrán de mi madre no se encontraba en las Escrituras. Creo que este fue el caso de los hombres corintios. Me parece que simplemente les costó entender cómo debían tratar a las poderosas mujeres poderosas que habían sido salvadas de un ambiente religioso inmoral y pagano que las facultaba.

Cualquiera que sea la conclusión a la que usted llegue en relación con estos versículos aparentemente excluyentes, hay una cosa que es segura. Pablo no tenía intención de silenciar a las mujeres en la iglesia de forma universal o unilateral. No hay duda de que, a pesar de haber sido criado en el judaísmo, Pablo era un gran partidario de las mujeres.

JOYCE MEYER
Un legado matriarcal

oyce Meyer es una de las maestras bíblicas más profundas de nuestro tiempo. Es bien conocida por sus lecciones prácticas de la vida y su estilo divertido. Joyce, junto a su esposo Dave, fundaron hace más de tres décadas los Ministerios Joyce Meyer, que actualmente emplean a más de ochocientas personas en catorce oficinas alrededor del mundo. Los programas de televisión y de radio de Joyce llevan día a día la palabra de Dios a grandes multitudes. También es una de las escritoras más exitosas según el *New York Times*, y ha escrito más de cien libros que han sido traducidos a más de cien idiomas. Uno de los aspectos más interesantes del ministerio de Joyce Meyer es que Joyce es la maestra bíblica y el rostro público del ministerio, mientras que su esposo la apoya con sus conocimientos en administración y finanzas.

Joyce nació en 1943 en San Luis, Misuri. Tuvo una infancia extremadamente difícil ya que su padre abusó sexualmente de ella durante muchos años, mientras su madre se negaba a reconocer la situación. Cuando Joyce se graduó de la secundaria era un desastre. Desesperada por recibir un poco de amor, se casó con un hombre que no tenía ningún interés en ella. Joyce sufrió durante cinco largos años a causa de las infidelidades constantes de su esposo, hasta que el matrimonio terminó finalmente en divorcio.

Años después, Joyce conoció a Dave Meyer, un hombre dulce y amable, y se casaron en enero de 1967. Aunque estaban enamorados, no era fácil vivir con Joyce. Ella era amargada, grosera y egoísta. Un día el Señor le habló y le dijo: "Joyce, ya no puedo hacer nada más en tu vida hasta que hagas lo que te pedí que hicieras en relación a tu esposo". Este fue el comienzo del progreso en su corazón y en su matrimonio.

En 1969 Joyce estaba conduciendo rumbo al trabajo, cuando escuchó la voz del Señor que le dijo que debía ir a todos lados a enseñar su Palabra. Ella estaba tan mal emocionalmente en ese momento, que se le hacía imposible pensar que podría llegar a tener un ministerio a nivel mundial. Pero tuvo fe en lo que el Señor le había dicho, y comenzó con un pequeño estudio bíblico en su casa. Cuatro años más tarde llegó a ser pastora asociada de una pequeña iglesia en San Luis. La iglesia se convirtió en una de las iglesias carismáticas principales en la zona, en parte gracias a la popularidad de Joyce como maestra bíblica.[9] Tres años después dejó la comodidad y seguridad de su empleo en la iglesia e inició su propio ministerio.

Joyce y Dave nunca cuestionaron el hecho de que ella había sido llamada a enseñar. La personalidad de Joyce es extrovertida y apasionada, mientras que la personalidad de Dave es tranquila y paciente. La sabiduría de Dave en administración y finanzas lo llevaron a convertirse en el vicepresidente de los Ministerios Joyce Meyer, y sus conocimientos han ayudado a hacer del ministerio lo que es hoy en día. De hecho, fue idea de Dave pasar del ministerio radial al televisivo. Joyce afirma que la estabilidad y perseverancia de Dave le han traído gran sanación a su vida. Joyce y Dave tienen un matrimonio y una relación increíbles. Han aprendido a apreciar sus diferencias y se han dado cuenta de que no habrían podido llevar a cabo el llamado de Dios para sus vidas si no hubieran puesto a trabajar sus dones y fortalezas juntos y en armonía.

Joyce Meyer es amada en el mundo entero por su buen humor, su estilo de represión cordial y su sinceridad sobre sus propios defectos. Sus conferencias de mujeres llenan estadios por todos los Estados Unidos y más allá. Aparte de sus conferencias y sus ministerios radial y televisivo, ella y Dave fundaron en el año 2000 el *St. Louis Dream Center,* en el centro de San Luis. Su ministerio también incluye programas de alimentación, con centros en más de treinta países que suministran alimentos a más de setenta mil niños diariamente. Los Ministerios Joyce Meyer poseen treinta y nueve orfanatos alrededor del mundo, y suministran atención médica gratuita a más de doscientas setenta mil personas al año, ayuda en caso de desastres, ministerio de prisiones, ministerio de tráfico humano y ministerio del agua.

En el año 2005, la revista *Times* nombró a Joyce Meyer una de las "veinticinco evangelistas con más influencia en Estados Unidos".[10] Muchas de las enseñanzas de Joyce provienen de la experiencia que tuvo al liberarse del dolor y la pena y entrar en la plenitud. Su transparencia ha ayudado a millones de personas. Su éxito no llegó de la noche a la mañana: fue un camino largo y difícil que a veces parecía imposible de transitar. Pero la vida de Joyce se ha convertido en un testimonio increíble del trabajo dinámico y redentor de Cristo Jesús.[11]

7

En búsqueda del origen de la exclusión

Allí me encontraba, en un país extranjero a miles de kilómetros de mi hogar, acostado en una cama de una minúscula habitación de hotel, preparando mi corazón para hablarles a miles de líderes que habían venido de todas partes del mundo en busca del Señor. Mientras estaba acostado en la cama, comencé a tener una visión de algo como un gran tsunami que caía sobre Latinoamérica; como una enorme tormenta que traía caos y destrucción sobre las naciones. Mientras el tsunami avanzaba rápidamente a través de los países, el viento soplaba con más fuerza y violencia. ¡De repente este enorme tsunami se transformó en una multitud de mujeres furiosas que luchaban por sus derechos! Los países se encontraban inmersos en el caos, mientras las mujeres abandonaban a sus familias y tomaban las calles, gritando y mostrando pancartas, en una protesta violenta contra generaciones de opresión.

Las familias quedaron destruidas por los fuertes vientos de la adversidad, mientras algo parecido a una guerra civil empezaba en cada ciudad. Los hombres de todas partes salieron a las calles para tratar de evitar que los vientos de cambio barrieran con las naciones, pero las enormes multitudes de mujeres los pisoteaban sin piedad, como el ganado asustado que corre en estampida sobre la tierra estéril. Mi espíritu se agitó dentro de mí, mientras intentaba entender la visión. Seguía escuchando: "¡Cuidado! ¡Cuidado! ¡Cuidado!".

En lo personal, yo evito a toda costa las predicciones apocalípticas. No se requiere de mucha fe para realizar predicciones nefastas sobre el futuro. Somos llamados *creyentes*, y por lo tanto, es necesario que vivamos por fe. Si Dios hubiese querido que viviéramos por actos en vez de por fe, nos llamaríamos *hacedores* y no *creyentes*. Estoy seguro de que la verdad divina de Dios supera los hechos finitos del hombre. Estoy convencido de que Dios tiene la repuesta, incluso antes de que exista el problema. Después de todo, Jesús fue crucificado antes de la fundación del mundo. Con esto en mente, comencé a orar a Dios por intervención sobrenatural ante este desastre inminente.

En medio de mi intercesión, la escena de mi visión cambió. Vi a las mujeres de toda Latinoamérica clamando en oración para ser liberadas de generaciones de opresión, pero lo que ocurrió luego fue sorprendente: miles de iglesias surgieron de la tierra, con sus campanarios brillando bajo el sol. Sus campanas comenzaron a repicar, como llamando a los fieles a una congregación divina. Millones de mujeres llenaron las calles, tristes y cabizbajas, con sus ropas sucias y rasgadas, y una expresión de profunda pena en sus rostros. Lentamente, comenzaron a acercarse a los hermosos campanarios, como si las campanas estuvieran tocando una especie de mensaje de esperanza en código Morse.

La cámara en mi película mental se dirigió al interior de los santuarios de las capillas que habían aparecido. Vi a unos hombres sentados en tronos, y junto a cada uno de ellos se encontraba un hermoso trono vacío. Cada trono vacío estaba decorado con majestuosas hojas de oro, pero estaba cubierto por capas de polvo, como si hubiesen estado desocupados durante siglos. Jesús les entregaba unos magníficos cetros reales a los hombres que se encontraba en los tronos. Cada cetro era de oro puro, con un enorme rubí en el extremo. Las mujeres dócilmente se acercaron a las plataformas mientras los hombres se levantaban a recibirlas con los cetros extendidos. Antes de que las mujeres tuvieran tiempo de inclinarse, los hombres se arrodillaron frente a ellas en señal de humildad…

Cada hombre le pasó su cetro a una mujer, y la invitó a sentarse en el trono vacío que se encontraba a su lado. Mientras las hijas de Dios tomaban los lugares que les correspondían, sus ropas rasgadas se transformaron en hermosos vestidos de satén blanco. Sus semblantes se iluminaron, y sus rostros resplandecieron como el sol. Los hombres regresaron a sus tronos y Jesús le dio a cada uno un hermoso cetro de oro, pero esta vez con un gran zafiro azul en el extremo.

Mientras la visión se desarrollaba en mi mente, comencé a darme cuenta de lo que Dios me estaba diciendo. El enemigo estaba tratando de maquinar un movimiento vil y destructivo de mujeres que reaccionarían ante la opresión de su género rebelándose contra los hombres. El resultado de esto sería la destrucción de familias y matrimonios, que quedarían deshechas en un tsunami de dolor, pena y tristeza.

Pero Dios tenía un plan. De hecho, entendí que el plan de Dios no era una respuesta al esquema del diablo, ¡sino todo lo contrario! Dios no está tratando de estropear los planes malévolos del enemigo, más bien el enemigo está reaccionando a algo que ya Dios puso en funcionamiento. El enemigo está a la defensiva, luego de observar señales que auguran un cambio espectacular en Latinoamérica, en el que Dios derramará su Espíritu sobre toda carne. El enemigo está tratando de arruinar este cambio radical en el que Dios faculta a sus hermosas hijas para que se sienten junto a sus hijos y traigan plenitud a las naciones. El resultado de esta fuerte lluvia será que los hijos y las hijas, los padres y las madres, tomarán el lugar que les corresponde en los lugares celestiales y comenzarán a operar con poder en la unidad celestial para destruir las obras del diablo.

Ahora entiendo que el plan del Señor era responder a través de su Iglesia al clamor por la opresión de sus hijas, y demostrar cómo sus nobles hombres habilitaban a las mujeres para que fuesen líderes junto con ellos. Fue solo después de que los hombres cedieron sus cetros de rubí a las mujeres que Jesús les entregó el cetro de zafiro. Ahora sé que tanto los hombres como las mujeres están llamados a liderar, pero sus cetros son de colores diferentes. Esos colores representan roles que fueron planeados distintivamente y divinamente para la vida y el Reino. La visión que tuve terminó, pero mi espíritu permaneció agitado mientras trataba de decidir cómo compartir este mensaje con los líderes con quienes estaba a punto de reunirme.

Cómo aceptar el cambio

Transcurrieron un par de horas y pronto mi amigo y yo nos encontramos en la conferencia, donde estaríamos hablando durante los próximos tres días.

Mientras nos acercábamos a la iglesia, mi estómago se revolvió. Estaba dividido entre el deseo de agradecer a estos líderes por permitirnos tener influencia en sus iglesias, y la responsabilidad de administrar la visión que Dios me había dado para sus países. La red de iglesias que estábamos visitando tiene una enorme influencia en toda América Latina, pero excluye a las mujeres de todas las posiciones de liderazgo. Decidí no compartir la visión en la conferencia, a menos que los líderes de este movimiento me preguntaran si Dios me había dado algún mensaje específico para ellos.

La sesión de la mañana terminó. Los líderes de la conferencia nos invitaron a almorzar con el fin de compartir cualquier cosa que Dios nos hubiese mostrado específicamente para ellos. *Uy, pensé, ¡espero que esto no se ponga difícil!* Transcurrió aproximadamente una hora, mientras doce personas comíamos y nos reíamos sentados alrededor de una larga mesa. Pero sabiendo el rumbo que tomaría la conversación, yo no tenía mucho apetito. Finalmente, todos se quedaron callados y mi intérprete se inclinó para transmitirme las palabras del líder de la red: "Pastor Kris, los líderes desean saber si Dios tiene algo específico que decirles", repitió con un fuerte acento hispano.

"En realidad, John, así es —respondí tratando de ocultar mi ansiedad—. Pero estoy un poco preocupado por la manera en que ustedes lo vayan a recibir".

Todos los líderes me animaron a continuar, y el intérprete me aseguró que ellos estaban abiertos a escuchar lo que fuese que yo creyera que Dios les quería decir.

Muy bien, aquí va, pensé. "Señores, yo estaba acostado en mi cama en mi hotel, hace unas horas, y tuve esta visión…".

Lenta y cuidadosamente comencé a narrar la visión, tratando de matizarla sin perder la esencia de su contenido. Se podía escuchar un alfiler caer en la sala, mientras mi intérprete transmitía mis palabras. El tono de su voz y la expresión en el rostro de los líderes, lo decía todo. Luego de unos pocos minutos, sentí que habíamos estado allí durante una larga semana.

La tensión se sentía en el ambiente cuando terminé de describir la visión y compartí una opinión general de cómo yo pensaba que aplicaba en su caso. Hubo un completo silencio durante lo que pareció una eternidad. Finalmente, uno de los líderes habló en español con voz enojada. El líder y yo nos miramos atentamente, mientras el intérprete dudaba si interpretar o no sus palabras. No sé una palabra de español, pero entendí claramente lo que me estaba diciendo, sin necesidad de interpretación. Eran los mismos argumentos que he escuchado miles de veces antes. Había esperado que mis palabras pudieran penetrar la barrera de siglos de tradición y generaciones de opresión, pero evidentemente estaba equivocado.

En pocos minutos, la habitación se llenó de conversaciones apasionadas entre los líderes, mientras mi intérprete trataba de resumir sus argumentos para darme una idea general de lo que se estaba discutiendo. Al poco rato, volvieron su atención hacia mí y trataron de hacerme varias preguntas teológicas, todos a la vez. Antes de que mi intérprete terminara de hacerme una pregunta, ya ellos me estaban haciendo otra. Me comencé a sentir cada vez más impaciente y enojado. Lo que comenzó como una visión profética para liberar a las mujeres de Latinoamérica, se estaba convirtiendo rápidamente en una discusión teológica y una prueba de voluntades.

Era hora de iniciar la sesión de la tarde, así que los líderes decidieron posponer la conversación para el día siguiente. Me informaron que su mejor teólogo se reuniría con nosotros al siguiente día (esperaba tanto esa conversación como esperaría un tratamiento de conducto sin anestesia). Les aseguré que no compartiría mi visión, ni parte de ella, públicamente en la conferencia. Eso pareció aliviar un poco la ansiedad en la sala.

Guerra teológica

La expectativa del diálogo que tendría con mis amigos me impidió dormir bien esa noche. No era que yo temiera un conflicto, o que yo creyera que el teólogo sacaría algún conejo griego o hebreo del sombrero y destruiría mi línea de razonamiento sobre la habilitación de las mujeres. Como líder, he escuchado cada argumento existente en contra de las mujeres. De hecho, yo creí y enseñé algunos de ellos durante muchos años. Sabía que la teología era débil y que el pensamiento era incorrecto. Mi preocupación era que la influencia que yo tenía en las vidas de estos líderes era relativa a la valoración que ellos tenían de mí. Había aprendido de la manera difícil que cuando yo atravesaba los límites de mi aprecio hacia una persona u organización para tratar de convencerlos de algo, se podían sentir manipulados.

Con eso en mente, traté de encontrar una manera honorable de cambiar el paradigma de estos líderes a través del diálogo sincero, no de la discusión. ¡Hay una diferencia enorme! Un diálogo es un intercambio de ideas en el que las personas interactúan con el fin de adquirir conocimientos. Una discusión es una conversación cuya finalidad es defender posiciones. La palabra diálogo está formada por las palabras griegas *dia* y *logos*, que literalmente se puede interpretar como un flujo en dos direcciones o un intercambio de significados. La palabra *discusión*, por otro lado, proviene de la palabra latina *discutere*, que significa "partir en dos, desintegrar".[1]

Al día siguiente, la conferencia inició con una gran sesión matutina. Mi amigo trajo un mensaje poderoso para la gente de Latinoamérica. Pude darme cuenta de que su ministerio estaba teniendo un efecto extraordinario en los líderes, y yo esperaba que eso nos ayudara en la conversación que estábamos a punto de tener. Mientras entrábamos en la sala de conferencias, me decía a mí mismo: "¡Mantén la calma! ¡No estés a la defensiva!".

En pocos minutos el salón era un hervidero de líderes saludándose unos a otros y buscando sus asientos. El intérprete se volvió hacia mí y me pidió que repitiera las palabras que había compartido el día anterior, para que las escucharan aquellos que no habían podido asistir a la reunión. Mientras repetía mi visión cautelosamente, el clima en el salón cambió de celebración gozosa a una tensión que se podía cortar con un cuchillo. Su teólogo no perdió tiempo en presentaciones ni charlas banales.

Abrió su Biblia como si estuviera desenvainando una espada y comenzó a leer la exhortación del apóstol Pablo a Timoteo. Con voz autoritaria, tronó: "Que la mujer aprenda calladamente, con toda obediencia. Yo no permito que la mujer enseñe ni que ejerza autoridad sobre el hombre, sino que permanezca callada" (1 Tim. 2:11-12). Luego añadió: "Su visión se opone a la Palabra de Dios, por lo tanto, ¡es incorrecta!".

Todos me miraron atentamente, como si un gladiador acabara de propinarme el golpe mortal. Podía sentir como la pasión se intensificaba en mi corazón, y me negué a dejarme intimidar por un bravucón teológico. Después de todo, eran los países de Latinoamérica los que estaban en juego.

Con igual intensidad, le respondí: "Lo que me causa problemas es que usted no se adhiere a su interpretación de las Escrituras". Se formó un enorme signo de interrogación en su cara mientras esperaba que yo terminara mi respuesta, y continué: "El gran apóstol que le escribió ese versículo a Timoteo, también les escribió a los corintios: 'La mujer debe guardar silencio en la iglesia, porque no se les permite hablar, sino restringirse a sí misma, como lo dice la ley. Si tiene preguntas, debe hacérselas a su esposo en privado, ya que no es propio de una mujer hablar en la iglesia'. Yo he estado en su iglesia durante dos días y he escuchado a sus mujeres hablar sin ser reprendidas. Así que me sorprende su confiada exhortación, como si usted tomara la Biblia literalmente y yo no. Así que permítame hacerle una pregunta como teólogo y experto en las Escrituras: ¿Por qué dejan a sus mujeres hablar en la iglesia?".

La voz de mi intérprete se quebró ligeramente mientras trataba de mantener la compostura. El teólogo retrocedió, como si el hecho de que yo hubiera usado una Escritura aún más excluyente contra él lo hubiera sorprendido.

"Bien —dijo él con voz condescendiente, como si yo fuese un ignorante— el contexto histórico de ese texto dictaba que las mujeres no hablaran en la iglesia. En la iglesia corintia del primer siglo, los hombres se sentaban a un lado de la iglesia y las mujeres al otro lado. Las mujeres interrumpían el servicio preguntándoles a sus esposos a través del pasillo. Se hizo necesaria la restricción que usted citó en su argumento".

Yo repliqué: "Me parece interesante que usted esté de acuerdo en mencionar el contexto histórico de la iglesia de Corinto para defender su posición sobre la regla de las mujeres que hablan en la iglesia, pero se rehúse a aplicar las circunstancias contextuales a la carta de Pablo a Timoteo en la iglesia de Éfeso (para ese momento, ya había desechado la idea del diálogo y había decidido traer mi propia espada a la discusión).

Su voz se intensificó mientras me respondía: "Es ridículo pensar que las mujeres no pueden hablar dentro de la iglesia en nuestros días. Simplemente no tiene sentido".

Yo le contesté: "¿Para usted no tiene sentido que las mujeres permanezcan calladas en la iglesia, pero si tiene perfecto sentido que la exhortación específica de Pablo a Timoteo en Éfeso de que las mujeres no pueden enseñar ni tener autoridad sobre el hombre sea una regla que se debe aplicar universalmente, aunque fue escrita para una circunstancia específica? Déjeme aclararle algo: Dios creó al hombre y a la mujer a su imagen y semejanza y les dio autoridad para reinar sobre la tierra. Dios nombró jueza a una mujer llamada Débora para que gobernara al país. El Señor comisionó a Ester para que gobernara como reina y reconoció positivamente a la Reina de Saba. Al menos diez mujeres son reconocidas como profetisas en la Biblia, mujeres como María, Débora, Hulda y las cuatro hijas de Felipe. Sin mencionar que hay varios pasajes en que las mujeres le enseñan la Biblia a los hombres. Apolos, un hombre que ya era diestro en las Escrituras, fue perfeccionado en la Biblia por Priscila y su esposo Aquila. A todo esto súmele el hecho de que muchas de las Escrituras son citas de mujeres, como la exhortación de María en el primer capítulo de Lucas. ¿Y el libro de Proverbios, que le fue enseñado a Salomón por su madre y su padre? Si lo que dice el apóstol Pablo debía aplicarse universalmente, y las mujeres no podían enseñarles a los hombres, ¡entonces usted tendría que eliminar una gran parte de la Biblia, o solo dejar que sean las mujeres quienes la lean!

Para ese momento la conversación se había vuelto una contienda, y la tensión en el salón aumentaba cada vez más. El teólogo hizo una pausa, como si mi argumento nuevamente lo hubiese sorprendido. Creo que él esperaba que yo colapsara con su primer golpe de espada. Nos miramos fijamente durante unos momentos, yo esperando que él me respondiera, y él aparentemente recargando su arma para otro asalto.

Algo yo tenía claro: los otros líderes presentes ese día nunca habían estado expuestos a la idea de que las Escrituras habilitan a las mujeres. Aunque obviamente deseaban que su gran teólogo resultara victorioso en esta contienda, la mirada de sorpresa en sus rostros puso en evidencia su falta de conocimiento sobre el tema. Esto no significa que no fuesen hombres brillantes o que fuesen malos líderes, simplemente que sus paradigmas culturales los habían cegado al hecho bíblico de que Dios no excluye a las mujeres universalmente del liderazgo. Pero como todos nosotros, ellos leían la Biblia a través de un lente que filtraba o redefinía todo lo que se oponía a sus verdaderas creencias.

Todos tenemos la tendencia a leer la Biblia de una manera que valida lo que ya creemos. No solo eso, sino que estamos inclinados a encontrar lo que estamos buscando, y nos cerramos ante lo inesperado. Muchos hemos tenido la experiencia de comprar algo que pensamos que era único o diferente, solo para encontrarnos a alguien usando algo igual al día siguiente de nuestra compra. Algunas veces nuestros poderes de observación están sesgados y no lo sabemos.

El teólogo puso en orden sus ideas y entró a la arena para otro asalto. Los demás observaban con gran interés mientras nosotros blandíamos nuestras espadas, cada uno buscando dejar fuera de combate al otro con la Palabra de Dios. Con el paso de las horas, la intensidad inicial que marcó nuestra conversación se evaporó, por dos razones. Primero, quedó claro para esos líderes que hay muchas razones bíblicas para facultar a las mujeres para el liderazgo. En contra de eso estaba su perspectiva de que suficientes partes de las Escrituras continuaban excluyendo a las mujeres del liderazgo.

Segundo, yo por mi parte me di cuenta de que había juzgado

mal a estos líderes al pensar que ellos lo que deseaban era acaparar todo el poder y que eran incapaces de ser humildes para permitir que las mujeres lideraran. En el fondo, entendí que ellos estaban tratando de honrar a Dios siendo fieles a su Palabra de la mejor manera que su entendimiento les permitiera. No querían que su movimiento se convirtiera en algo culturalmente importante a costa de pervertir la Palabra de Dios. Nuestro respeto mutuo creció a lo largo de la tarde, y nuestra discusión se transformó en un diálogo.

Los líderes a los que les hablé aún están en proceso de aprender a facultar a las mujeres de una manera que no vulnere su comprensión de las Escrituras. Los honro por su integridad, y espero con ansias que cumplan con el deseo de Dios de ver a las mujeres de Latinoamérica vivir con poder y libertad. Pero regresé de esa experiencia con una mayor determinación de ayudar a las personas a entender, a través de las Escrituras, que el propósito de Dios es que hombres y mujeres gobiernen la tierra conjuntamente.

El día D en la Zona Cero

Ojalá pudiera decir que la Iglesia latinoamericana fue la frontera final, el lugar donde el espíritu religioso que reduce a la mitad de la población quemó su último cartucho. Desafortunadamente, esto no es verdad. La mayoría del mundo cristiano aún utiliza las Escrituras para degradar a las mujeres a un papel de servidoras de los hombres. Pero algo ocurrió aquel día en aquella mesa en Latinoamérica. Primero, me di cuenta de que me encontraba poco preparado para contestar las preguntas profundamente teológicas que llenaban los corazones de muchos líderes deseosos sobre habilitar a las mujeres sin vulnerar sus conciencias. Y segundo, regresé de esa conversación decidido a entender las bases teológicas que apoyan la revelación profética que experimenté en mi visión sobre Latinoamérica.

Para mí hoy es el Día D, el momento en el que regreso a la Zona Cero, el lugar donde nació el argumento más mordaz creado en contra de las mujeres en la historia del mundo cristiano. Es aquí donde excavaré la tierra de cultivo de la antigua exclusión de las mujeres en el liderazgo. Trataré de desenterrar las cadenas que yacen profundamente sepultadas en las bases de la iglesia de Éfeso para entender las limitaciones que Pablo impuso sobre las mujeres. Quiero invitarlo a acompañarme en esta excavación teológica a través de las Escrituras. Comencemos con las declaraciones de Pablo a Timoteo:

"Que la mujer aprenda calladamente, con toda obediencia. Yo no permito que la mujer enseñe ni que ejerza autoridad sobre el hombre, sino que permanezca callada. Porque Adán fue creado primero, después Eva. Y Adán no fue el engañado, sino que la mujer, siendo engañada completamente, cayó en transgresión. Pero se salvará engendrando hijos, si permanece en fe, amor y santidad, con modestia".

1 Timoteo 2:11-15

Estos versículos hacen surgir muchas preguntas difíciles que debemos abordar con honestidad en nuestro camino hacia este descubrimiento que podría, si no excavamos bien, ser utilizado peligrosamente para apoyar la opresión a las mujeres. ¿Está Pablo diciendo que una mujer que ha conocido al Señor durante treinta años y ha estudiado la Biblia su vida entera no está calificada para enseñar a un creyente masculino totalmente nuevo? ¿Está Pablo diciendo que, como Eva fue engañada, no se les debe confiar el liderazgo a las mujeres nunca jamás? ¿Qué pasó con la experiencia del nuevo nacimiento que deja las cosas viejas atrás para hacer nuevas todas las cosas? (ver 2 Co. 5:17).

¿O nos está diciendo este gran apóstol que como Adán desobedeció a Dios voluntariamente pero Eva fue engañada, Adán está entonces inherentemente más calificado para el liderazgo? ¿Debemos creer que la cruz de Cristo liberó a los hombres de la maldición del Jardín, pero que las mujeres aún están bajo el poder de la maldición? ¿Por qué mujeres como Débora, que gobernó la nación de Israel, tuvieron autoridad sobre los hombres y las mujeres antes de la redención en el Calvario?

Revisemos el contexto

Revisemos el contexto de la epístola de Pablo a Timoteo, quien era el líder de la iglesia de Éfeso. ¿Recuerda que en el capítulo 4 estuvimos un rato hablando de la importancia del contexto de los pasajes y de cómo este determina sus significados? Regresemos a Éfeso nuevamente y recordemos la cultura a la que Pablo se dirigía. Como mencioné anteriormente, Éfeso era el hogar de la diosa griega Artemisa; una combinación de Diana, la diosa de la caza, y Cibeles, a veces llamada la Gran Madre, que estaba asociada con la tierra y la fertilidad. Decíamos también que Artemisa tenía una corona sobre su cabeza que podía simbolizar autoridad femenina, y huevos alrededor de su cintura, lo que muchos piensan que es un símbolo de fertilidad.

Al ser Artemisa la diosa de la fertilidad, los efesios creían que ella protegía a la mujer y a su bebé durante el alumbramiento. Nos imaginamos cuán importante debió haber sido este tema en el siglo I. La tasa de mortalidad infantil mundial hace apenas cien años era del quince por ciento, sin mencionar la tasa de mortalidad de las madres durante el parto. Dar a luz en la ciudad de Éfeso del siglo I debió ser bastante riesgoso, lo que explica por qué las mujeres querían una diosa que pudiera proteger a sus hijos y salvar a la madre y al bebé de la muerte. Esa es la razón por la que Pablo le dijo a esa iglesia: "Pero se salvará engendrando hijos, si permanece en fe, amor y santidad, con modestia" (1 Tim. 2:15).

La palabra *salvarse* aquí es la palabra griega *sozo*, que significa "salvado, restaurado, preservado y curado". Pablo les está diciendo a las mujeres de Éfeso que ya no necesitan de la diosa Artemisa para que las proteja, porque ellas entregaron su vida a Cristo y Él las protege (*sozo*) a ellas y a sus hijos durante el alumbramiento. Estos versículos obviamente no están diciendo que las mujeres son salvas en el sentido de la salvación de sus almas por tener hijos. Solo la fe en Cristo nos puede salvar del infierno y puede llevarnos al cielo.

La enseñanza a las mujeres

Otro mensaje alentador extraído de esta porción de las Escrituras es donde Pablo ordena que las mujeres sean instruidas. "Que la mujer aprenda calladamente, con toda obediencia" (1 Tim. 2:11). Ya hablamos del hecho de que a las mujeres no se les enseñaba cosas espirituales en la cultura judía, así que las Escrituras refuerzan el valor que las mujeres tenían en la Iglesia del siglo I. A las mujeres efesias se les enseñó a recibir conocimientos con una actitud sumisa. La palabra griega para sumisión es *hupotage*, que significa "estar en sujeción". En este versículo en particular, el contexto determina que las mujeres deben estar en sujeción a la *instrucción*, no al *instructor*. No se nombra o se sugiere al instructor en el texto, aunque algunos insisten en que a las mujeres se les dice que deben someterse a los hombres. Sin embargo, esto no está sustanciado en el pasaje.

También es importante notar que la palabra griega *hupotage* es igualmente utilizada en referencia tanto a los hombres como a las mujeres en la carta de Pablo a los corintios. Él escribió:

"Porque la ministración de este servicio no solo suple con plenitud lo que falta a los santos, sino que también sobreabunda a través de muchas acciones de gracias a Dios. Por la prueba dada por esta ministración, glorificarán a Dios por vuestra *obediencia* a vuestra confesión del evangelio de Cristo, y por la liberalidad de vuestra contribución para ellos y para todos".

2 Corintios 9:12-13, itálicas añadidas

La palabra obediencia en este texto es la palabra griega *hupotage*, así que no eran solo las mujeres quienes debían ser sumisas, sino todos los santos y las santas.

Otro hecho interesante destaca en los escritos de Pablo. Dos versículos antes de la instrucción de Pablo a las mujeres, el corrige a los hombres efesios que Timoteo pastoreaba, diciendo: "Por consiguiente, quiero que en todo lugar los hombres oren levantando manos santas, sin ira ni discusiones" (1 Tim. 2:8). La palabra griega para ira es *orge*, que significa "rabia". La palabra griega para discusión es *dialogismos*, que significa "disentir o disputar". En efecto, Pablo les está diciendo a las mujeres que necesitan someterse a la palabra de Dios, y también está diciéndoles a los hombres que ellos necesitan dejar de ser iracundos y pendencieros.

Enseñanza y autoridad

Permítame repetir uno de los pasajes más excluyentes sobre las mujeres, para que esté fresco en nuestras mentes. Prometí en un capítulo anterior que volveríamos a tocar este tema. Pablo escribió: "Yo no permito que la mujer enseñe ni que ejerza autoridad sobre el hombre, sino que permanezca callada. Porque Adán fue creado primero, después Eva. Y Adán no fue el engañado, sino que la mujer, siendo engañada completamente, cayó en transgresión" (1 Tim. 2:12-14). Este pasaje en griego, traducido en 41 palabras en español (por lo menos en LBLA), se ha convertido en el pilar de la exclusión de las mujeres en el liderazgo de la Iglesia durante cientos de años, en todos los continentes del planeta.

El punto clave en este pasaje es que la mujer no debe "tener autoridad sobre el hombre". Esta frase conforma la base argumentativa de aquellos que no permiten que las mujeres lideren o enseñen en la Iglesia. Pero, ¿es esto correcto? La palabra griega en cuestión es *authentein* (traducida como "ejercer autoridad sobre" en LBLA). ¡Esta palabra aparece solo una vez en toda la Biblia! Originalmente significaba "asesinar con sus propias manos" o "cometer suicidio". Con el paso del tiempo el término evolucionó en el significado de "crear algo con nuestras propias manos" (de aquí vienen términos como *autor* y *auténtico*). Otras dos definiciones son "quien actúa con autoridad propia" y "gobernar o ejercer dominio". Sorpresivamente, hay doce palabras más en el diccionario griego que significan ejercer autoridad y, asombrosamente, unas cuarenta y siete palabras relacionadas con "mandar" o "gobernar".[2] Pero Pablo, bajo la guía del Espíritu Santo, no escogió ninguna de esas. Escogió la palabra única *authentein*.

Linda Belleville realiza un análisis fantástico de la palabra *authentein* en su libro *Discovering Bible Equality* [Descubra la equidad en la Biblia]. En el capítulo titulado "la enseñanza y la usurpación de la autoridad", ella explica la manera en que esta palabra ha sido mal interpretada a través de las épocas en las diferentes traducciones bíblicas. Colocaré aquí solo algunos ejemplos:

Vetus Latina (siglos II al IV d. C.): Dice que no permite que una mujer enseñe, ni que domine a un hombre (neque dominari viro).

Vulgata (Siglos IV-V): Dice que no permite que una mujer enseñe, ni que domine sobre un hombre (neque dominari invirum).

Biblia de Ginebra (edición de 1560): Dice que no permite que una mujer enseñe, ni que usurpe autoridad sobre un hombre.

Biblia del Rey Jacobo (1611): Dice que no tolera que una mujer enseñe, ni que usurpe autoridad sobre un hombre".[3]

Belleville argumenta convincentemente: "Hay una tradición virtualmente intacta que proviene de las versiones más antiguas de la Biblia y que está en decadencia en el siglo XXI, que traduce *authentein* como "dominar", en vez de "tener autoridad sobre".[4] Ella concluye que si Pablo se hubiese estado refiriendo a la práctica normal de la autoridad, hubiese escogido entre un abanico de términos más adecuados para declararlo. Él escogió esta palabra porque conllevaba un matiz que significa "tener influencia, dominar o sacar ventaja". Por lo tanto, Belleville traduce 1 Timoteo 2:12 así: "No permito que una mujer enseñe para ganar autoridad sobre un hombre" o "No permito que una mujer enseñe con la intención de dominar a un hombre".[5]

Richard y Catherine Clark Kroeger lo abordan de forma diferente en su obra *I Suffer Not a Woman: Rethinking 1 Timothy 2:11-15 in Light of Ancient Evidence (Porque no permito a la mujer: Reconsideremos 1 Timoteo 2:11-15 a la luz de la evidencia antigua)*. Ellos hacen un análisis detallado de *authentein* y escribe:

"*Authentein*, cuando es usado con el genitivo, como en el caso de 1 Timoteo 2:12, puede implicar no solo reclamar soberanía, sino también reclamar autoría. En otras palabras, significaría, 'representarse a sí mismo como el autor, creador u origen de algo'. Esto es apoyado por varios diccionarios, como el *Thesaurus Linguae Graecae*".[6]

Kroeger y Kroeger concluyen que 1 Tim. 2:12, por lo tanto, puede ser traducido como: "Yo no permito a las mujeres que enseñen ni que se proclamen autoras del hombre",[7] lo cual tiene sentido, ya que en la siguiente oración del pasaje Pablo reinserta el orden original de la creación.

En este contexto es razonable suponer que el culto a Artemisa tenía influencia en las personas a las que Pablo pastoreaba (ya solo la evidencia en Hechos 19 apoya esta hipótesis). El resultado práctico de esta influencia fue que algunas personas en Éfeso elevaron lo femenino sobre lo masculino, de modo que algunas mujeres trataban de hacer valer su estatus de mujeres para dominar a los hombres. Esto es exactamente lo que Pablo dice que no debe pasar. Cuando Pablo se refiere a Adán y Eva, no está creando una regla para todas las interacciones masculinas-femeninas. Más bien, tomando en cuenta que aquellos que estaban influenciados por el culto a Artemisa creían que Artemisa apareció primero y luego su consorte, Pablo simplemente estaba derrumbando un mito con una verdad que se encuentra en el registro bíblico de Adán y Eva. Reitera: "Porque Adán fue creado primero, después Eva" (v. 13).

Si Pablo no estaba derrumbando un mito, entonces tenemos un grave problema con la siguiente frase: "Y Adán no fue el engañado, sino que la mujer, siendo engañada completamente, cayó en transgresión" (v. 14). En esencia, Pablo estaría vinculando el silencio de la mujer y su sumisión con el pecado original. En efecto, Pablo estaría argumentando que el perdón no tiene el poder de cubrir el pecado y restaurarnos, tanto a hombres como mujeres. Pero el Nuevo Testamento deja muy claro que el sacrificio de Cristo derrotó el pecado y la muerte. ¿Cómo puede Pablo entonces defender la sujeción permanente y eterna de las mujeres con base en el único pecado de Eva? ¿Se olvidó de la sangre y de la cruz? Por supuesto que no. Pablo nos da más evidencia del registro bíblico para oponerse a la mitología griega y su influencia en la iglesia de Éfeso.

El dilema contextual

Antes de abandonar el tema de la autoridad o de la enseñanza de las mujeres en la Iglesia, quiero probarle, sin que quede una sombra de duda, que las preocupaciones de Pablo acerca de las mujeres eran específicamente en tres ciudades, como le mencioné en el capítulo anterior. Sus restricciones no fueron pensadas para ser aplicadas universalmente o unilateralmente como normas en la congregación. Esa es la razón por la cual él no repite las mismas instrucciones a las otras nueve ciudades, ni solicita que sus cartas a esos tres lugares sean copiadas y pasadas a las otras iglesias, como hizo con algunas de ellas. He aquí un ejemplo de cuando el apóstol solicitó que su carta fuese pasada a una iglesia específica: "Cuando esta carta se haya leído entre vosotros, hacedla leer también en la iglesia de los laodicenses; y vosotros, por vuestra parte, leed la carta que viene de Laodicea" (Col. 4:16). Pero cuando Pablo les escribió a los corintios la primera vez, limitó el alcance de su carta específicamente a ellos. Observe las siguientes instrucciones: "Pablo, llamado a ser apóstol de Jesucristo por la voluntad de Dios, y Sóstenes, nuestro hermano, a la iglesia de Dios que está en Corinto…" (1 Co. 1:1-2). Ese sería el libro que hemos estado estudiando, que enseña que las mujeres no deben hablar en la iglesia.

Cuando Pablo le escribió su segunda carta a los corintios, sin embargo, amplió la audiencia para incluir a Acaya. Lo dice claramente: "Pablo, apóstol de Cristo Jesús por la voluntad de Dios […] a la iglesia de Dios que está en Corinto, con todos los santos que están en toda Acaya" (2 Co. 1:1).

Cuando Pablo le escribió su primera carta a Timoteo, la cual incluía la restricción sobre las mujeres de la que acabamos de hablar, la dirigió a los efesios que enseñaban doctrinas extrañas: "Pablo, apóstol de Cristo Jesús por mandato de Dios nuestro Salvador, y de Cristo Jesús nuestra esperanza, a Timoteo, verdadero hijo en la fe: Gracia, misericordia y paz de parte de Dios Padre y de Cristo Jesús nuestro Señor. Como te rogué al partir para Macedonia que te quedaras en Éfeso para que instruyeras a algunos que no enseñaran doctrinas extrañas" (1 Tim. 1:1-3). A diferencia de la epístola que Pablo escribió a los colosenses o la carta que aparentemente escribió a los habitantes de Laodicea (de la cual no tenemos copia), él no le pidió a Timoteo que pasara la carta a ninguna otra iglesia, ni amplió el alcance de la carta a otras regiones o ciudades más allá de Éfeso, como hizo en su segunda carta a los corintios. El mismo principio aplica en la carta de Pablo a Tito. Él le pide a Tito que ponga en orden lo que queda en Creta: "Pablo, siervo de Dios y apóstol de Jesucristo, conforme a la fe de los escogidos de Dios y al pleno conocimiento de la verdad que es según la piedad [...] a Tito, verdadero hijo en la común fe: Gracia y paz de parte de Dios el Padre y de Cristo Jesús nuestro Salvador. Por esta causa te dejé en Creta, para que pusieras en orden lo que queda, y designaras ancianos en cada ciudad como te mandé" (Ti 1:1, 4-5).

Simplemente quiero reiterar la idea que planteé en capítulos anteriores de que las epístolas fueron escritas para personas e iglesias específicas con el propósito de tratar asuntos relevantes en su cultura y circunstancias específicas. Podemos deducir mucho de estas epístolas ordenadas por Dios, pero necesitamos proceder con sabiduría divina cuando ampliamos la aplicación de estas cartas más allá del alcance original del autor y el contexto cultural en el cual fueron enviadas.

Las mujeres en el ministerio

Una de las razones por las que sabemos con seguridad que la mayoría de las mujeres del siglo I no estaban excluidas del liderazgo o de la enseñanza en los días de Pablo, es que la Biblia contiene muchas otras referencias de mujeres que enseñaban a hombres y que tenían autoridad en el Reino. Priscila es una de estas mujeres talentosas que tenía una gran autoridad en la Iglesia primitiva. Con frecuencia se le menciona antes que a su esposo en la Biblia (un signo de importancia), y ella instruyó a Apolos, que fue uno de los líderes más poderosos de la Iglesia. Léalo usted mismo:

"Llegó entonces a Éfeso un judío que se llamaba Apolos, natural de Alejandría, hombre elocuente, y que era poderoso en las Escrituras. Este había sido instruido en el camino del Señor, y siendo ferviente de espíritu, hablaba y enseñaba con exactitud las cosas referentes a Jesús, aunque solo conocía el bautismo de Juan. Y comenzó a hablar con denuedo en la sinagoga. Pero cuando Priscila y Aquila lo oyeron, lo llevaron aparte y le explicaron con mayor exactitud el camino de Dios".

Hechos 18:24-26

Luego está Junia, de quien Pablo dice "que se destaca entre los apóstoles" (Ro. 16:7). Algunas traducciones han alterado el texto para convertir el nombre femenino Junia en un nombre masculino, Junias, porque es llamada apóstol, pero no hay ninguna evidencia gramatical o histórica que justifique este cambio. Solo podemos concluir que Junia era en efecto una apóstol en la iglesia romana. Esto debe tener un efecto en nuestro estudio de las mujeres en roles ministeriales.

A Febe se le llama "servidora" de la iglesia de Cencrea en Romanos 16:1. Es interesante que *diakonon*, la palabra que se utiliza para referirse a Febe, puede significar "servidor, diácono o ministro". En otros pasajes de Pablo (Fil. 1:1, 1 Tim. 3:8, 12) la misma palabra es traducida como "diácono" cuando se refiere a un hombre, pero cuando se refiere a una mujer se traduce "servidora" (Orígenes cree que las mujeres eran diaconisas oficiales de la iglesia y John Chrysostom interpretó *diakonos* como un término de rango[8]). La evidencia en las Escrituras sugiere que Febe era una ministra oficial de la iglesia. También podemos concluir de Romanos 16:1, 2 que Febe era tan confiable que llevó la carta de Pablo a los Romanos a la iglesia de Roma, y por ende fue su embajadora.

Profetisas del Antiguo y el Nuevo Testamento

No olvidemos a Débora. Como profetisa en el Antiguo Testamento, ella lideró a Israel en épocas difíciles. Algunos han sugerido que Débora gobernó gracias a la ausencia de un líder masculino, pero esa afirmación no se ajusta a los registros bíblicos. Débora fue una profetisa y jueza que estaba "juzgando a Israel en aquel tiempo" (Jue. 4:4). El libro de Jueces también dice: "Cesaron los campesinos, cesaron en Israel, hasta que yo, Débora, me levanté, hasta que me levanté, como madre en Israel" (Jue. 5:7).

Piense en esto: ¿Cómo es posible que un "pacto inferior", el viejo pacto bajo el que vivía Débora, le diera mayores beneficios a la mitad de la raza humana, es decir, a las mujeres? El escritor de Hebreos lo expresó claramente: "Cuando Él dijo: Un nuevo pacto, hizo anticuado al primero; y lo que se hace anticuado y envejece, está próximo a desaparecer" (Heb. 8:13). Si Dios no quería que las mujeres lideraran, ¿por qué nombró a una mujer para ser cabeza de una nación, especialmente como jueza, que era el cargo más alto en la tierra, tanto espiritual como políticamente?

Hubo también muchas otras profetisas en el Antiguo Testamento. Estuvo la hermana de Moisés y Aarón, "Miriam la profetisa" (Éx. 15:20). En los días de los reyes estaba "Hulda la profetisa" (2 R. 22:14). En los días de Nehemías existió "la profetisa Noadías (Neh. 6:14). Isaías estaba casado con una profetisa sin nombre (ver Is. 8:3).

Veamos también algunas profetisas del Nuevo Testamento y fijémonos si podemos encontrar algunas similitudes. La primera profetisa mencionada en el Nuevo Testamento es Ana. Ana era de edad avanzada cuando nació Jesús, y profetizó sobre Él justo después de su nacimiento (ver Lc. 2:36-38). Isabel, esposa de Zacarías y madre de Juan el Bautista, profetizó al igual que María, la madre de Jesús. Sin embargo, ninguna de ellas fue llamada específicamente profetisa (ver Lc. 1:41-55).

Las profetisas más intrigantes del Nuevo Testamento fueron las hijas de Felipe. El Dr. Lucas registra lo siguiente: "Al día siguiente salimos y llegamos a Cesarea. Fuimos a casa de Felipe el evangelista, que era uno de los siete ayudantes de los apóstoles, y nos quedamos con él. Felipe tenía cuatro hijas solteras, que eran profetisas"

(Hch. 21:8, 9, DHH). Un par de versiones bíblicas dicen erróneamente que Felipe tenía cuatro hijas que habían profetizado. Es altamente improbable que el Dr. Lucas hubiese mencionado que las hijas de Felipe habían profetizado porque, como apuntó el apóstol Pedro, Dios estaba derramando su Espíritu sobre toda carne, lo que dio como resultado que *todos* los hijos e hijas profetizaran (ver Hch. 2:17). En otras palabras, si las hijas de Felipe no hubiesen sido profetisas, sino que solo hubiesen tenido el don de profecía, ¿para qué mencionarlas? ¡Era de suponerse en el libro de Hechos que todos los hijos e hijas profetizaban! También debemos notar que Lucas específicamente nombra a Felipe como evangelista antes de nombrar a sus hijas profetisas. Felipe es el único evangelista nombrado en toda la Biblia. Lucas, autor del libro de Hechos, sabía lo que estaba haciendo cuando les otorgó títulos a las personas.

¿Por qué es tan importante determinar que hubo profetisas en la Iglesia del Nuevo Testamento? Le diré por qué: en el Nuevo Testamento, el profeta o la profetisa tiene un cargo de autoridad. La descripción específica del cargo se encuentra en el libro de Efesios. Echemos un vistazo al papel que tenía el profeta o la profetisa. Pablo escribió:

"Y Él dio a algunos el ser apóstoles, a otros profetas, a otros evangelistas, a otros pastores y maestros, a fin de capacitar a los santos para la obra del ministerio, para la edificación del cuerpo de Cristo; hasta que todos lleguemos a la unidad de la fe y del conocimiento pleno del Hijo de Dios, a la condición de un hombre maduro, a la medida de la estatura de la plenitud de Cristo; para que ya no seamos niños, sacudidos por las olas y llevados de aquí para allá por todo viento de doctrina, por la astucia de los hombres, por las artimañas engañosas del error; sino que hablando la verdad en amor, crezcamos en todos los aspectos en aquel que es la cabeza, es decir, Cristo, de quien todo el cuerpo (estando bien ajustado y unido por la cohesión que las coyunturas proveen), conforme al funcionamiento adecuado de cada miembro, produce el crecimiento del cuerpo para su propia edificación en amor".

Efesios 4:11-16

Yo he escrito dos libros sobre el papel que jugaron los apóstoles y los profetas y las profetisas en la Iglesia del Nuevo Testamento. Incluso si usted no cree que existen apóstoles y profetas en la Iglesia actualmente, lo cierto es que ellos formaban la base de la Iglesia del siglo I. Los profetas y las profetisas del Nuevo Pacto fueron comisionados por Dios (junto a los apóstoles, los evangelistas, los pastores y los maestros) para preparar a los santos para que se convirtieran en el Cuerpo de Cristo maduro. El resultado de esto fue que se convirtieron en creyentes sólidos en la doctrina, llenos de amor y poderosos en el Espíritu. La Biblia nunca hace una distinción entre el Antiguo y el Nuevo Testamento, o los profetas y las profetisas. Estas últimas por lo tanto debían tener autoridad para instruir tanto a hombres como a mujeres para la realización del trabajo del servicio espiritual.

Otra cosa interesante que debemos destacar es que el libro de Efesios fue escrito para la misma iglesia que Timoteo pastoreaba cuando Pablo escribió las Epístolas a Timoteo. Pablo no podía estar excluyendo a las mujeres del ministerio público en el libro de 1 Timoteo, mientras que aceptaba en el libro de Efesios —dirigiéndose al mismo cuerpo eclesiástico— su rol como profetisas. Esto refuerza nuestra perspectiva teológica sobre la carta de Pablo a Timoteo, la cual estudiamos anteriormente en este capítulo.

Quisiera señalar una última cosa en relación con las profetisas y los profetas en la Iglesia. Pablo escribió: "En la iglesia Dios ha puesto, en primer lugar, apóstoles; en segundo lugar, profetas; en tercer lugar, maestros; luego los que hacen milagros; después los que tienen dones para sanar enfermos, los que ayudan a otros, los que administran y los que hablan en diversas lenguas" (1 Co. 12:28). La palabra griega traducida como *primer* es *protos,* que es un término militar que significa "primero en rango". En otras palabras, ¡los profetas y profetisas serían segundos en rango en la Iglesia de Jesucristo!

Por cierto, fíjese que este pasaje aparece en la primera carta a los corintios, que aparentemente les prohibía a las mujeres hablar en la iglesia. Esto también refuerza la hipótesis teológica que formulamos en el capítulo anterior de que las mujeres del siglo I estaban siendo facultadas junto a los hombres en la Iglesia, a pesar de algunos problemas específicos que tenía la Iglesia primitiva de individuos que estaban tratando de liberarse de la influencia de las deidades femeninas y del paganismo en general.

Se necesita sabiduría divina...

Ahora que hemos excavado el fundamento de las antiguas restricciones a las mujeres en la Iglesia, hemos descubierto que dichas bases pierden solidez cuando son expuestas a la luz del contexto cultural en el que fueron escritas las palabras de Pablo.

Una vez más, aunque podamos deducir mucho de estos pasajes que hemos develado, necesitamos tomar en cuenta que las epístolas de Pablo fueron escritas para tratar temas específicos, en iglesias específicas, en circunstancias específicas. Al momento de aplicar estos pasajes a las mujeres de nuestros días necesitamos de la dirección divina para evitar ir más allá de las intenciones que tenía Pablo.

Quiero invitarlo a unirse a la revolución que libera a las mujeres del antiguo cautiverio de servilismo, y que las restaura al lugar que le corresponde, como coherederas de las mismas promesas que tienen los hombres en Cristo.

AIMEE SEMPLE MCPHERSON
Fundadora del Movimiento Cuadrangular

Aimee Semple McPherson fue una de las mujeres más carismáticas e influyentes de todos los tiempos. No solo fue la primera mujer en predicar en la radio, también fundó la primera emisora cristiana en 1924, lo que la convirtió en una personalidad. Su estación radial se escuchó alrededor del mundo, y sus sermones fueron impresos en cientos de periódicos y leídos por millones de personas.

Desde niña, ya Aimee sabía cómo congregar multitudes. Tenía una personalidad valiente e impetuosa que se evidenciaba en cada aspecto de su ministerio. Cuando Aimee tenía cuatro años, se paraba en las esquinas y reunía multitudes recitando historias de la Biblia.[9] Con el paso del tiempo su don divino de atraer personas se hizo más fuerte y las multitudes se hicieron más numerosas. Aimee tenía una habilidad increíble de conectar con el joven y el viejo, el rico y el pobre, el sano y el enfermo. Era una fuerza imparable de creatividad divina. Cansada de las prédicas de fuego y azufre que constantemente retrataban a Dios como un ser furioso y vengativo, fundó una revista llamada *The Bridal Call* [El llamado nupcial]. La revista retrataba el lazo entre los cristianos y su Señor como una relación matrimonial.

Aimee fue una pionera de los derechos de las mujeres, cuando a estas no se les permitía ni siquiera votar. Su lista de logros sería impresionante para cualquiera, más aún para una mujer en las décadas de 1920 y 1930. Construyó de contado el Templo Angelus en Los Ángeles, California, en medio de la Gran Depresión. El templo albergaba más de cinco mil personas, y se llenaba completamente siete días a la semana, con tres servicios diarios. En 1923 construyó el Instituto Bíblico L.I.F.E., el cual al día de hoy es la piedra fundacional del movimiento Cuadrangular.

Aimee era famosa por su creatividad de clase mundial. Escribió ciento setenta y cinco canciones e himnos, trece guiones teatrales y varias óperas. Sus prédicas congregaban tantas personas que, en San Diego, se debió llamar a la Guardia Nacional para ayudar con una multitud de treinta mil personas que hacían fila para escucharla predicar. Aimee no solo predicaba, también realizaba señales y maravillas. Tantas personas fueron sanadas milagrosamente a través de su ministerio, que la Asociación Médica Estadounidense le hizo una investigación. Los investigadores encontraron que las curaciones eran "genuinas, beneficiosas y maravillosas".[10]

Quizás el legado más grande de Aimee Semple McPherson fue la fundación de la denominación Cuadrangular, que comenzó en 1923. En una época en que los ciudadanos aún veían a las mujeres como ciudadanas de segunda clase, y el mundo religioso no les permitía ni siquiera ser ancianas en la Iglesia, Aimee plantó una hermandad de iglesias que ha llegado a todos los continentes. La hermandad Cuadrangular posee en la actualidad más de sesenta y seis mil iglesias en ciento cuarenta países. Aimee fue una precursora que fue capaz de romper las limitaciones de las mujeres en el ministerio, utilizando su creatividad innata e innovando en una gran cantidad de aspectos. El espíritu valiente de Aimee la ayudó a atravesar la barrera masculina de detractores y escépticos. Al igual que Jesús, a ella no le importaba que la vieran con pecadores. ¡Incluso bautizó a Marilyn Monroe! Aunque la mayoría del mundo religioso la escarnecía y la odiaba, ella se negó a prestarles atención.

Las innovadoras presentaciones mediáticas de Aimee le valieron el aprecio de los ricos y famosos del mundo del entretenimiento, así como también de funcionarios del gobierno y líderes educativos. La revista *Times* la nombró una de las personas más influyentes del siglo XX.[11] En la época anterior a la televisión, los entrenamientos principales eran el cine y el teatro. Esto creó una atmósfera donde las presentaciones dramáticas de Aimee eran fascinantes. No solo entretenía al público, sino que miles y miles de personas encontraron al Señor a través de sus creativas producciones.

La intensa compasión de Aimee por los necesitados también ayudó a romper la barrera de género en el ministerio. Aimee, aprovechando la experiencia de su madre que trabajó para el Ejército de Salvación, abrió un comisariato durante la Depresión en el que las personas podían obtener comida, ropa y mantas las veinticuatro horas del día, los siete días de la semana. Cuando la gobernación cerró su programa de almuerzos escolares gratuitos, Aimee se hizo cargo de él. Creó comedores y clínicas médicas gratuitas, alimentando un estimado de un millón y medio de personas.[12] Trabajó sin descanso para mejorar su comunidad, y se ganó el aprecio de su ciudad por esta razón.

Aimee quería que el evangelio fuese escuchado por la mayor cantidad posible de personas, así que utilizaba cada oportunidad que tenía con la prensa para ganar publicidad y atraer a la audiencia. Una vez manejó un aeroplano para poder llegar a tiempo a predicar un domingo. Arregló todo para que hubiera unas dos mil personas, más los miembros de la prensa en el aeropuerto cuando ella partió. La avioneta tuvo una falla mecánica, así que abordó otra y utilizó la historia como ejemplo en un mensaje dominical llamado "El aeroplano celestial". En otra ocasión, fue detenida por conducir a exceso de velocidad y creó otro mensaje titulado "Arrestada por exceso de velocidad"[13]. Estaba constantemente en las noticias y su público amaba escuchar sus mensajes y leer artículos sobre ella en los periódicos.

A pesar de las habilidades naturales de Aimee y el increíble aprecio que sentían por ella, su vida estuvo llena de dificultades y dolor. Su primer esposo murió cuando fueron a China para ser misioneros, dejándola embarazada de ocho meses. Con el tiempo se volvió a casar, pero su segundo esposo interpuso una demanda de divorcio. Su tercer matrimonio también terminó en divorcio. Recibió muchas amenazas de muerte y fue secuestrada tres veces. Aimee sufrió de enfermedades la mayor parte de su vida, y murió a la joven edad de cincuenta y cuatro años, de una sobredosis accidental de analgésicos. A pesar de la tristeza y el dolor físico que padeció, ella no permitió que estos problemas minimizaran su influencia. Aimee fue una princesa guerrera, forjadora de la historia y una pionera mundial.

8

Mujeres, tomen sus lugares

*E*n el año 2008 una terrible tragedia golpeó a nuestra familia. Jason, nuestro hijo más joven, descubrió una aventura que su esposa, con quien había estado casado durante diez años, estaba teniendo con otro hombre. Como si eso no fuera suficiente sufrimiento, pronto se supo que ella estaba embarazada de este hombre y ya no quería ser esposa de nuestro hijo. Durante los siguientes dos años, dimos tumbos por la vida como navegantes ebrios, tratando de hallar estabilidad en un barco sacudido por la tempestad. Pero la parte más dolorosa de esta situación infernal fue ver a mis tres nietos sufrir durante meses de profunda pena, desilusión, inseguridad y miedo. Yo crecí en un hogar muy violento y disfuncional, pero nunca había experimentado un dolor tan profundo en mi alma que literalmente me hiciera perder la esperanza en la vida misma. En medio de los días de más sufrimiento de Jason, yo tomaba su rostro entre mis manos y le decía: "¡Vivirás de nuevo! ¡Amarás de nuevo!". Y él decía, "¡Eso espero!".

Ya han pasado casi cinco años desde que la esposa de Jason se marchó de su lado. Me complace decir que esos días oscuros quedaron atrás, y que yo tenía razón al decir que mi familia viviría y amaría de nuevo. El año pasado Jason se volvió a casar, y su esposa es una hermosa mujer y una gran madre. La tormenta finalmente pasó y la risa ha regresado a nuestros hogares.

Clonación de género

Podemos aprender muchas lecciones de las tormentas de la vida. Uno de los aprendizajes más poderosos que obtuve a través de esta prueba, fue ver a mi hijo criar a sus hijos. Lo que vi me sorprendió, aunque mirando atrás, me di cuenta de que no debió sorprenderme. Jason, un padre fantástico, ahora tenía la responsabilidad de cumplir el rol tanto de padre como de madre de sus tres hijos (Jason y su exesposa tenían la custodia compartida de los niños, pero ellos vivieron con él la mayor parte del tiempo). El rol de padre de Jason se vio afectado radicalmente durante esos años, mientras luchaba con la presión de ser padre y madre de sus hijos cuando estaban con él. Su amor por sus hijos nunca flaqueó e hizo enormes esfuerzos para cuidarlos, pero tratar de realizar el doble papel de madre y padre le impidió ser efectivo en ninguno de los dos. Afortunadamente, esos años pasaron y Jason se ha vuelto a poner su capa de super papá.

Durante esta época oscura en nuestra familia, llegué a entender una de las dinámicas sociales más particulares que ocurren hoy en día en nuestro mundo: al no estar las mujeres ocupando su lugar correcto en la sociedad, los hombres han tratado sin éxito de cumplir tanto el papel masculino como el femenino. En Estados Unidos, las mujeres fueron consideradas ciudadanos de segunda clase desde la fundación de nuestro país. No fue sino hasta 1848 que las mujeres en Estados Unidos comenzaron a manifestarse a favor de la igualdad. Las mujeres lucharon durante setenta y dos años antes de siquiera obtener el derecho al voto. Pero lo que mucha gente no logra entender es que con el advenimiento de los derechos de las mujeres llegó la redefinición de los roles femeninos.

Permítame explicar *cómo* las mujeres ganaron autoridad en nuestro país y cuáles son las consecuencias a largo plazo de ese proceso. Primero que nada, los *hombres* eran los que determinaban cuáles virtudes se respetaban y cuales se desdeñaban. Solo los hombres ocupaban los puestos de autoridad en el país, y por lo tanto ellos controlaban los sistemas de valores de nuestra sociedad. El resultado de esto fue que la sociedad apreciara las virtudes masculinas, mientras que de degradaba las cualidades femeninas. Las mujeres obtuvieron derechos equitativos, pero solo fue porque se sometieron a la clonación del género masculino. Básicamente, los hombres dijeron "Si quieren tener los mismos derechos que nosotros, tienen que ser como nosotros".

A menudo me pregunto qué habría pasado si nuestras mujeres les hubiesen dicho a sus esposos: "Hagamos un trato. Tú te quedas en casa con los niños durante un mes, y yo saldré a hacer tu trabajo". Presiento que al final del mes los hombres les habrían dado con mucho gusto a nuestras mujeres derechos equitativos *con* las distinciones de género.

En nuestros días, la mayoría de las posiciones de liderazgo tienen un gran aviso invisible antiguo en la entrada que dice: *Solo las distinciones masculinas son bienvenidas.* El resultado es que las mujeres lideran de la misma *forma* en que lideran los hombres. Quiero dejar claro que aunque las distinciones de género no deben determinar *dónde* lideran los hombres y las mujeres, sí deben marcar una diferencia en *cómo* lideran los hombres y las mujeres.

Las diferencias de género

En el capítulo 2 discutimos el hecho de que se necesita un don sobrenatural de Dios para vivir soltero. La razón por la que se necesita un don sobrenatural para vivir una vida sana siendo soltero es porque los hombres y las mujeres son igualmente importantes, pero de maneras distintivamente diferentes, y se necesitan el uno al otro. Un hombre no puede dar a luz a un niño o amamantarlo, pero hace falta un hombre para inseminar a una mujer. No importa cuán fuertes, talentosos, educados o experimentados sean dos hombres, serán incapaces de engendrar un niño sin una mujer. Lo mismo aplica para dos mujeres: no pueden engendrar un niño sin la ayuda de un hombre.

Alguien podría argumentar que la exhortación de Pedro a los esposos en 1 Pedro 3:7 de "convivid de manera comprensiva con vuestras mujeres, como con un vaso más frágil, puesto que es mujer" significa que las mujeres no son tan capaces como los hombres. *Suele* ser cierto que los hombres son físicamente más fuertes que las mujeres cuando se trata de futbol, boxeo, lucha en lodo y similares, que es lo que Pedro trata de establecer. Él simplemente está diciendo: "Esposos, ciertamente ustedes pueden vencer a sus esposas, pero si no las honran como coherederas de la gracia de la vida, Dios no responderá sus oraciones". Pero es intelectualmente irresponsable y científicamente refutable afirmar que las mujeres son inferiores a los hombres. Es de igual manera imprudente rehusarse a admitir que los hombres son mejores en algunas cosas y que las mujeres son mejores en otras.

En la mayor parte del mundo es políticamente incorrecto clasificar a las personas por su género o reconocer de alguna forma fortalezas, debilidades o distinciones relacionadas con el género fuera de las obvias diferencias reproductivas físicas (los hombres tienen un pene y las mujeres una vagina). Pero a pesar de lo que usted pudo haber pensado, los hombres y las mujeres no son lo mismo. Cuando Dios creó las distinciones físicas, Él también diseñó los atributos que sinérgicamente optimizan la fuerza de esas características. Dios no le dio pechos a las mujeres solo para que físicamente pudieran alimentar a sus bebés, también plantó una característica maternal en su personalidad. En otras palabras, la capacidad física de las mujeres para amamantar es una manifestación de la habilidad y función maternal que Dios les ha otorgado.

Por otro lado, los hombres son generalmente más fuertes, pero con su fuerza física Dios también creó en los hombres el sentido de responsabilidad de proteger y proveer a quienes lo rodean. Dios nunca coloca una característica física en una de sus creaciones sin que esta tenga relación con el papel divino que le fue asignado a dicha creación. De hecho, creo que Dios primero determina el propósito divino de una persona, y luego diseña a la persona con todas las características necesarias para alcanzar exitosamente su destino divino.

Me he esforzado en concebir este capítulo tratando de evitar los peligros de ofender a alguien, sabiendo que la gente podría reaccionar apresurándose a defender su estilo de vida y sus opiniones. Por ejemplo, las mujeres físicamente fuertes que no son instintivamente maternales dirán que las estoy estereotipando. Los papás maternales que se quedan en casa estarán a punto de lanzar este libro a la basura ofendidos por mi insinuación de que le asigno un papel femenino a su responsabilidad. Quiero reconocer en este preciso momento que no hay dos personas iguales en el mundo. Dios nos ha hecho diferentes de forma única e individual. No tengo la menor intención de forzar a nadie a entrar en un molde o hacer sentir a alguien mal o disfuncional por tener una pasión, responsabilidad, o un llamado diferente a las distinciones de género que explico en este capítulo.

Soy consciente de que estoy dando brochazos muy amplios en mi intento de aclarar un tema tan volátil. Quiero dejar claro que no estoy diciendo que los hombres y las mujeres no pueden jugar el mismo papel. Lo que estoy tratando de señalar es que cada género cumplirá el mismo papel de forma diferente por *ser como es*. Algunas veces hombres y mujeres adoptan ciertas *formas* de cumplir sus roles que no se ajustan a las fortalezas de su sexo, y lo hacen porque la sociedad insiste en esas formas. Aunque muchas de esas personas son forzadas a operar de forma distinta a la que fueron diseñadas, se han vuelto bastante competentes en ello. Se han adaptado a este nuevo enfoque de sus funciones, responsabilidades y tareas.

Otras personas, como Jason, que tienen que asumir la función del otro sexo porque no les queda otra alternativa, tienen problemas con la eficiencia. Hacen lo mejor que pueden en las situaciones que enfrentan, pero son bien conscientes de que no siempre están operando en sus propias fortalezas.

El síndrome G. I. Jane

Una dinámica que yo llamo el "síndrome G.I. Jane" está tratando de distorsionar el papel de la mujer en la sociedad. En mi opinión, es solo otra forma en que los hombres manipulan a las mujeres para que caigan en el juego de "mismo rol, mismo valor". Uno de los grandes problemas que el síndrome crea es que algunas mujeres lo ven como un halago y eligen adoptar un rol masculino para alcanzar un lugar equivalente en la sociedad. Algunas veces esto ocurre como una reacción hacia alguien importante en sus vidas que no valoró el papel femenino, pero que sí le dio gran importancia al papel masculino.

Suponga que un sargento del ejército es bendecido con dos hijos y una hija. Su hija lo ama y quiere complacerlo. Ella no tarda mucho en darse cuenta de que a su papá le gusta jugar al ejército con los chicos, pero no está muy interesado en jugar a las muñecas con ella. Ella adopta, por lo tanto, el papel que su padre valora, a cambio de su admiración y afecto. Otra forma común en que el síndrome G. I. Jane se perpetúa es cuando la mujer reacciona al ser oprimida por los hombres. El resultado es que ellas sienten como que tuvieran algo que probar, y caen en la trampa de asumir el juego masculino para establecer la premisa de que ellas son igualmente valiosas. El problema es que muy pocas mujeres pueden representar tan bien en el rol masculino como los propios hombres, porque ellas fueron "sacadas del hombre" en la creación. El hombre no está en la mujer y la mujer no está en el hombre.

Antes de que se enfade y reaccione por lo que estoy diciendo, piense en lo siguiente: ¿Existe alguna razón por la que la NBA, NFL, MLB, UFC y cualquier otro deporte profesional no sea mixto? ¿Realmente cree, por ejemplo, que un equipo de la NFL compuesto es su totalidad por mujeres tendría alguna oportunidad contra un equipo compuesto totalmente por hombres? ¿Está consciente de que en cada juego físico donde hombres y mujeres pueden medirse igualmente, las mujeres son más lentas y no son ni remotamente tan fuertes como los hombres? En las Olimpíadas, por ejemplo, las mujeres son aproximadamente diez por ciento más lentas en disciplinas de velocidad, y hay un quince por ciento de diferencia en las disciplinas de fuerza.

"Kris, ¿estás diciendo que los hombres son mejores que las mujeres?", se preguntará usted. ¡No! Estas competencias están diseñadas para mostrar las fortalezas de la *masculinidad* (no de la femineidad). Las mujeres *generalmente* no pueden competir al mismo nivel en estas cosas, que están diseñadas *para* y *por* los hombres.

Cuando uso la palabra *generalmente*, no me estoy refiriendo a un atributo absoluto grabado en piedra o a fortalezas que no tienen excepciones. Estoy usando esa palabra para indicar "la mayoría de las veces" o "más frecuentemente".

"Kris, ¿estás estereotipando los sexos?", se preguntará usted ahora. ¡Por supuesto que no! Estos son hechos probados durante siglos de competición. Cuando las mujeres insisten en competir *contra* los hombres en los juegos de la vida que fueron diseñados *para* y *por* los hombres, ellas *generalmente* validan lo que los hombres chauvinistas han tratado de probar durante generaciones: que los hombres son mejores y más fuertes que las mujeres en cualquier cosa en la vida, y por lo tanto, colocar a una mujer como líder es como enviar al equipo de la segunda división al juego.

Esto simplemente no es cierto, pero mientras las mujeres caigan en la mentira de que son iguales a los hombres, quedarán atrapadas en estas comparaciones en las que ellas *generalmente* no pueden ganar. Esto alimenta una competencia entre los sexos que da como resultado que a las mujeres se les asigne una categoría de segunda clase. Esta categoría de segunda clase es una mentira y una maldición sobre la feminidad que debe romperse.

Entienda que yo no estoy diciendo que las mujeres no deben competir en los deportes o en cualquier otra actividad. Solo estoy señalando que medir a un hombre contra una mujer en este tipo de concursos físicos y luego concluir que la diferencia en su desempeño es indicativo de su individualidad, es falso.

También es importante aclarar que "mujer" no es un tipo de personalidad. Tener una personalidad fuerte o ser una persona fuerte no es adoptar un papel masculino. Al igual que los hombres, las mujeres poseen una variedad de tipos de personalidad. Las mujeres con una personalidad fuerte a veces son etiquetadas con nombres como "Jezabel". Esto es ridículo, hiriente, infundado y falso. He observado a hombres que se intimidan con las mujeres fuertes. Estos tratan de ocultar su miedo demonizando a las mujeres. Esta es simplemente otra forma de forzar a las mujeres a entrar en un molde que no se les ajusta.

A muchas mujeres les gusta cazar, pescar, o hacer otras cosas que algunas culturas consideran como atributos masculinos. Estas mujeres a veces son etiquetadas como "marimachas". ¿Por qué la gente piensa que una mujer es masculina simplemente porque le gustan las actividades al aire libre? Para mí, las G. I. Jane del mundo son mujeres que están *reaccionando* a alguna relación disfuncional o cultura trastornada. El problema no es su comportamiento, sino su motivo. Por otro lado, si sus acciones surgen de su individualidad y son personas íntegras y sanas, entonces sus pasiones son puras y deben celebrarse como manifestaciones de quienes Dios los hizo ser.

Mi libro anterior *Outrageous Courage: What God Can Do with Raw Obedience and Radical Faith* (Chosen, 2013) podría ayudarle a entender el valor que tienen para mí las mujeres fuertes. Este libro narra la historia de Tracy Evans. Su vida ha tenido una influencia tan increíble sobre mí, mi familia y mis amigos que tenía que presentársela al mundo. Su coraje y proezas me recuerdan a personas como George Washington, Winston Churchill y Juana de Arco. A falta de personajes bíblicos, me cuesta encontrar alguien con quien comparar la pasión de Tracy por Dios o su increíble valentía. Amenacé con contar su historia durante más de una década antes de que ella estuviera de acuerdo con publicar un libro. Ella siempre se ha resistido a llamar la atención sobre sí misma.

Tracy recibió a Cristo en el ejército, y ahora, unos treinta años más tarde, lidera un ministerio poderoso y peligroso en las junglas de África.

Desde afuera, algunos podrían pensar que Tracy es un ejemplo perfecto de una G. I. Jane. No lo es. Ella no tiene deseo alguno de competir con los hombres. Más bien lidera con la fortaleza de su femineidad. Ella no es está reaccionando contra la opresión de género o contra alguna herida de su pasado. Solo está siendo quien Dios quiso que fuera y vive su llamado divino en Cristo. Yo hice algo más que simplemente celebrar la vida de Tracy: escribí su historia para que el mundo viera lo que ocurre cuando la gracia y el coraje se unen.

Despierta, bella durmiente

Necesitamos a las G. I. Janes en el mundo para convertirnos en gente funcional que viva para su llamado divino como Tracy, en vez de vivir reaccionando a alguna situación disfuncional. Pero también necesitamos que las bellas durmientes del mundo sean despertadas con un beso de su Príncipe. Él murió hace más de dos mil años para liberar a nuestro planeta de la maldición, pero las mujeres siguen siendo devaluadas, oprimidas y se les sigue asignando papeles secundarios en la sociedad. Esto se debe en gran parte a la incapacidad de las mujeres de defender el llamado divino otorgado por Dios en la civilización porque los hombres por lo general son más fuertes físicamente (en las formas que acabo de describir). Durante siglos, muchos hombres han saboteado su camino en la vida, utilizando su fuerza física para dominar, dictar y forzar su voluntad en la sociedad a expensas de cualquiera que no pueda defenderse. Esta triste situación ha destruido el espíritu de muchos millones de mujeres bellas y capaces, robándoles su destino y debilitando su autoridad. No me extraña que sesenta por ciento más de mujeres que hombres estén tomando antidepresivos (una de cada cuatro mujeres en Estados Unidos recibe tratamiento psiquiátrico).

Lo que muchos no han logrado entender es que no solo el lugar de la mujer en la sociedad ha sido debilitado, sino que esta dinámica social también ha saboteado el destino de los hombres que tratan de cumplir tanto el papel patriarcal como el matriarcal. Como señalé con el ejemplo de mi hijo Jason como padre soltero, cuando las personas se encuentran en situaciones que no están preparadas para manejar y para las que no están diseñadas, esas circunstancias desvían los recursos que necesitan para cumplir con el papel que Dios les asignó. Para decirlo más claramente, la opresión a las mujeres ha resultado en la mutación del papel masculino. Los hombres ya no lideran en la fortaleza de su rol masculino asignado por Dios, porque han asumido una responsabilidad dualista de hombres y mujeres. El mundo, por ende, raramente ha visto o experimentado el liderazgo de los hombres de acuerdo a la fortaleza de su designio y su llamado.

La verdad es que la ausencia de la presencia femenina y matriarcal en el liderazgo ha tenido un costo incalculable y a veces trágico para la sociedad. En los últimos treinta años, he observado a muchas mujeres obtener puestos de liderazgo, pero como lo hemos discutido, por múltiples razones a veces se les exige que ejerzan un rol patriarcal. Esto por supuesto las pone en desventaja porque no optimiza sus habilidades de liderazgo. Es demasiado tentador observar esta dinámica y concluir que los hombres son mejores líderes que las mujeres. Opino que los hombres son mejores patriarcas que las mujeres y que las mujeres son matriarcas más fuertes que los hombres. Ambos papeles son igualmente importantes y conllevan el mismo nivel de autoridad, pero requieren diferentes habilidades, fortalezas y atributos. *No necesitamos mujeres que lideren como hombres.* El mundo está hambriento de matriarcas que sean líderes orientadas por la compasión, dotadas de intuición y protectoras. Estas líderes promueven el instinto maternal en la sociedad, lo que genera un planeta más cariñoso, protector, paciente y compasivo. Estoy totalmente seguro de que si a las mujeres se les permitiera liderar en su *lugar* y *función* correspondiente a nivel mundial, el planeta sería un lugar más seguro, más compasivo y más maternal para vivir. La violencia y la guerra disminuirían drásticamente a nivel mundial si las mujeres pudieran dirigir conjuntamente *con* los hombres sin sentir la presión de dirigir *como* hombres.

¿Le parece que estoy loco? Piense en esto: solo en Estado Unidos los hombres son diez veces más propensos que las mujeres a cometer un crimen violento. Además, ¿cuántas mujeres conoce usted en la historia del mundo que hayan causado o iniciado una guerra, un golpe de estado, una revolución violenta, una rebelión o una toma hostil de algún tipo? No estoy diciendo que la respuesta sea ninguna; solo quiero establecer el punto de que la violencia global es con más frecuencia un síntoma del liderazgo masculino. También entiendo que otras dinámicas involucradas en estas estadísticas, pero es un hecho que las mujeres son inherentemente más protectoras, más compasivas, menos violentas, menos hostiles y que tienen más tendencia a encontrar soluciones pacíficas a los conflictos.

El diseño divino

Hace unos años, Bill Johnson y yo estábamos liderando juntos un retiro de hombres. Antes de que la primera sesión comenzara, los hombres caminaban alrededor del salón socializando. Bill llegó al podio para iniciar el encuentro y dijo: "Hombres, por favor busquen sus lugares". Él quiso decir que tomaran sus asientos de forma que pudiera iniciar el encuentro, pero en ese momento, yo estaba imbuido en el tema del retiro, que sería "Hombres, busquen su lugar en la vida".

Otra vez estoy imbuido en el mismo sentir, pero esta vez escucho a Dios decir: "Mujeres, busquen sus lugares". Para que las mujeres tengan el lugar y el papel correcto en la sociedad, necesitamos definir algunos términos y hurgar más profundamente en el fundamento de los planes divinos que el Creador tenía para las mujeres. Regresemos al jardín del Edén y miremos de nuevo la creación de la mujer prototipo. Esta es la enseñanza que nos imparte Dios a través de Moisés:

> "Entonces el Señor Dios hizo caer un sueño profundo sobre el hombre, y este se durmió; y Dios tomó una de sus costillas, y cerró la carne en ese lugar. Y de la costilla que el Señor Dios había tomado del hombre, formó una mujer y la trajo al hombre. Y el hombre dijo: 'Esta es ahora hueso de mis huesos, y carne de mi carne; ella será llamada mujer, porque del hombre fue tomada'. Por tanto el hombre dejará a su padre y a su madre y se unirá a su mujer, y serán una sola carne".
>
> Génesis 2:21-24

Podemos extraer mucho conocimiento de este corto pasaje. Dios es el anestesiólogo supremo: Él durmió al hombre antes de realizar la operación. Por supuesto, hubo "efectos secundarios" en este procedimiento. Este es el único lugar en la Biblia en el que la palabra hebrea *tesla* se traduce como "costilla". La palabra *tesla* es traducida como "cámara lateral" diez veces en el Antiguo Testamento. Además, cuando la Biblia dice Dios tomó *una* de las costillas del hombre, la palabra usada para *una* a menudo significa "una o una en específico". Me gustaría sugerir que Dios tomó una "cámara lateral" específica de Adán y *diseñó* una mujer a partir de ella. La palabra hebrea para *diseñó* significa "construyó". Adán dijo que la cámara removida de su costado fue la mujer.

Creo que es importante subrayar que la cámara no fue extraída del pie del hombre, de forma que fuera intrínseco para la mujer ser dirigida. Tampoco fue tomada de su mano, para que ella pasara sus días en esclavitud. La cámara que Dios usó para crear a la mujer fue tal vez extraída de la cavidad que rodeaba el corazón de Adán. Se trataba de una declaración profética que dice que la mujer fue hecha para estar al lado del hombre, ya que fue de su cámara lateral que fue diseñada. Que la mujer haya sido tomada de una cámara cercana al corazón del hombre es indicativo de su naturaleza intuitiva: ella procesa del corazón a la cabeza, en oposición al hombre, que procesa de la cabeza al corazón.

Choques reveladores

Yo aprendí sobre esta cámara del corazón de la manera más difícil, en mi matrimonio. Kathy y yo nos casamos en 1975, cuando yo tenía veinte y ella diecisiete. Kathy se había graduado un año antes de secundaria para que pudiéramos casarnos, y sin embargo ella seguía teniendo el promedio de notas más alto de toda la escuela secundaria. Kathy tiene una mente brillante y un corazón intuitivo. Realmente la amaba (y aún lo hago) pero no entendí cómo relacionarme con ella como mi esposa.

Mi padre biológico se ahogó cuando yo tenía tres años, así que su voz estuvo ausente cuando necesité consejos relacionados con el sexo opuesto. Mi madre se casó nuevamente dos veces. Mi primer padrastro era un tirano de casi dos metros de altura. Él gobernaba "su reino" con intimidación y miedo. Estaba convencido de que las mujeres eran esclavas con las que los hombres se casaban para tener sexo disponible al momento. Él creía que las mujeres no debían tener autoridad alguna en la vida, excepto sobre sus propios hijos. Cuando mi madre trataba de tomar una posición en cualquier asunto, él literalmente la golpeaba hasta la sumisión.

Mi segundo padrastro era también adicto a la ira. Su estilo de liderazgo era similar, aunque nunca le puso una mano encima a mi madre (no mantenía esta regla con nosotros, los niños). Es gracioso que mi primer padrastro fuese criado en una familia *muy* religiosa y mi segundo padrastro fuese criado en un hogar militar. Las similitudes en la forma en la que se relacionaban con su esposa (al igual que con las mujeres en general) eran impresionantes. En consecuencia, los únicos ejemplos que yo tuve sobre la forma en la que un esposo debía relacionarse con su esposa fueron la forma jerárquica, en el mejor de los casos y la forma opresiva, cruel y abusiva, en el peor.

Crecer en ese ambiente me afectó enormemente. Amo a mi madre, y tengo una gran relación con ella. Respeto mucho la opinión de mi madre y, como adolescente, a menudo iba con ella para pedirle consejos. Ella entiende a las personas intuitivamente, lo que la lleva a ver la vida desde una perspectiva diferente a la mía. Pero yo veía la opresión bajo la que ella vivía, y me lamentaba mucho por ella. Incluso cuando era un chico, pensaba que era salvaje que la fuerza corporal de un hombre le diera derecho a la autoridad. Esto me parecía cavernícola y estúpido.

No era solo la injusticia en nuestra casa lo que me molestaba, sino el hecho de que mi madre era una líder más capaz en muchos aspectos que los hombres en mi vida. No hay dudas de que ella siempre fue más capaz de dirigir nuestra familia que mis padrastros. Aunque mis padres eran físicamente más fuertes, pude ver una especie de fuerza en ella que nunca observé en los hombres. Por ejemplo, vi a mi madre crear un ambiente cariñoso y protector en medio de circunstancias terribles. Ella se mantenía apacible y amable en medio del dolor, incluso cuando las circunstancias parecían dictar la reacción opuesta. Su determinación era inquebrantable. De acuerdo, no era buena escogiendo pareja, pero era asombroso lo perspicaz que era en otros aspectos de la vida.

Cuando me casé estaba convencido de que no quería ser un tirano o un dictador, pero francamente, cuando me uní a Kathy no sabía lo que significaba ser un esposo. Y como si mi crianza no hubiera tergiversado lo suficiente el rol que me correspondía, mi vida inicial en Cristo terminó por agravar el problema. Yo recibí a Jesús a los dieciocho años, al año siguiente me mudé de la casa de mis padres. Fue traumático para mí ver que la opresión a las mujeres de la que había sido testigo como un niño criado en un hogar disfuncional, se enseñaba como un estilo de vida en la iglesia. No quiero decir que la violencia hacia las mujeres se tolerara o se motivara, pero el mismo poco valor otorgado a las mujeres en el que se arraigaba ese comportamiento, estaba siendo espiritualizado. Me enfermaba pensar que tantos cristianos adoptaban este sistema dualista de valores, y como recién casado esto distorsionó aún más mi comprensión de cómo Kathy y yo nos íbamos a relacionar en el matrimonio. Yo siempre quise que Kathy fuera una mujer fuerte, pero no sabía cómo hacer para propiciar eso. Obviamente yo no deseaba estar casado con una chica varonil, pero es que para mí *fuerte* y *varonil* no significaban lo mismo.

Nos comprometimos cuando Kathy tenía trece años, y nos cortejamos durante cinco largos años (sé que están pensando que comprometerse a los trece años es una locura, y estoy de acuerdo). Hablamos mucho sobre el matrimonio durante esos años: los roles que tendríamos, los niños que engendraríamos y cómo tomaríamos las decisiones. Acordamos que solo tomaríamos decisiones importantes en pareja. Yo estaba feliz con eso porque realmente confiaba en Kathy, y no tenía deseo alguno de actuar como un rey haciendo decretos para la familia. Pero las nubes tormentosas se estaban juntando y en el horizonte se acercaba algo. Solo que yo no lo vi venir.

El reto no era *quién* tenía que tomar las decisiones importantes (como dije, habíamos acordado eso antes de casarnos), ¡sino *cómo* tomaríamos las decisiones que comenzaban a volverme loco! Para mí, tomar decisiones era simple. Investigaba todos los *hechos* para determinar la opción más lógica. Kathy, por otro lado, también quería todos los hechos, pero en lo que a ella concernía, conocer los hechos no significaba necesariamente que teníamos toda la información que necesitábamos para tomar la decisión correcta. Permítame ilustrarlo con un diálogo habitual entre nosotros. Nuestra conversación sería algo como esto:

> Kris: Creo que deberíamos comprar un automóvil nuevo. Tenemos el dinero y nuestro automóvil viejo se descompone todo el tiempo. Mi tío Ray tiene un Mercury Capri

muy bonito que quiere vender. Estoy seguro de que él nos dará un buen precio.

Kathy: Creo que deberíamos esperar un poco y orar por eso. No estoy segura de que necesitemos un automóvil en este momento.

Kris: ¿No quieres un automóvil nuevo?

Kathy: Sí, claro, pero no estoy segura de que sea el momento.

Kris: ¿El momento? ¿Qué quieres decir con el momento? Tenemos el dinero y necesitamos el automóvil. Mi tío se lo venderá a alguien más si no lo compramos ahora. Es una buena oferta.

Kathy: Estoy de acuerdo, pero no me siento bien haciendo eso.

Kris: ¿Por qué no te sientes bien haciéndolo?

Kathy: No lo sé. Hay algo que no se ve bien.

Kris: ¿No te gusta el automóvil?

Kathy: Me encanta el automóvil.

Kris: ¿Crees que no necesitamos un automóvil nuevo?

Kathy: De hecho, creo que sí.

Kris: ¿Entonces no te gusta el precio?

Kathy: Creo que el precio es genial.

Kris: [Para este momento ya estoy extremadamente frustrado] Entonces, ¿cuál es el problema? ¿Qué es lo que te molesta?

Kathy: [Ella trata de apelar a mi necesidad de un diálogo lógico] Solo siento, eh, como, eh, que algo no está bien...No estoy segura de qué es. Puede ser algo que no se supone que hagamos justo ahora...tal vez...eh...No estoy segura.

Al final de este tipo de conversación estaba tan exasperado con Kathy que quería salirme completamente de mi piel. No era tanto que tuviera que salirme con la mía (aunque sé que algunas veces era así), sino que no había una razón lógica para no hacer lo que ambos queríamos hacer. Por supuesto, el hecho de que yo sea una persona extremadamente impulsada por una personalidad D en el perfil de personalidad DISC, solo servía para intensificar el proceso. Eso significaba que yo era particularmente propenso a ser dominante y fuerte. Usualmente agotaba a Kathy con mi necesidad de lógica vulcana como la del señor Spock y mi incesante insistencia. Cansada del diálogo y sin ningún hecho concreto para defender su vacilación, ella usualmente cedía ante mis deseos.

Lo que no entendí sino hasta muchos años después, fue que la expresión *eh*... que Kathy pronunciaba con frecuencia en nuestras conversaciones, tenía muchas definiciones. Algunas veces significaba: "Las ruedas de ese nuevo automóvil se van a salir sin ningún tipo de explicación lógica". Otras veces significaba: "No lo sabemos todavía, pero estoy embarazada y ese automóvil no servirá para nuestra familia". Hasta el sol de hoy tengo que admitir que no lo entiendo completamente, pero de algo estoy seguro: Cuando Dios tomó la cámara lateral del hombre, el *eh*... estaba incluido. Pero el *ajá* se quedó en la cámara del hombre. Me tomó docenas de *ajás* aprender a valorar los *eh*... de Kathy. Finalmente me di cuenta de que aunque el *eh*... de Kathy no siempre era racional, era extraordinariamente perspicaz.

Hablar intuitivamente

Uno de los desafíos más grandes que enfrento en este libro es tratar de definirle el *eh*... a la gente que no lo ha experimentado. Es como intentar explicarle el amor a alguien que nunca ha estado enamorado. Cuando sacamos el diccionario, leemos la Biblia o buscamos la palabra *amor* en Google, encontramos definiciones académicas que pueden satisfacer la necesidad para algún diálogo intelectual. Pero para todo el que ha experimentado el amor, el mero intento de definir con palabras lo que se experimenta parece inútil, en el mejor de los casos. Sin embargo, cuando observamos a dos personas apasionadamente enamoradas en una película, o cuando vemos a los recién casados regocijarse el uno con el otro, nuestra fibra sensible comienza a florecer con el sentido instintivo de entender algo que nuestros cerebros no pueden definir.

Como el amor, el *eh*... es multidimensional por naturaleza. Es mucho más fácil entenderlo por experiencia que por lo que puede definir el intelecto. Sin embargo, trataré de explicar el *eh*... de las mujeres en las páginas siguientes y la ventaja creativa que ese vocablo les da. Estoy sumamente consciente de que cada palabra que registro en el papel en este contexto puede ser examinada, analizada y discutida minuciosamente, especialmente por aquellos que están convencidos de que las mujeres son simplemente hombres que tienen una vagina y senos en vez de un pene. Los argumentos intelectuales de estos individuos fácilmente podrían neutralizar mis convicciones orientadas por la experiencia. Sin embargo, este tema es lo suficientemente importante como para arriesgarme a sonar ignorante.

Una de las ventajas del *eh*... de las mujeres es que ellas tienden a tener la asombrosa habilidad de "sentir" a su manera en circunstancias y situaciones. Esta habilidad a menudo trasciende la lógica y la razón. Con esto no quiero decir que las soluciones de las mujeres sean irracionales o ilógicas. Es solo que las mujeres procesan de forma distinta que los hombres.

Las mujeres, por ejemplo, tienden a responder a las crisis movidas por su compasión por la gente, mientras los hombres se inclinan a responder movidos por su necesidad de proteger a alguien o de impartir justicia en una situación. Incluso nuestra industria del entretenimiento reconoce estas preferencias de género. Esta es la razón por la que nosotros, casi en forma de chiste, llamamos a algunas películas "películas para mujeres". Estas películas apelan especialmente al lado emocional o más "sensible" de la vida. Sus temas inspiran compasión, amor, adoración, afecto, devoción, cariño, simpatía, empatía, comprensión, preocupación, lealtad y fidelidad. Por otro lado, los hombres tienden a gravitar hacia películas de acción con temas como justicia, rescate, competencia, ganar, vengar, coraje, heroísmo, venganza, retribución, pelea, guerras y rivalidad. Metafóricamente hablando, las necesidades de la vida y el sentido intuitivo de la humanidad son más frecuentemente la mano derecha de las mujeres, pero ellas tienden a ser la mano izquierda de los hombres.

En una cultura, organización o familia funcional en la que los hombres y las mujeres tienen la libertad de operar desde sus fortalezas, estas distinciones de género crean un equilibrio y percepciones sinérgicas que benefician a todos. Por ejemplo, durante los últimos quince años he viajado por el mundo para entrenar iglesias en el ministerio profético. Una de las cosas que he observado, sin excepción alguna, es que cada vez que reunimos intercesores o gente relacionada con el don profético, de setenta y cinco a ochenta por ciento son mujeres.

"¿Por qué?", se preguntará usted.

Porque las mujeres son instintivamente más intuitivas. La necesidad de los hombres de conocer los hechos, además de su inclinación hacia la lógica y la razón, frecuentemente neutraliza su conectividad espiritual, que muchas veces (aunque no siempre) opera fuera de las leyes de la física. Las mujeres, por su misma naturaleza, están acostumbradas a valorar las cosas que no necesariamente pueden explicarse. Por ende, las mujeres aceptan con más facilidad los ámbitos más elevados del Reino porque a ellos se entra por medio de la fe y no por la razón.

Liderar la Iglesia

Las matriarcas han estado ausentes del liderazgo de la Iglesia durante más de dos mil años. Es difícil imaginar el efecto y la trascendencia que habría tenido el Reino en este planeta si las mujeres hubiesen sido habilitadas para tomar su lugar al lado de los hombres en la Iglesia de Jesucristo. Pero algo es seguro: la ausencia de las que fueron diseñadas a partir de la cámara lateral del hombre ha traído como consecuencia que existan demasiados momentos *ajá* en el Cuerpo de Cristo.

Simplemente no podemos seguir creyendo que cumpliremos la Gran Comisión con familias espiritualmente huérfanas de madres y con padres espiritualmente disfuncionales que están tratando de cumplir roles para los que nunca fueron diseñados. Ya hace tiempo que los hombres debimos hacernos a un lado para permitirles a nuestras matriarcas reinar con nosotros y ayudar a llevar el Reino de Dios a un mundo desesperado y moribundo.

SARAH EDWARDS

La madre de un legado

El legado de Sarah Edwards aún ejerce una profunda influencia en la sociedad estadounidense actual, a pesar de que han pasado siglos desde que falleció. Muchas veces, la sociedad percibe una imagen de poder en las personas famosas, en los oradores públicos o en aquellos con personalidad fuerte. Sin embargo, Sarah no era nada de eso. Al contrario, pasó su vida tras bastidores, apoyando a su esposo y su ministerio, mientras preparaba a sus hijos para jugar un papel vital en la sociedad. Sarah tenía un carácter tranquilo, pero cambió la historia de una forma que a menudo se pasa por alto. Sarah fue madre de once niños y los formó para cambiar el mundo.

Su historia comenzó en 1710, cuando nació en el hogar de un ministro y creció como la descendiente de muchas generaciones de ministros. Fue criada en una de las familias más adineradas y distinguidas de Connecticut. Era raro que las mujeres recibieran educación en esa época, pero su padre fue uno de los fundadores de la Universidad de Yale, así que le dio una excelente educación.

Sarah solo tenía diecisiete años cuando se casó con Jonathan Edwards. Jonathan era predicador y teólogo, y ahora es considerado uno de los intelectuales más influyentes de la historia estadounidense.[1] Aunque Sarah era joven, era la personificación de la mujer de Proverbios 31: práctica, cariñosa y sabia en el manejo de los asuntos de su familia. Y eso sin mencionar que, teniendo once niños, Sarah era extremadamente organizada.

Ser madre en el siglo XVIII no era una tarea fácil, especialmente con una familia grande que alimentar y vestir. Las familias grandes eran comunes en esos días porque los hijos ayudaban con los negocios de la familia. A nosotros se nos hace difícil imaginar las múltiples tareas que las esposas desempeñaban cada día, solo para sobrevivir. Sarah tenía que cortar hielo en el invierno para obtener agua. Ella hacía toda la ropa de la familia, cultivaba sus propios frutos y vegetales y cazaba para tener carne. Para hacer las cosas aún más difíciles, no había lavadoras ni secadoras en esos días, y Sarah tenía que cocinar todas sus comidas sobre el fuego. Sarah demostró que no solo era posible sobrevivir, sino también prosperar con su familia en circunstancias difíciles. Una vez Sarah salió del pueblo y dejó a Jonathan a cargo del hogar. Él le escribió con desesperación: "Hemos estado sin ti casi tanto tiempo como sabemos estar".

En esos días se creía que un niño nacía el mismo día de la semana en la que él o ella había sido concebido. Lo gracioso es que seis de los hijos de Sarah y Jonathan nacieron en domingo. Algunos pastores se rehusaban a bautizar a los bebés nacidos en día domingo porque, aparentemente, el sexo era una actividad inapropiada para el día de descanso.[2]

Sarah Edwards dedicó su vida a criar a sus hijos. Aunque Jonathan ayudaba, Sarah hizo la mayor parte del trabajo de crianza. Ella oraba constantemente por sus hijos, incluso antes de que nacieran, y les enseñaba la Palabra de Dios con regularidad. Los devocionales eran unas de las prioridades de la familia Edwards. Durante la infancia de sus hijos, Sarah clamó al Señor en nombre de ellos. Su diligencia rindió frutos. A medida que los niños Edwards se fueron haciendo adultos, todos fueron reconocidos por su inteligencia y carácter.

Los niños Edwards eran bastante consumados. Sus hojas de vida eran como los *Quién es quién* del siglo XVIII. Esther, la hija de Sarah y Jonathan, se casó con Aaron Burr, primer presidente de Princeton; y el hijo de Esther, Aaron Burr Jr. fue el tercer vicepresidente de Estados Unidos durante el mandato del presidente Thomas Jefferson. Antes de convertirse en vicepresidente, fue un exitoso abogado y político, y sirvió como procurador general y como senador.[3]

La hija de Jonathan y Sarah, Mary Edwards, se casó con Timothy Dwight, hijo del afamado educador Timothy Dwight Jr., el octavo presidente de la Universidad Yale. La historia de la familia Dwight incluye una larga lista de profesores, educadores, autores y ministros.[4] Jonathan, el hijo de los Edwards, se graduó en Princeton, donde estudió teología. Fue tutor y pastor, y luego se convirtió en presidente del Union College.[5] Pierrepont era su hijo más joven. Este se convirtió en delegado del Congreso Continental de Estados Unidos. También fue juez federal de los Estados Unidos y senador.[6]

El legado de Sarah Edwards es asombroso. Para el año 1900, los descendientes de Sarah y Jonathan incluían trece presidentes de universidades, sesenta y cinco profesores, cien abogados, treinta jueces, sesenta y seis físicos, ochenta titulares de oficinas públicas, un publicista, ciento treinta y cinco editores y más de cien misioneros en el exterior. En 1900, un hombre llamado A. E. Winship estudió la vida de dos familias contrastantes. Una de las familias era una carga para la sociedad y la otra era la familia Edwards. Él escribió: "Cualquier cosa que haya hecho esta familia, lo hizo con habilidad y nobleza",[7] y "Mucha de la capacidad y talento, inteligencia y carácter de los más de mil cuatrocientos miembros de la familia Edwards, muchas de esas buena cualidades, se las deben a Sarah Edwards".[8]

Hay un pensamiento que dice: "La mano que mece la cuna es las mano que domina el mundo".[9] Forma parte de un poema escrito por William Ross Wallace. Él alababa la maternidad como la fuerza principal para transformar el mundo, y eso fue totalmente cierto en el caso de Sarah. Su legado es una inspiración para las madres alrededor del mundo, y su vida demuestra que una mujer poderosa puede dejar un legado que cambie el mundo a través de su linaje.

9

Habilitar a las mujeres fuertes

Cuando Kathy leyó los primeros capítulos de este manuscrito, se quejó de mis analogías y me recordó que a muchas mujeres les gusta servir en otros aspectos aparte de la predicación, la enseñanza o alguna forma de liderazgo que reciba la aprobación de los hombres. Sintió que yo estaba clonando a las mujeres a partir de alguna mujer extrovertida con personalidad D, que fue llamada a ser el centro de atención. Me dijo que se sentiría deshonrada si este libro no les daba el mismo reconocimiento a las mujeres que poseen una fuerza silenciosa, que les encanta atender a sus esposos, u operar en el ministerio de ayuda. Alguien me describió este tipo de mujer en una publicación de Facebook:

"Algunas de las mujeres más fuertes sobre la tierra son las que poseen una callada pero férrea voluntad, que conquistan el mundo un día a la vez y son capaces de responder rápidamente a la voluntad del Padre con una entrega total. El mundo no conoce sus nombres...pero retumban en los pasillos de la eternidad, hacen que el caos y la confusión huyan en su presencia, mientras los dominios de la oscuridad se doblegan ante el Rey sobre el trono de su corazón".

Kathy me recordó las palabras de Jesús: "Si alguno desea ser el primero, será el último de todos y el servidor de todos" (Mc. 9:35). Kathy entendía que el propósito de este libro era eliminar la pesada carga que el espíritu religioso ha puesto sobre las mujeres, pero también sintió que yo, sin querer, podía estar creando otro tipo de esclavitud al hacer que las mujeres sintieran que debían comportarse de cierta manera para ser consideradas fuertes. Fue una sabia advertencia. Me acordé de la exhortación de Pedro a las mujeres: "Sino que sea el yo interno, con el adorno incorruptible de un espíritu tierno y sereno, lo cual es precioso delante de Dios" (1 P. 3:4). Necesitamos valorar de la misma manera todo el espectro de mujeres honorables y habilitarlas para ser todo aquello para lo que Dios las ha llamado. Ya sea que seamos hombres o mujeres, es importante darnos cuenta de que reinar en esta vida a veces significa servir a los que nos rodean de una forma que demuestre la excelencia de nuestro humilde Rey.

Dada la sabia observación de Kathy, cuando pensamos en mujeres fuertes debemos tener cuidado de no definir *fuerte* como extrovertida o impulsada por una personalidad dominante. Muchas mujeres que son líderes fuertes y nobles no poseen ninguna de estas cualidades. También hay mujeres (al igual que hombres) que tienen personalidades dominantes, pero que no son honorables ni virtuosas. Independientemente del sexo de la persona, tener una personalidad dominante no significa necesariamente ser un líder fuerte o una persona fuerte en algún aspecto. En muchos casos la personalidad dominante es en realidad una cortina de humo para tapar la inseguridad, el miedo, el resentimiento, la rabia y el egoísmo. Salomón escribió: "Como ciudad invadida y sin murallas es el hombre que no domina su espíritu" (Pr. 25:28). Cuando un hombre o mujer dominante controla a otros con seducción, miedo, manipulación o cualquier otra forma de coerción, ha creado una alianza con la brujería, lo que finalmente culmina en toda forma de mal.

Yo he liderado a muchas mujeres competentes durante años, tanto en los negocios como en el ministerio. Como lo compartí con ustedes en el capítulo anterior, liderar a las mujeres se me hizo complicado cuando era más joven, porque no entendía las diferencias entre las fortalezas de las mujeres y las mías. También crecí en un ambiente dominado por hombres que no me inculcaron las destrezas que necesitaba para liderar bien a las mujeres. En los últimos quince años ha aumentado mucho mi habilidad para liderar con éxito a mujeres fuertes, independientemente de su tipo de personalidad.

Sin embargo, he pasado por algunas situaciones en las que las mujeres fuertes que he liderado han sido difíciles o insubordinadas. Algunas veces, cuando las confrontaba por su actitud, me blandían su "carnet de mujer" e insistían en que estaba siendo chauvinista porque no podía aceptar su comportamiento irrespetuoso. Es importante que nos respetemos y honremos unos a otros, independientemente de nuestros sexos. Ser una mujer con una personalidad dominante no debe ser un boleto de "salida de la cárcel". Sí, entiendo que las mujeres con personalidades fuertes han sido oprimidas con mayor frecuencia que los hombres y tratadas irrespetuosamente por generaciones. Pero reaccionar a la opresión siendo rebeldes, irrespetuosas e insubordinadas solo perpetúa la desigualdad de géneros.

También descubrí que algunas mujeres están luchando con un fantasma del pasado. Para estas mujeres, cualquier tipo de conflicto con un hombre es engreído, exagerado o descortés. Cada vez que tengo un desacuerdo con una mujer que tiene el "síndrome del fantasma", he aprendido a pedirle que me repita lo que ella piensa que yo dije. La diferencia entre lo que estoy tratando de comunicar y lo que ella está escuchando puede resultar desalentadora en algunos casos. La buena comunicación requiere que ambas partes tomen un momento para escuchar al otro desde el corazón.

El "síndrome del fantasma" mostró su horrible cabeza hace muchos años mientras estaba en África con unos amigos. Cruzando de un país a otro, hicimos fila en el cruce de la frontera durante al menos tres horas bajo el ardiente sol africano. En vez de estar en filas bien organizadas, los guardias fronterizos habían reunido a cientos de nosotros en una especie de grupo desorganizado, mientras nos llevaban al mostrador de aduanas. De repente, de la nada, una de las damas que estaba con nosotros se volteó hacia el hombre que estaba frente a ella y comenzó a gritar:

—¡No me toque los senos! ¿Me entendió, señor?

Con una mirada anonadada y avergonzada en su rostro, el hombre dijo con voz nerviosa:

—Señorita, no tengo idea de lo que está diciendo. Ni siquiera me he volteado ni la he tocado. ¡He mantenido mis manos conmigo!

—¡Mentiroso! —gritó ella—. ¡Se inclinó hacia atrás y puso su espalda sobre mis senos a propósito!

El hombre trató desesperadamente de defenderse recordándole que nos estaban llevando como ganado y que todos tropezábamos con todos. Ella se negó a escuchar su defensa y continuó haciendo una escena durante varios minutos. Yo estaba tan sorprendido como el hombre que ella acusaba. Estuve de pie justo al lado de ambos todo el tiempo, y la multitud era conducida hacia adelante por los guardias, lo que nos forzaba a estar unos casi encima de otros. No había forma de que el caballero pudiera haber tocado a mi amiga inapropiadamente. Traté de calmarla, pero ella simplemente me hizo un gesto de desdén con la mano. Me pregunté: ¿Qué rayos le pasa a esta mujer?

Estuvimos solos al día siguiente durante un par de horas, así que decidí sacar a colación el tema. Descubrí que mi amiga había sido víctima de varias violaciones y por eso había pasado la mayor parte de su vida resentida hacia los hombres. Su amargura, su falta de perdón, la traición y el dolor estaban reescribiendo su realidad. El hombre en la fila el día anterior no tuvo oportunidad de convencerla de que él era una persona decente porque ella en realidad no estaba hablando con él, ella estaba hablando con un fantasma del pasado.

El "síndrome del fantasma" puede desencadenarse por varias razones en diferentes mujeres, y también en los hombres. A menudo he observado este síndrome en acción cuando una mujer con una personalidad fuerte es llamada erróneamente "Jezabel" en la iglesia o simplemente no es tolerada en el mercado. Es común para estas mujeres sentirse como si estuvieran en un constante estado de guerra, lo que las lleva a estar permanentemente listas para la batalla y alertas. Interactuar con cualquiera que esté, metafóricamente hablando, con las botas puestas para la guerra, provoca que los que están en una relación con esa persona estén siempre a la defensiva, lo que al final lleva a la mujer soldado a justificar su actitud.

Este ciclo disfuncional solo puede detenerse por medio de la confianza, el honor y el respeto. Herir a las personas inevitablemente hiere a otras personas. No es suficiente tener la razón; debemos ser redentores si deseamos presenciar una revolución que faculte a ambos sexos de forma equitativa y honorable.

Mi mejor amiga

Kathy nunca ha tenido problemas con su identidad como mujer y como líder. Ella es probablemente la persona más virtuosa que jamás haya conocido. Siempre hemos liderado a nuestra familia conjuntamente y hemos tomado todas las decisiones importantes en equipo. Ella siempre ha hecho lo posible para asegurarse de que yo tenga éxito. Yo nunca se lo pedí: ella es así en el fondo de su alma. Por ejemplo, hace muchos años, decidimos ampliar nuestro negocio y abrimos otro par de tiendas de repuestos para vehículos. Eso tuvo un efecto peligroso en nuestro flujo de caja, al punto de que casi no teníamos dinero para alimentar a nuestra familia. En vez de quejarse, culparse o refunfuñar, Kathy se dedicó en cuerpo y alma a hacer lo posible para paliar nuestra situación. Con tres niños pequeños, era casi imposible para ella dejar la casa e ir a trabajar a nuestro negocio, así que instaló un escritorio en la casa y realizó toda la contabilidad desde allí, a la vez que cuidaba a nuestros hijos. Yo no tenía idea de cómo manejaba ambas tareas tan bien.

Durante esa difícil etapa financiera, un día llegué a casa del trabajo un poco más temprano. Ese día de invierno oscuro y frío, mientras atravesaba nuestro aparcadero cubierto de nieve, noté que todas las luces de la casa se encontraban apagadas. Al principio pensé que mi familia no estaba en casa, hasta que llegué a la entrada y escuché a los niños riéndose. Abrí la puerta principal y, para mi sorpresa, había tres tiendas hechas de sábanas blancas en el piso de la sala. Las únicas luces en la casa eran un par de lámparas de aceite. El horno de leña calentaba nuestro pequeño chalet, ubicado en las montañas de Trinity Alps. No me di cuenta de inmediato, pero Kathy se apegó a un presupuesto ajustado que incluía racionar la electricidad, determinando cuantos kilovatios podíamos usar al mes. Ella apagaría el interruptor principal durante el día para mantenernos dentro del presupuesto. Cuando entré a la casa, los niños estaban emocionados porque Kathy les había dicho que todos estábamos "acampando". Puesto que Kathy había creado un juego de nuestra situación financiera, nadie estaba quejándose o enfadado porque estábamos arruinados. Nuestros hijos estaban aprendiendo de su madre cómo dirigir una familia durante una calamidad financiera. Hasta el día de hoy, mis hijos son excelentes con el dinero e ingeniosos administradores. Ellos no aprendieron eso de su padre; lo aprendieron en sus pequeñas tiendas mientras veían a su madre infundir fortaleza en una situación difícil.

En esos días, mientras yo estaba lejos tratando de generar tantos ingresos como fuese posible, Kathy recibía todas las llamadas de nuestros proveedores, a quienes se les estaba pagando con retraso. Todo esto nunca debió pasar y fue mi culpa, pero Kathy nunca refunfuñó. Ella respondió todas las llamadas furiosas y trató incansablemente de generar confianza entre nuestros clientes, en una situación que parecía imposible de superar. Yo llegaba a casa muy cansado, luego doce horas de trabajo duro y con mucho estrés por nuestra situación financiera. Sin embargo, Kathy nunca decaía. Ella nunca tenía miedo, y se negaba a entrar en pánico. Raramente pasaba un día sin que Kathy me motivara o me recordara que lo íbamos a lograr, porque Dios estaba con nosotros.

En treinta y siete años de matrimonio, puedo contar con una mano las veces que Kathy se ha enfadado o estresado. Durante la mayor parte de su vida su fortaleza no se ha manifestado detrás de un púlpito o predicando en grandes escenarios. Más bien, su fortaleza se refleja en los ojos de aquellos a quienes ha estabilizado en las tormentas de la vida y en los corazones de aquellos a quienes ha servido y facultado para lograr sus sueños. A menudo le pregunto a Kathy cuál es su mayor visión de la vida. Ella siempre responde: "Fui creada para ayudar a otras personas a cumplir su destino". Le agradezco a Dios por Kathy todos los días de mi vida.

La fuerza de la maternidad

En gran medida, hemos perdido el enorme valor que se le debe otorgar a la maternidad en la sociedad. Anteriormente mencioné que las mujeres eran consideradas ciudadanos de segunda clase en este país desde su fundación. Pero con el advenimiento de los derechos de las mujeres, llegó la redefinición de los roles femeninos. Puesto que los hombres controlaban los sistemas de valores de nuestra sociedad, esto determinaba cuales virtudes se valoraban y cuales se desdeñaban. El resultado de esto fue que las virtudes masculinas se tenían en alta estima, mientras que los roles matriarcales eran disminuidos.

Cuando el valor que la sociedad le otorgaba a los roles maternales mermó, las madres que se encontraban en casa criando sus hijos se sintieron atrapadas, mientras veían a otras mujeres acompañar a los hombres en la gran aventura de tener un trabajo. No pasó mucho tiempo antes de que los hijos se volvieran obstáculos para la gran aventura, de manera que fueron sacrificados en el altar del materialismo. Para algunos hombres y mujeres, presidir una gran empresa es más importante que moldear los corazones de los líderes del mañana. No quiero endilgar el trabajo de criar a los hijos solamente a las mujeres, pero los niños necesitan la fuerza maternal de una madre al igual que necesitan la protección y virtud de un padre. Nuestra sociedad está suplicando que estas virtudes se implementen en los corazones de nuestros jóvenes.

Cuando el valor que la sociedad le otorgaba a la maternidad mermó, el resultado fue una confusión de géneros. La confusión de los géneros ha ganado tanta fuerza, que muchos estados en Estados Unidos permiten que los homosexuales sean padres adoptivos y llamen a su unión matrimonio. Yo me opongo a la homosexualidad en varios niveles más allá del alcance de este libro, pero principalmente porque el no aceptar la diferencia entre los sexos nos está costando una generación. Es imposible considerar la unión de dos hombres o de dos mujeres un matrimonio. No hay forma de que dos personas de un mismo sexo se conviertan en una sola piel, porque no se corresponden ni son opuestos entre sí, como lo discutimos en el capítulo 2.

En la práctica familiar, los niños no necesitan dos mamás o dos papás; necesitan una madre y un padre. Clonar los sexos en nombre de la igualdad ha causado una gran cantidad de males en nuestra sociedad, y es una de las razones del crecimiento exponencial de la homosexualidad a nivel mundial (por cierto, no "odio" a los homosexuales, pero sí estoy en fuerte "desacuerdo" con ellos).

Quiero dejar claro que de ninguna manera trato de relegar a las mujeres a las labores del hogar y la crianza de los hijos, mientras los hombres "traen el pan a la casa". Es vital que observe este capítulo en el contexto del libro completo, que fue escrito para habilitar a las mujeres para que sean todo para lo que Dios las ha llamado. No tengo deseos de estereotiparlas o de alguna manera subvalorar la comisión que les fue encomendada por Dios de reinar conjuntamente con los hombres. Sin embargo, sí quiero hacer un llamado a la maternidad. La maternidad tiene el mismo valor y significado que dirigir una empresa de miles de millones de dólares, ser doctor, científico, soldado, artista, cantante, político, pastor o cualquier otro puesto valorado por la sociedad. Muchas veces he estado en presencia de una madre con varios hijos y he escuchado cuando alguien le pregunta si ella trabaja. Entiendo que la pregunta es más bien para saber si trabaja fuera de la casa, ¡pero no puedo imaginar a alguien acercándose al presidente ejecutivo de una compañía y preguntarle si él o ella trabaja! Una pregunta así dirigida a una madre podría ser simplemente un lapsus, pero me preocupa que en realidad esté basada en el bajo valor que nuestra sociedad le otorga al papel más importante y poderoso de la matriarca: el de la maternidad.

El año pasado, en nuestra conferencia de mujeres, Tiffany Williams se paró detrás del podio y leyó un poema que Christianna Maas, madre de tres hijos, escribió en medio de su lucha con la maternidad. Christianna es una líder talentosa y fácilmente pudo haber sido la presidenta de una gran corporación. Pero por elección propia, decidió quedarse en casa y criar a sus hijos. Su poema creó una conmoción tan poderosa en la conferencia, que en pocos minutos varias personas se encontraban en mi oficina reproduciendo el video para que yo lo viera. Muchos dijeron que eso fue lo más destacado de toda la conferencia. Aquí está el poema en su totalidad. Ojalá hubiese escuchado a Tiffany leer el poema de Christianna en la conferencia. Su increíble belleza, su espectacular voz y su expresión corporal, fueron tan poderosas como sus palabras.

Maternidad

Por Christianna Maas

Mi voluntad para llevar la vida es la venganza, el antídoto, el gran rechazo de cualquier crimen, de cualquier aborto, de cualquier genocidio. Yo apoyo la humanidad. Muy dentro de mí crece vida. Soy la oposición a la muerte.

Hoy hice retroceder la mano de la oscuridad. He hecho que haya un temblor debilitante entre las filas de aquellos empeñados en la destrucción de la tierra. Hoy una vibración que llamó la atención de los ángeles tuvo eco a lo largo del tiempo. Nuestra alegría amenazó al infierno hoy.

Cené con los grandes del ejército de Dios. Les preparé comida, até sus zapatos. Hoy caminé con grandeza y, cuando ellos estuvieron cansados, los cargué. He servido a la causa hoy.

Finalmente está tranquilo pero la vida se mueve dentro de mí. Gano fuerza, y el pulso de la vida envía un constante recordatorio tanto al bien como al mal de que me he rendido ante el cielo y ahora llevo su sueño. Ningún ángel ha tenido jamás tal privilegio, tampoco ningún hombre. El honor me dio una lección de humildad. Estoy en armonía con el destino.

Doy a luz a los luchadores de la libertad. En la gran guerra, soy líder de la resistencia subterránea. Le sonrío al disfraz de mis tropas, rodeadas de una multitud de guerreros, de destino envolvente, invisible pero tangible, y a la unción para alterar la historia. Nuestros pasos marcan la tierra para la conquista, nos movemos indetectables a través de los lugares comunes.

Hoy fui la barrera entre el mal y la inocencia. Fui el portero que cuida la esperanza de la humanidad y que ningún intruso traspasó. No hay una hora del día en que me mueva de mi puesto. La ferocidad de mi amor no tiene igual en la tierra.

Y porque sonreí en vez de fruncir el ceño el mundo conocerá el poder de la gracia. La esperanza tiene pies, y correrá a los rincones de la tierra, porque luché contra la destrucción.

Soy una mujer. Una madre. Soy la que continúa y sostiene la vida sobre la tierra. El cielo se levanta ante el honor de mi misión. Nadie más puede atender mi llamado. Soy la hija de Eva. Eva ha sido redimida. Soy lo opuesto a la muerte. Soy una mujer.

Moldear vidas

Los científicos y psicólogos han descubierto que la mayoría de nuestras creencias más profundas sobre el amor y la seguridad se forman durante los primeros cuatro años de nuestra vida. Es en estos primeros años que las madres, con su capacidad maternal, tienen la mayor influencia en las vidas de sus hijos. Hace aproximadamente dos mil quinientos años, el rey Salomón lo describió de esta forma: "Hijo mío, guarda el mandamiento de tu padre, y no abandones la enseñanza de tu madre" (Pr. 6:20).

La madre del rey Lemuel le enseñó a su hijo lo que es probablemente la enseñanza más poderosa y práctica sobre el matrimonio jamás dada. Está registrada en Proverbios 31. El libro completo de Proverbios abre con esta afirmación: "Los proverbios de Salomón, hijo de David, rey de Israel" (Pr. 1:1), y el nombre hebreo *Lemuel* significa "perteneciente a Dios", de manera que se puede suponer que Lemuel es el nombre simbólico o alias de Salomón. Esto quiere decir que la madre de Salomón, Betsabé, fue la mujer que le dio esta profunda enseñanza marital.

Repito, si usted es hombre y hasta ahora no está convencido de que a las mujeres se les comisionó para enseñar a los hombres, entonces no debe leer este capítulo. Aunque a Salomón se le enseñó esto cuando era niño, usted lo está leyendo de adulto, y si lo lee, ¡aprenda de ello!

"Palabras del rey Lemuel, oráculo que le enseñó su madre. ¿Qué, hijo mío? ¿Qué, hijo de mis entrañas? ¿Qué, hijo de mis votos? No des tu vigor a las mujeres, ni tus caminos a lo que destruye a los reyes. No es para los reyes, oh Lemuel, no es para los reyes beber vino, ni para los gobernantes desear bebida fuerte; no sea que beban y olviden lo que se ha decretado, y perviertan los derechos de todos los afligidos. Dad bebida fuerte al que está pereciendo, y vino a los amargados de alma. Que beba y se olvide de su pobreza, y no recuerde más su aflicción. Abre tu boca por los mudos, por los derechos de todos los desdichados. Abre tu boca, juzga con justicia, y defiende los derechos del afligido y del necesitado. Mujer hacendosa, ¿quién la hallará? Su valor supera en mucho al de las joyas. En ella confía el corazón de su marido, y no carecerá de ganancias. Ella le trae bien y no mal todos los días de su vida. Busca lana y lino, y con agrado trabaja con sus manos. Es como las naves de mercader, trae su alimento de lejos. También se levanta cuando aún es de noche, y da alimento a los de su casa, y tarea a sus doncellas. Evalúa un campo y lo compra; con sus ganancias planta una viña. Ella se ciñe de fuerza, y fortalece sus brazos. Nota que su ganancia es buena, no se apaga de noche su lámpara. Extiende sus manos a la rueca, y sus manos toman el huso. Extiende su mano al pobre, y alarga sus manos al necesitado. No tiene temor de la nieve por los de su casa, porque todos los de su casa llevan ropa escarlata. Se hace mantos para sí; su ropa es de lino fino y de púrpura. Su marido es conocido en las puertas, cuando se sienta con los ancianos de la tierra. Hace telas de lino y las vende, y provee cinturones a los mercaderes. Fuerza y dignidad son su vestidura, y sonríe al futuro. Abre su boca con sabiduría, y hay enseñanza de bondad en su lengua. Ella vigila la marcha de su casa, y no come el pan de la ociosidad. Sus hijos se levantan y la llaman bienaventurada, también su marido, y la alaba diciendo: Muchas mujeres han obrado con nobleza, pero tú las superas a todas. Engañosa es la gracia y vana la belleza, pero la mujer que teme al SEÑOR, esa será alabada. Dadle el fruto de sus manos, y que sus obras la alaben en las puertas".

Proverbios 31

Cuando leí los primeros versículos de Proverbios 31, me pregunté si Betsabé se culpaba por la relación inmoral que mantuvo con el rey David antes de que se casaran, que al final le costó la vida a su primer esposo. Ella le dijo a su hijo: "No des tu vigor a las mujeres, ni tus caminos a lo que destruye a los reyes" (v. 3). Betsabé continuó enseñando a Salomón que la realeza debía comportarse noblemente y mantener la cabeza despejada para tomar decisiones sabias. Lo exhortó a utilizar su autoridad para defender los derechos de los y pobres y desamparados. Ella había visto a su esposo abusar de su poder y olvidar sus orígenes humildes, especialmente en relación con el incidente que involucraba a su primer esposo Urías, a quien David había dado muerte. Estoy seguro de que ella estaba tratando de asegurarse de que su hijo no siguiera los pasos de su padre.

Finalmente, la madre de Salomón le enseñó qué debía buscar en una esposa. Aunque Betsabé era hermosa, le dijo a su hijo que el atractivo y la belleza eran engañosos, cualidades vanas que no valía la pena tomar en cuenta cuando se buscaba a una esposa excelente. Ella le dijo que, en vez de casarse con una reina de belleza, debía buscar una mujer en la que pudiera confiar (no alguien que se casara con él por su poder o dinero). Ella quería que Salomón encontrara a alguien que no estuviera por ahí bronceándose en el techo descubierto del palacio, sorbiendo espuma de la fuente de champaña, sino alguien que contribuyera noblemente con la familia y el reino. La chica debe ser una gran trabajadora, valorar la excelencia, amar a los pobres y hacer inversiones que hagan crecer la riqueza de la familia.

A diferencia de muchas reinas que gastan dinero como si fuera agua, no escatiman en usar las ropas más finas y relegan la crianza de sus hijos a los sirvientes, la esposa de Salomón debe ser una dama que sea una excelente madre y que tenga una visión para las generaciones futuras. Esto fue lo que Betsabé le enseñó a su hijo, el hombre más rico que ha existido. Betsabé alentó a su hijo a encontrar una esposa que fuese sabia, digna y que supiera enseñar. No debe ser una diva necesitada y frágil, sino alguien suficientemente fuerte con quien él pueda contar en los momentos difíciles, puesto que ella no tendría miedo del invierno de la vida. Y por último aunque no menos importante, ella tenía que tener una excelente relación con Dios, una relación profunda llena de convicción por la rectitud.

Estas cosas que Salomón debía buscar en una esposa no son rasgos de personalidad; son cualidades del carácter que deben estar arraigadas en todos nosotros. Independientemente de si somos introvertidos o extrovertidos, brillantes o normales, asertivos o pasivos, el carácter noble es la extensión natural del sacerdocio real, del cual todos los creyentes formamos parte.

Una mujer fuerte

Una mujer fuerte es aquella que camina en la identidad que Dios le ha dado, que no se ve afectada por la imagen mundial del papel femenino o la presión religiosa para adaptarse a una versión reducida de ella misma. Hay mucha presión de grupo en el mundo para que la gente se convierta en una copia de alguien, en vez de ser una versión original de sí misma. Esto lo reafirmé en 2012 cuando visité Taiwán. Estaba hablando en muchas conferencias con algunos amigos, y una noche fuimos a un bonito restaurante que se encontraba en medio de un enorme centro comercial. Caminamos un largo trecho dentro de centro comercial para llegar al restaurante, y pasamos varias tiendas de ropa femenina en el camino. De repente caí en cuenta de que no había ningún maniquí asiático en ninguna de las vitrinas. Todas eran mujeres blancas con cabello rubio y, por supuesto, cuerpos perfectos.

Las mujeres asiáticas no tienen cabello rubio, tienen cabello negro. Y sus rostros tienen rasgos muy distintivos. Estaba asombrado por la clara estrategia de mercado evidenciada por los maniquíes femeninos. Estaban caracterizando una imagen de cómo (supuestamente) debe lucir una mujer hermosa. El único problema es que las mujeres asiáticas no eran como esos maniquíes y nunca lo serán. Estoy seguro de que el mensaje subliminal era: "Si usas esta ropa, te convertirás en una hermosa mujer blanca, con cabello rubio, ojos azules y cuerpo perfecto". Para cuando llegamos al restaurante, estaba enfurecido por el descarado irrespeto por la belleza de una raza diferente.

Esos maniquíes personificaban la lucha que las mujeres (y los hombres) tienen en todo el mundo: a todos se nos presiona para que seamos alguien más. Personalmente, estoy harto de eso, por varias razones. Por cuestiones de espacio, sin embargo, enfocaré mi frustración en la intensa presión que enfrentan las mujeres diariamente para cumplir las expectativas que otras personas tienen sobre lo que ellas deben ser y cómo deben comportarse.

Renunciar al mazo

Hace muchos años, aconsejé a una mujer que tenía problemas con su esposo no creyente. Ella recibió liberación en nuestras sesiones y me preguntó si yo estaría dispuesto a conocer a su esposo. Le dije: "Claro que estoy dispuesto a hablar con él, pero tal vez él no quiera conocer a un consejero cristiano".

"Creo que sí se reunirá con usted —dijo ella con una sonrisa—. Él piensa que usted ya ha ayudado a nuestro matrimonio al aconsejarme a mí.

Tenía razón, y unas dos semanas más tarde estaban los dos sentados en mi oficina. Él era un hombre alto, delgado, de unos cuarenta y tantos años, vestido con unos *jeans* y una linda camisa. Se notaba que estaba realmente incómodo cuando se sentó en la silla al lado de su esposa pero, para mi sorpresa, trajo con él una vieja y enorme Biblia Familiar. Intercambiamos los cumplidos de rigor mientras él nerviosamente apretaba su enorme Biblia contra su pecho.

No sabía qué pensar. ¿Estaba tratando de impresionarme, o de alguna forma enviarme el mensaje de que él creía en la Biblia aunque admitía no ser cristiano? Luego de unos minutos me volteé hacia él (pensando romper el hielo con una pregunta sencilla) y dije:

—Entonces, Henry, ¿qué aspectos de tu matrimonio deseas ver mejorados? (Cambié su nombre para proteger su privacidad, por supuesto).

"Bueno, pastor —comenzó a decir con el aspecto de un niño que se había metido en problemas—, creo...bueno, pastor, señor...¡Mi esposa no está siguiendo las instrucciones de Dios en el libro de la Biblia!

—Lo siento, Henry, estoy completamente desorientado. ¿Qué es exactamente lo que estás tratando de decir? —le pregunté con una mirada curiosa en mi rostro.

Seguidamente colocó la Biblia en su regazo y la abrió en

una página que había marcado con un cartoncillo. Estaba tan tembloroso que apenas podía mantener el peso de la enorme Biblia. Su esposa ya parecía haber pasado por eso antes; comenzó a ponerse ansiosa o quizás estaba avergonzada.

—Pa... Pas... Pastor —tartamudeó—, quisiera mostrarle con base en la Biblia que mi esposa no está... bueno, señor... que ella no está cumpliendo sus deberes en nuestro matrimonio.

Me reí internamente mientras me daba cuenta de hacia dónde iba Henry con todo esto.

—Bien, Henry, continúa y léeme el pasaje que te preocupa —le dije.

—Sí, señor —dijo, como si fuera a darle el golpe final a un gran gladiador. Comenzó a leer:

"No obstante, por razón de las inmoralidades, que cada uno tenga su propia mujer, y cada una tenga su propio marido. Que el marido cumpla su deber para con su mujer, e igualmente la mujer lo cumpla con el marido. La mujer no tiene autoridad sobre su propio cuerpo, sino el marido. Y asimismo el marido no tiene autoridad sobre su propio cuerpo, sino la mujer. No os privéis el uno del otro, excepto de común acuerdo y por cierto tiempo, para dedicaros a la oración; volved después a juntaros a fin de que Satanás no os tiente por causa de vuestra falta de dominio propio".

1 Corintios 7:2-5

Henry tartamudeó nerviosamente los versículos de la Biblia, pero yo conocía esta parte de las Escrituras bien, así que simplemente esperé que él terminara. Fue bastante cómico. Transcurrieron algunos minutos mientras Henry releía partes de las Escrituras que malentendió. Finalmente, levantó la vista de la Biblia y dijo tan serio como un infarto:

—¡Esto es lo que necesito que ella haga! Ella no está cumpliendo con su deber divino para con su esposo y eso debe cambiar.

Para ese momento yo estaba haciendo mi mejor esfuerzo para

no caerme al piso de risa. Tuve que esforzarme para imitar su intensidad y su mirada seria y dije:

—Henry, aclárame algo: tú no eres cristiano y no sigues a Dios, ¿verdad?

—Bueno, sí, señor, sí... Sí creo que esto es correcto —dijo a la defensiva.

Bien, pero quieres usar la Biblia para hacer que tu esposa tenga sexo contigo. ¿Es eso lo que tratas de decirme?

—Pastor, la Biblia dice que ella que tiene que tener sexo conmigo porque su cuerpo no es de ella, es mío —insistió.

—Henry —comencé yo.

—Sí, señor —respondió él mientras su esposa estaba a punto de desmayarse de la vergüenza.

—Henry, si quieres usar la Biblia para hacer que tu esposa tenga sexo contigo, entonces hay otra cosa que está mal en tu matrimonio, hombre —le dije enérgicamente—. La Biblia nunca fue escrita para que unos la usaran en contra de otros o para manipular a alguien para que haga tu voluntad. La Palabra de Dios no es una lista de reglas para controlar a alguien; es un conjunto de valores para alcanzar la plenitud —dije en una exhortación paternal.

Henry nunca había entendido el verdadero propósito de la Biblia (al igual que muchos otros cristianos). Él creció en un hogar religioso en el que la Biblia era usada para hacer que él se comportara bien, no para persuadirlo a establecer una relación con Jesús. Para Henry, las Escrituras eran como leyes de un país, que los tribunales hacen cumplir y que se castigan con la cárcel. A Henry le enseñaron a leer la Biblia como un abogado, no como un creyente. Me reuní con Henry y su esposa varias veces más en los meses siguientes. Henry recibió a Cristo y lloró en su camino a la plenitud. Su vida familiar fue completamente transformada cuando renunció a su mazo y aceptó su pasión.

A menudo me desconcierta la forma en la que algunos líderes aplican las Escrituras, de manera no muy diferente de cómo lo estaba haciendo Henry. Jesús murió para redimir a la humanidad. El apóstol Pablo lo dijo mejor: "Para libertad fue que Cristo nos hizo libres; por tanto, permaneced firmes, y no os sometáis otra vez al yugo de esclavitud" (Gl. 5:1). Cuando aplicamos las Escrituras de una forma que no es redentora, se crea desesperanza, se limita el destino de una persona o se le esclaviza. Hemos perdido una de las premisas principales del evangelio, que se supone que es vida abundante en Cristo Jesús.

Pablo opina sobre el matrimonio

La primera vez que estudié las instrucciones de Pablo para los corintios y los efesios sobre las mujeres y el matrimonio, pensé: Cielos, ¡ya entiendo por qué este hombre no se casó! Pero a medida que empecé a ahondar en la enseñanza de Pablo una imagen completamente diferente, como un holograma, comenzó a emerger. Miremos uno de sus pasajes del matrimonio juntos y veamos lo se obtiene de aquí:

"Sometiéndoos unos a otros en el temor de Cristo. Las mujeres estén sometidas a sus propios maridos como al Señor. Porque el marido es cabeza de la mujer, así como Cristo es cabeza de la iglesia, siendo Él mismo el Salvador del cuerpo. Pero así como la iglesia está sujeta a Cristo, también las mujeres deben estarlo a sus maridos en todo. Maridos, amad a vuestras mujeres, así como Cristo amó a la iglesia y se dio a sí mismo por ella, para santificarla, habiéndola purificado por el lavamiento del agua con la palabra, a fin de presentársela a sí mismo, una iglesia en toda su gloria, sin que tenga mancha ni arruga ni cosa semejante, sino que fuera santa e inmaculada. Así también deben amar los maridos a sus mujeres, como a sus propios cuerpos. El que ama a su mujer, a sí mismo se ama. Porque nadie aborreció jamás su propio cuerpo, sino que lo sustenta y lo cuida, así como también Cristo a la iglesia; porque somos miembros de su cuerpo".

Efesios 5:21-30

Cuando estudié las instrucciones de Pablo para los esposos y las esposas en el contexto de la Iglesia del siglo I, muchas cosas empezaron a llamar mi atención: Primero, la enseñanza de Pablo comienza con los esposos y las esposas "sujetos" el uno al otro. Este pasaje me recuerda los versículos contraculturales que estudiamos anteriormente en 1 Corintios 7, en los que Pablo dice que un hombre no es dueño de su cuerpo, sino su esposa y viceversa. Esto es algo muy radical para que lo enseñe un antiguo fariseo. Recordemos que las ciudades gentiles de Corintio y Efeso tenían mucho en común porque hombres y mujeres adoraban diosas femeninas en ambos lugares. El énfasis en la autoridad de los esposos y la sumisión de las esposas era, por lo tanto, obvio en el contexto de estas culturas sectarias (como lo desciframos anteriormente, al observar de cerca la primera carta de Pablo a Timoteo).

La manera en que usted decida entender el contexto de la cultura efesia en este pasaje es su decisión, pero me molesta la forma en que algunas personas enfatizan una parte del pasaje y quitan énfasis a la otra. Algunos teólogos, pastores y profesores tienden a gritar: *"Las mujeres estén sometidas a sus maridos"*, y luego susurran: *"Maridos, amad a vuestras mujeres, así como Cristo amó a la iglesia y se dio a sí mismo por ella"*.

Note que al esposo se le instruye que debe morir por su esposa, mientras que a la esposa se le instruye a respetar y someterse a su esposo. Sin embargo, de algún modo la sumisión es descrita como un gran peso que cuelga del cuello de la esposa, mientras que la marcha mortal de un esposo en Dios, que ha dejado de lado su vida para proteger el honor de su esposa, se describe como una especie de paseo a Disney World. No entiendo cómo la gente puede leer las instrucciones de Pablo a los esposos y las esposas en el libro de Efesios, y luego marcharse sintiendo que la sumisión y la autoridad son las líneas centrales de la enseñanza de Pablo. ¡Simplemente les dijo a los esposos que dejaran de lado sus vidas por sus esposas!

En la mayoría de los cursos matrimoniales en los que he estado, leían este pasaje y luego les decían a las parejas que es deber de la esposa hacer que su esposo sea exitoso. Lo siento, pero creo que acabamos de leer que los esposos y las esposas deben someterse los unos a los otros. Recordemos que toda esta instrucción comenzó con "sometiéndoos *unos a otros* en el temor de Cristo". Se les enfatizó nuevamente a las esposas, y luego se les dijo a los hombres que dieran sus vidas por el bien de sus esposas. ¿Cómo, entonces, el objetivo del matrimonio llegó a ser cumplir los sueños del esposo, mientras la esposa mantiene limpia la casa? Desde el primer matrimonio en la Biblia, Adán profetizó que el hombre dejaría a su padre y madre para unirse a su esposa. Obviamente, la mujer también dejaría a su madre y padre cuando se casara, pero Dios está señalando que el esposo es el que sigue. Él está a cargo de cultivar el destino de su esposa y sacrificarse para ver sus sueños hechos realidad.

Pablo dijo: "Porque el marido es cabeza de la mujer, así *como* Cristo es cabeza de la iglesia, siendo Él mismo el Salvador del cuerpo" (Efesios 5:23, itálicas añadidas). Con demasiada frecuencia, dejamos esa pequeña palabra *como,* fuera de la ecuación. Cristo demostró que la *autoridad* es la servidumbre en acción. La autoridad no tiene nada que ver con exigirles a los esposos que limiten a las hijas de Dios a ser esclavas sexuales o sirvientas.

No estoy orgulloso de la actitud que tuve en mi matrimonio. Conocí a Kathy cuando ella tenía doce años y, como dije anteriormente, nos comprometimos cuando ella tenía trece y nos casamos cuando tenía diecisiete. En nuestra noche de luna de miel, coloqué uno de mis pantalones sobre la cama y le dije a Kathy: "Pruébate estos".

Ella respondió: "Tus pantalones no me quedan".

"Nunca olvides eso", le dije con una risa sarcástica.

Trataba de ser gracioso, pero siempre hay un poco de verdad en cada toque de humor. Como dije anteriormente, no quería ser un dictador o un tirano, ¡pero fui criado para creer que el hombre era el rey de su castillo! Por supuesto, no había reina, ni príncipes ni princesas: solo esclavos "privilegiados" para servir según la voluntad de su majestad. Unos años después, Kathy y yo conocimos a Bill y Beni Johnson en la iglesia. Durante los próximos quince años de nuestras vidas, nuestras familias fueron prácticamente inseparables. Incluso vivimos con los Johnson durante seis meses. Kathy y yo pasamos la década siguiente aprendiendo de su nobleza. Nos acostábamos en la cama en la noche y hablábamos de lo que habíamos aprendido de Bill y Beni ese día sobre llevar adelante una familia. Teníamos tres hijos, que tenían las mismas edades que sus tres hijos. En consecuencia, nuestros hijos crecieron en un ambiente real que de príncipes y princesas. Cometimos muchísimos errores con nuestros hijos, y nuestro hogar no era la imagen de la perfección. Sin embargo, todos nuestros hijos crecieron amando a Dios, y están en el ministerio a tiempo completo hasta ahora (probablemente debido a su profundo respeto por los Johnson).

Aprendí cómo tratar a mi esposa viendo a Bill cortejar a Beni. Vi la manera en que la adoraba, en que le daba libertad para que fuese ella misma y en que se rehusaba a dejar que los líderes de la iglesia dictaran el rol que ella debía tener en la iglesia. Después de todo, el apóstol Pablo dijo: "Las mujeres estén sometidas a sus *propios* maridos". No dijo: "Mujeres estén sometidas a cualquier hombre". Como ya he dicho, no creo que se pueda defender la idea de que el hombre como género tiene autoridad sobre la mujer como género.

A medida que el tiempo pasaba, creció mi habilidad para liderar a mi familia y servir a mi esposa. Comencé una tradición en esos días que nos has servido bien a todos, incluso hasta ahora. Unas tres veces al año, cuando Kathy y yo estamos en la cama, le pregunto: "¿Eres feliz?".

Ella siempre responde: "Claro que lo soy".

Luego digo: "¿Hay algo que pudiera hacer para que seas más feliz?".

"Bueno, no se me ocurre nada", es su respuesta habitual.

Allí es cuando comienzo a ahondar en las profundidades de su alma y busco tesoros escondidos en los recovecos de su corazón. A veces nuestras conversaciones revelan cosas que ella ni siquiera sabía que existían. Durante los últimos treinta años se ha vuelto una especia de juego entre nosotros. Es un poco como el juego de las escondidas del alma. Me encanta cuando encuentro tesoros misteriosos, deseos ocultos, pasiones pintadas bajo la superficie. Estas finas joyas están allí, ubicadas estratégicamente por el propio Rey, y solo están esperando por su príncipe para que las descubra.

Las instrucciones de Pedro para las parejas casadas

Ahora discutamos las instrucciones del apóstol Pedro para las parejas casadas:

> "Asimismo vosotras, mujeres, estad sujetas a vuestros maridos, de modo que si algunos de ellos son desobedientes a la palabra, puedan ser ganados sin palabra alguna por la conducta de sus mujeres al observar vuestra conducta casta y respetuosa. Y que vuestro adorno no sea externo: peinados ostentosos, joyas de oro o vestidos lujosos, sino que sea el yo interno, con el adorno incorruptible de un espíritu tierno y sereno, lo cual es precioso delante de Dios. Porque así también se adornaban en otro tiempo las santas mujeres que esperaban en Dios, estando sujetas a sus maridos. Así obedeció Sara a Abraham, llamándolo señor, y vosotras habéis llegado a ser hijas de ella, si hacéis el bien y no estáis amedrentadas por ningún temor".
>
> 1 Pedro 3:1-6

A primera vista, la exhortación de Pedro a las esposas parece extremadamente fuerte, especialmente cuando se toma en cuenta el pretexto del párrafo previo. ¡Lea estos versículos y tiemble!

> "Siervos, estad sujetos a vuestros amos con todo respeto, no solo a los que son buenos y afables, sino también a los que son insoportables. Porque esto halla gracia, si por causa de la conciencia ante Dios, alguno sobrelleva penalidades sufriendo injustamente. Pues ¿qué mérito hay, si cuando pecáis y sois tratados con severidad lo soportáis con paciencia? Pero si cuando hacéis lo bueno sufrís por ello y lo soportáis con paciencia, esto halla gracia con Dios. Porque para este propósito habéis sido llamados, pues también Cristo sufrió por vosotros, dejándoos

ejemplo para que sigáis sus pisadas, el cual no cometió pecado, ni engaño alguno se halló en su boca; y quien cuando le ultrajaban, no respondía ultrajando; cuando padecía, no amenazaba, sino que se encomendaba a aquel que juzga con justicia; y Él mismo llevó nuestros pecados en su cuerpo sobre la cruz, a fin de que muramos al pecado y vivamos a la justicia, porque por sus heridas fuisteis sanados. Pues vosotros andabais descarriados como ovejas, pero ahora habéis vuelto al Pastor y Guardián de vuestras almas".

1 Pedro 2:18-25

Después de leer estos pasajes me detuve y me hice dos preguntas: primero, ¿a quiénes les escribe Pedro? Y segundo, ¿por qué les escribe? En otras palabras, ¿Cuál es el mensaje implícito de Pedro para esta audiencia específica?

La primera pregunta encuentra respuesta en el primer versículo del libro. Pedro les escribe a cristianos judíos dispersos por toda Roma que estaban bajo persecución del Emperador Nerón (ver 1 P. 1:1-2). La segunda pregunta tiene respuesta a la luz de lo primero: el mensaje global de Pedro a estos creyentes perseguidos es que el sufrimiento tiene un propósito y será recompensado. Once veces en esta corta epístola Pedro usa la palabra griega *pascho*, que significa "sufrir" o "soportar sufrimiento" (es interesante señalar que Pedro escribió una segunda carta a la misma gente y no mencionó el sufrimiento ni una vez). El único libro en toda la Biblia que rivaliza con la exhortación de Pedro sobre el sufrimiento es el Evangelio de Lucas, que menciona el sufrimiento seis veces, cinco de ellas en el contexto de Cristo sufriendo por nosotros.

En el pasaje que acabamos de leer, Pedro les dice a estos cristianos perseguidos que obtendrán gracia de parte de Dios cuando *sufran* injustamente. Les dice que el propio Cristo *sufrió*, dándoles un ejemplo a seguir en los momentos difíciles; y que cuando ellos *sufren* no deben injuriar a aquellos que los injurian, sino confiar en Dios para que cuide de ellos. También les dice en pasajes posteriores que si *sufren* por moral son bendecidos, y que así como Cristo *sufrió*, cuando ellos *sufren* en la carne dejan de pecar, pero nadie debe *sufrir* como un malhechor. Finalmente, cuando han *sufrido* durante un tiempo, Dios los fortalece y restablece (ver 1 P. 3:14; 4:1, 15; 5:10).

Pedro está instruyendo a los creyentes (no solo a las parejas casadas) sobre cómo lidiar con el sufrimiento en medio de una persecución intensa. Estos cristianos eran ensartados en estacas y quemados en el jardín de Nerón como antorchas humanas. Eran masacrados por simple entretenimiento, devorados por leones y cortados en piezas por los gladiadores en los grandes coliseos romanos, mientras las multitudes celebraban. A la luz de estas circunstancias, a Pedro no le parece un gran sacrificio pedirle a las esposas cristianas que permanezcan con sus esposos, incluso si los estos son irrespetuosos o las deshonran. Después de todo, miles de creyentes literalmente están dando sus vidas por Cristo alrededor de ellas.

Sara, la esposa sumisa

Lo siguiente que vemos en este pasaje es que a las mujeres se les instruye a someterse a sus esposos, como Sara lo hizo con Abraham. Ella incluso lo llamó "señor" por honor, no por miedo. No quiero excluir de la exhortación de Pedro para las esposas el hecho de honrar y respetar a sus esposos, pero sí quiero resaltar la relación que Sara llevaba con Abraham, puesto que Pedro la usa como modelo de mujer sagrada a seguir. Estoy seguro de que notaron que Pedro les habla a las mujeres sobre la forma en que se visten antes de traer a colación a Sara. Lo que busca comunicar es que la belleza no solo debe ser superficial. Estoy seguro de que esto fue lo que le hizo recordar a Sara, y es que Sara era tan bella que a sus sesenta y cinco años fue raptada dos veces por dos reyes que quisieron casarse con ella. ¡Esa sí que era una mujer hermosa! Así que seamos claros: Pedro no está diciendo que lo feo es sagrado. Él simplemente está señalando que las mujeres deben ser atractivas por dentro y por fuera.

Otra cosa interesante sobre la relación de Sara con Abraham es que ella llamó señor a Abraham solo una vez, y en esa ocasión ni siquiera estaba hablando con él, sino hablándole a Dios sobre

Abraham (al menos ese es el único ejemplo registrado en la Biblia). Sara lo llama señor cuando Dios le insiste en que ella tendría un hijo después de la menopausia, y por lo tanto Dios quería que continuara teniendo relaciones sexuales con Abraham. Génesis 18:12 nos cuenta que Sara se rió del asunto, diciéndose a sí misma "¿Luego de envejecer, tendré placer, siendo mi señor también anciano?" (Usted puede interpretarlo como quiera, pero si ella no está hablando de sexo en este contexto, ¡entonces yo necesito un consejero matrimonial!) Piénselo: Sara tenía noventa años y Abraham cien, y aquí no había una relación de patrón y esclavo. Esa es probablemente la razón por la que Dios visitó su hogar personalmente y le comunicó a Sara que al dormir con su esposo ella podría disfrutar del placer de concebir un hijo, a pesar de su edad.

Fíjese en esta discusión familiar entre Sara y Abraham (anteriormente llamados Saraí y Abram). Estos versículos nos dan una idea de su relación:

> "Y Saraí, mujer de Abram, no le había dado a luz hijo alguno; y tenía ella una sierva egipcia que se llamaba Agar. Entonces Saraí dijo a Abram: He aquí que el Señor me ha impedido tener hijos. Llégate, te ruego, a mi sierva; quizá por medio de ella yo tenga hijos. Y Abram escuchó la voz de Saraí. Y al cabo de diez años de habitar Abram en la tierra de Canaán, Saraí, mujer de Abram, tomó a su sierva Agar la egipcia, y se la dio a su marido Abram por mujer. Y él se llegó a Agar, y ella concibió; y cuando ella vio que había concebido, miraba con desprecio a su señora. Y Saraí dijo a Abram: Recaiga sobre ti mi agravio. Yo entregué a mi sierva en tus brazos; pero cuando ella vio que había concebido, me miró con desprecio. Juzgue el Señor entre tú y yo. Pero Abram dijo a Saraí: Mira, tu sierva está bajo tu poder; haz con ella lo que mejor te parezca. Y Saraí la trató muy mal y ella huyó de su presencia".
>
> Génesis 16:1–6

Creo que está claro que Sara no era una esclava pasiva a la que Abraham gobernaba. Ella era una mujer fuerte y hermosa que luchó para honrar la relación de su esposo con Dios, cuando lo que les prometió el Señor le pareció imposible. Al final, Sara concibió por fe, porque insistió en sus circunstancias y comprendió la promesa (ver Heb. 11:11).

Abigail y el rey David

Permítame establecer una última cosa relacionada con el tema de la sumisión. Podemos aprender una lección significativa de la vida de Abigail, según se cuenta en 1 Samuel 25. Abigail era una mujer inteligente y hermosa, casada con un tonto rico llamado Nabal. Su esposo era tan imbécil que se rehusó a alimentar a los hombres hambrientos de David. Pero Abigail usurpó el mando de su esposo y trajo comida a David y sus hombres. Dios honró sus acciones y castigó a su esposo con la muerte, luego la hizo la esposa del rey David (¡Caramba! Gracias Jesús, porque ya no vivimos bajo la antigua alianza).

Nosotros no podemos permitir intimidaciones para que aceptemos el irrespeto hacia Dios o entre nosotros en nuestros hogares e iglesias. Hacerlo bajo el pretexto de la "sumisión" revela una comprensión pervertida de la Palabra. Mientras que la unidad es muchas veces un objetivo más importante que tener la razón en una situación, necesitamos ser conscientes de que la sumisión a la moral de Dios por lo general implica seguir siendo valientes. Siempre debemos honrar a Dios por encima del pecado del hombre, como lo hizo Abigail.

Lidiar con el abuso

Cuando algunas personas aconsejan a las mujeres (y a los hombres, dado el caso) a que permanezcan en situaciones peligrosas en nombre de la "sumisión", pienso que necesitan que les revisen la cabeza. El llamado a las esposas nunca fue a que fueran cuidadoras de un zoológico, o domadoras de leones, o sacos de boxeo. Ellas nacieron para ser protegidas, adoradas, queridas y habilitadas. La sumisión debe experimentarse mutuamente, ya que si es aplicada unilateralmente resultará en una relación de esclavo y patrón, y no en un matrimonio. La sumisión no es impotencia y miedo forjados en el yunque de la religión sin sentido. Es la verdad forjada en el horno de la servidumbre y la pasión.

Si un hombre abusa de una mujer y luego le dice que la ama, es un mentiroso y un cobarde certificado, y punto. El amor es más que un puñado de palabras enlazadas en una oración. No estoy sugiriendo que una mujer debe divorciarse de un esposo dominante (aunque esa pueda ser la única solución en algunos casos), pero Tarzán debe quedarse en la selva hasta que pueda demostrar que puede ser amable con los animales. *Quizá* entonces estará listo para tratar de reconstruir lentamente la confianza con los humanos, y más directamente con Jane, su esposa. Si Tarzán usa amenazas y manipulación para tratar de sabotear su regreso a la relación, puede quedarse en la selva y vivir entre los demás gorilas.

Todos los matrimonios requieren sacrificio, pero forzar a la esposa (o al esposo) a ser el sacrificio es tener un salvador de remplazo y una religión falsa. Muchos salvadores de remplazo que beben de este Kool-Aid, mueren con el corazón destrozado en los brazos de sus abusadores. Los niños que crecen en este ambiente están siendo entrenados como terroristas, no como discípulos de Cristo.

Soportar abuso no es una expresión de la alianza del amor, sino una marcha lenta hacia los campos de muerte del demonio. Estoy convencido de que algunas personas que permanecen en matrimonios peligrosos y altamente abusivos tienen complejo de mártires. Estas personas honestamente creen que Jesús quiere que ellos permanezcan en esa relación tan cruel. Creo que leen la Biblia con ojos de desprecio propio y con una falta de respeto hacia sí mismos.

Entiendo que hay personas que llaman a cualquier conflicto "abuso peligroso" y lo hacen como una excusa para huir de lo que, de otra forma, pudiera ser una situación que se puede resolver. De ninguna manera estoy tratando de fomentar el divorcio. Para el momento en que escribo esto tengo treinta y ocho años de casado, de forma que soy un hombre de pactos. Pero también fui víctima de dos padrastros extremadamente abusivos (afortunadamente, uno de ellos cambió sus maneras y todavía sigue casado con mi madre). Literalmente, pude haber escrito un libro titulado *Guía práctica para sobrevivir a una familia violenta*. Sé muy bien la diferencia entre conflicto y abuso. No hay espacio en el evangelio para esto último.

El evangelio siempre es redentor, así que cuando restringimos o le quitamos poder a las personas por su sexo, origen ético o estatus social, estamos distorsionado el evangelio del Reino.

El resto de la historia

Hemos pasado bastante tiempo hablando sobre lo que Pedro pensaba en cuanto a la responsabilidad de las esposas en el matrimonio. Veamos ahora su exhortación a los esposos. Pedro escribe: "Y vosotros, maridos, igualmente, convivid de manera comprensiva con vuestras mujeres, como con un vaso más frágil, puesto que es mujer, dándole honor como a coheredera de la gracia de la vida, para que vuestras oraciones no sean estorbadas" (1 P. 3:7). Viniendo de un hombre judío, estas palabras son profundas. Entiendo que las mujeres pueden sentirse ofendidas por la sugerencia de Pedro de que ellas son más débiles, pero Pedro simplemente está diciendo, en el contexto de su carta sobre la persecución y el sufrimiento, que los hombres son más fuertes físicamente cuando se trata de luchas y batallas. Esas eran las circunstancias que los cristianos estaban enfrentando cuando Pedro escribió estas palabras. Muy al contrario, conozco muy pocos hombres que sean tan fuertes como las mujeres cuando se trata del papel matriarcal y las responsabilidades, pero ese no era el tema de Pedro aquí.

La exhortación de Pedro para que los esposos "honren" a sus esposas como "coherederas" es una declaración contracultural radical y profunda dado el trasfondo del judaísmo del siglo I. Luego el gran apóstol Pedro lanza otra bomba sobre los esposos en su declaración de cierre, diciendo: "Para que vuestras oraciones no sean estorbadas".

La palabra griega traducida como *honor* en este pasaje significa "valorar, pagar un precio, tener algo como muy preciado", y "tratar honorablemente". Permítame darle la traducción no autorizada de Kris Vallotton de este versículo: "Esposos, puede que ustedes sean físicamente más fuertes que sus esposas, pero si no las honran como joyas preciosas y si no las tratan como iguales y como corregentes, ¡Dios no va a responder sus oraciones!".

Hace alrededor de tres milenios, el rey Salomón capturó la esencia absoluta de una mujer cuando escribió: "El que halla esposa halla algo bueno y alcanza el favor del Señor" (Pr. 18:22). Yo todo el tiempo les algo a los hombres: "¿Quieren mejorar su relación con Dios? Bien, ¡entonces cásense con una hija del Rey!".

Hay algo tan inherentemente hermoso en el espíritu de las mujeres, que atrae el aprecio del propio Dios. Dios diseñó a las mujeres para reinar al lado de los hombres. Nosotros los hombres necesitamos a las mujeres para que nos acompañen de forma elegante, llena de gracia, intuitiva y compasiva, con el fin de proteger este planeta enfermo y devolverle la salud. ¡Que la creación misma se regocije mientras las hijas de Dios recobran su predestinado estado de gloria!

Epílogo

Mujeres poderosas

i objetivo principal al escribir este libro fue ser un Mardoqueo para las Ester del mundo y facultar a las mujeres para que cumplan su destino divino. Al adentrarme en este proyecto, me costó definir la palabra poderosa. Mi inquietud proviene del hecho de que muchas personas, al saber que estaba escribiendo este libro, no dejaron de preguntarme dos cosas: "¿Acaso la Biblia no excluye a las mujeres del liderazgo?" y "¿Qué significa que una mujer sea poderosa?".

Sabía que podía responder la primera pregunta teológicamente y aclarar las dudas de cualquiera que escuchara con un corazón dispuesto. Eso es lo que he tratado de hacer de la mejor manera que he podido en las páginas previas. Pero, con toda honestidad, no estaba seguro de cómo responder la segunda pregunta. No era porque no conocía a mujeres que fueran poderosas. Más bien al contrario. Conozco a muchas de ellas, pero sus fortalezas son tan diversas que resultó imposible definir la palabra *poderosa* con una simple oración o un tipo específico de personalidad. La presión de ilustrar cómo es una mujer poderosa, se incrementaba con cada capítulo que escribía. Llegó un momento en el que me quedaba despierto en las noches tratando de decidir cómo describir mi experiencia con este enorme y diverso grupo de grandes mujeres.

Finalmente, decidí que la única manera en que podía realmente definir lo que significaba ser una líder poderosa, era compartir con ustedes un poco más sobre cinco extraordinarias líderes a las cuales tengo el privilegio de conocer muy bien. Estas cinco damas, cada una de las cuales describiré en un corto párrafo, son totalmente diferentes unas de otras en sus estilos de liderazgo, personalidad y fortalezas. Su diversidad me ayudará a crear una imagen de las muchas aristas que tiene la palabra *poderosa*. Si tuviera tiempo y espacio, podría escribir sobre cien mujeres más que conozco bien y que son líderes fabulosas, pero de forma diferente a estas cinco. Quiero aclarar que las fortalezas y la personalidad de estas cinco mujeres no abarcan la totalidad de la palabra *poderosa* aplicada a líderes femeninas, pero sí muestran parte de la diversidad que usted puede encontrar en las fortalezas de la femineidad.

Beni Johnson

En primer lugar, me gustaría presentarles a Beni Johnson. Beni ha sido mi amiga y líder durante treinta y cuatro años. Beni es introvertida, de hablar suave y amable. Es una amiga de Dios que camina con los ángeles. Para Beni, ser poderosa significa no dejarse apabullar por las expectativas de otros, ni por la ejecución de las actividades diarias de un ministerio. Debe ser libre para volar, capaz de escuchar el más leve susurro del Novio y de responder a su llamado. Ella necesita la libertad de vivir espontáneamente, de imaginar, de soñar y de expresar lo que espera. Beni es un modelo original, una persona hermosa que inspira a los incomprendidos, ama a los excluidos y personifica la belleza de un espíritu silencioso. Ella puede elevarse con las águilas o caminar con los descarriados. Es un espíritu libre con una personalidad casi mística que personifica los misterios de Dios.

Sheri Silk

Otra líder fuerte a quien he tenido el privilegio de conocer durante más de tres décadas es Sheri Silk. Sheri y yo hemos trabajado juntos durante muchos de estos años. Sheri es una líder extrovertida y muy leal. Es apasionada, asertiva e incansable en su búsqueda de justicia para los marginados. Ella fortalece a los débiles y habla en nombre de los que no tienen voz. Sheri es una líder extremadamente inteligente y capaz, que sabe cómo mover montañas y lograr que las cosas ocurran. Es una excelente líder de grupos, que siempre ha sido apreciada por su personal porque los inspira a ser excelentes. Sheri es una gran exhortadora.

Cuando se sube al pulpito pone en el corazón de la gente el deseo de actuar.

Kathy Valloton

Ahora quiero hablarles de mi esposa Kathy. Ya he compartido unas cuantas historias sobre ella en este libro. Pero creo que es importante utilizar la vida de Kathy para ejemplificar de otra manera cómo la gente poderosas pone en práctica su llamado divino. La vida de Kathy personifica estabilidad, flexibilidad e inventiva. Ella puede adaptarse a cualquier circunstancia, ambiente o cultura, y encontrar la manera de triunfar. Kathy es una trabajadora increíble, que se rehúsa a darse por vencida con cualquier persona o actividad. Es innovadora y creativa, y puede encontrar la forma de lograr que las cosas se den mucho después de que los demás han dejado de intentarlo. ¡Para Kathy es estimulante escuchar a alguien decir que una tarea determinada es imposible de realizar! Kathy también tiene la increíble habilidad de trasmitir paz en medio de situaciones difíciles, lo que da como resultado que las personas trabajen juntas en armonía, incluso sin conocerse. Kathy inspira con su estilo de liderazgo de servicio. Nunca se queja, no tiene enemigos y siempre ve lo mejor en todos. Es tan flexible que puede cenar con la realeza o cortar madera con los leñadores. Esto le da la capacidad de organizar el caos total y administrar una organización de muchos millones de dólares.

Heidi Baker

Una de las personas más fuertes que he conocido es Heidi Baker. He tenido el privilegio de ser amigo cercano de Heidi y su esposo Rolland durante casi una década. Heidi es una persona única, de origen acaudalado, que se comporta como toda una princesa. Es extremadamente inteligente y bien educada. Obtuvo un Doctorado en Teología Sistemática del King's College University de Londres. Decir que Heidi Baker es una visionaria equivaldría a decir que Albert Einstein era inteligente, es decir, una apreciación muy baja. La calidad visionaria de Heidi con frecuencia se oculta detrás de su gran humildad. Pero la verdad es que Heidi tiene visiones que le llegan directamente del trono de Dios, cuando "se sumerge en su presencia". Heidi, Rolland y su equipo tienen bajo su supervisión más de diez mil iglesias en veinte países. Están construyendo un hospital en medio de la jungla de Mozambique y también están fundado la mejor universidad del continente africano; todo mientras proveen literalmente a decenas de miles de niños con alimento y vestido. He visto a Heidi sentarse sobre el polvo con los pobres y desposeídos, y la he visto ministrar a los ricos, poderosos y famosos. Heidi no es feminista ni tiene nada que reclamarles a los hombres aunque, como cristiana, creció en un sistema religioso que frecuentemente limitaba a las mujeres. Heidi también es una oradora poderosa, que motiva a las personas a través de su intensa compasión por los descarriados, los excluidos y los pobres. Es hermosa y camina con la gracia de una mujer muy femenina que sabe liderar a los hombres a través de la pasión y la visión, y no de la manipulación.

Inese Šlesere

Inese Šlesere es una de las mujeres más poderosas y hermosas que he tenido el privilegio de conocer. Inese es prácticamente desconocida en el mundo occidental, ya que creció en la antigua nación soviética de Latvia. Latvia es una de las tres naciones bálticas que escaparon del comunismo durante la Revolución Cantada de 1991. Los comunistas no le daban valor a la belleza, lo que quedaba evidenciado por el hecho de que literalmente pintaban todas las paredes de gris. Antes de su independencia y como símbolo de su resurgimiento, Latvia comenzó a realizar concursos de belleza y, en 1991, el año en que Latvia obtuvo su independencia, Inese ganó el concurso de Miss Latvia. En 1999 resultó segunda finalista en el Miss Mundo. Pero Inese era más que una cara bonita. Su padre murió cuando ella tenía dos años, así que fue criada por una madre soltera. Inese y su esposo Ainars tenían grandes y prósperos negocios, mientras el comunismo colapsaba a su alrededor. Construyeron muchos hoteles hermosos y los mejores centros comerciales del país. Pero la pasión de Inese por ver el Reino de Dios crecer en su país la llevó a entrar al mundo político, específicamente al parlamento, donde ha estado durante varios períodos. Inese ha sido pionera en su país en la reforma de las leyes que tienen que ver con los valores familiares, los principios morales y el cuidado de los huérfanos. Inese tiene cinco hijos y un gran matrimonio, pero ella no es la típica madre y ama de casa. Sus acciones provienen de una intensa pasión por generar cambios culturales en toda Europa. El amor de Inese por Jesús se expresa tan naturalmente en ella que los ateos y los paganos se cuentan entre sus mejores amigos. Ella lidera desde la más profunda amabilidad y la más genuina compasión que he visto en mi vida. Hasta los militantes de los partidos políticos opuestos la adoran. Aunque es muy educada e inteligente, es realmente su profunda comprensión del corazón de las personas y su constante compasión por todas lo que la hacen una líder de clase mundial.

Poderosa y libre

Jesús liberó a las mujeres para que fueran seres poderosos y hermosos que ejemplificaran el lado femenino de Dios. Las habilidades de las mujeres son tan variadas, que es simplemente imposible explicar con meras palabras la gracia que fluye de sus vidas. Oro para que, si usted es mujer, las vidas de estas mujeres extraordinarias que he mencionado la inspiren a ser todo aquello para lo que Dios la ha llamado, y se rehúse a ser clonada o a ajustarse al concepto de otro de lo que debe ser una mujer fuerte.

El poder viene en tantos estuches, que compararse con otra le llevará a sentirse en desventaja. Usted nunca será tan buena siendo otra persona como lo es siendo usted misma. Cuando uno imita a alguien se convierte en una copia barata del original. Pero no hay otra persona creada para ser como usted. Como mujer, usted es única en su tipo, ¡un ser hermoso que forma parte de la familia real de los nobles que aman a Dios!

Notas

Introducción

1. Rose Heyer y Peter Wagner, *"Too Big to Ignore: How Counting People in Prisons Distorted Census 2000"*, *Prisoners of the Census*, abril de 2004, http://www.prisonersofthecensus.org/toobig/gender .html. Ver también http://www.prisonpolicy.org.

Capítulo 2: Aguanta Adán, la ayuda viene en camino

1. "Famous People: Mother Teresa", famouspeople.co.uk, 2004, http://www.famouspeople.co.uk/m/motherteresa.html.

2. James W Goll y Michal Ann Goll, *"Compassion: A Call to Take Action"* (Shippensburg, Penn.: Destiny Image, 2006), p. 122.

3. Ruth A. Tucker, *"Ministries of Mercy: Mother Teresa"*, Christian History Biography, 1 de enero de 2000, http://www.ctlibrary.com/ch/2000/issue65/4.20.html.

4. *"Mother Teresa"*, Wikipedia, 1 de febrero de 2013, http://en.wikipedia.org/wiki/ Mother_Theresa_of_Calcutta.

5. Tucker, *"Ministries of Mercy"*, http://www.ctlibrary.com/ch/2000/issue65/4.20.html.

Capítulo 3: ¿Quién era la serpiente disfrazada?

1. "Hebrew Dictionary (Lexicon-Concordance) Key Word Studies: H8596" Lexicon-Concordance online Bible, http://lexiconcordance .com/hebrew/8596.html.

2. New World Encyclopedia online, s.v. *"Joan of Arc"*, 29 de agosto de 2008, http://www.newworldencyclopedia.org/p/index.php?title =Joan_of_Arc&oldid=794727.

3. *"Joan of Arc"*, Wikipedia, 3 de marzo de 2013, en.wikipedia.org/wiki/Joan_of_Arc.

4. *Ibíd.*

5. *Ibíd.*

6. New World, s.v. *"Joan of Arc"*, http://www.newworldencyclopedia .org/p/index .php?title=Joan_of_Arc&oldid=794727.

7. *"Joan of Arc"*, Wikipedia, en.wikipedia.org/wiki/Joan_of_Arc.

Capítulo 4: Creo en cada palabra de la Biblia

1. "Harriet Tubman", Wikipedia, 7 de marzo de 2013, en.wikipedia.org/wiki/Harriet_Tubman.

2. *Women in History: Harriet Tubman Biography*", Lakewood Public Library en línea, 7 de marzo de 2013, http://www.lkwdpl.org/wihohio/tubm-har.htm/.

3. Clara L. Small, *"Abolitionists, Free Blacks, and Runaway Slaves: Surviving Slavery on Maryland's Eastern Shore"*, página de Internet de la Universidad de Delaware, 4 de agosto de 1997, http://www.udel.edu/BlackHistory/abolitionists.html.

4. *"Harriet Tubman"*, Wikipedia, en.wikipedia.org/wiki/Harriet_Tubman.

5. *"Underground Railroad"*, Wikipedia, 5 de marzo de 2013, en.wikipedia.org/wiki/Underground_Railroad.

6. *"Harriet Tubman"*, Wikipedia, en.wikipedia.org/wiki/Harriet_Tubman.

7. *Ibíd.*

8. *Ibíd.*

9. *Ibíd.*

10. *Ibíd.*

11. *"Love, Faith, and Joy"*, Harriet Tubman Home en línea, 2009, http://www.harriethouse.org/love.htm.

Capítulo 5: Jesús: el fundador del primer movimiento de liberación femenina

1. Para más información sobre las mujeres gentiles del siglo I, vea Christine Schenk, CSJ, *"Jesus and Women: Women in the Gentile World"*, Future Church, http://www.futurechurch.org/wicl/jesus women2.htm.

2. Leonard Swidler, "Jesus Was a Feminist", God's Word to Women, 2005, http://www.godswordtowomen.org/feminist.htm.

3. Para más información sobre las mujeres judías del siglo I, vea Doug Weller, John Ortberg, Mark Foreman, y Scott Dudley, eds., *"Life of Jesus—First Century Context of Palestine"*, JesusCentral.com, http://www.jesuscentral.com/ji/historical-jesus/jesus-firstcenturycontext.php. ver también http://www.womenpriests.org/classic/tetlow1.asp; http://bible.org/article/daily-life-time-jesus; http://www.godsword towomen.org/feminist.htm. Otra buena referencia es el libro de Rick McKinniss *"Equally Yoked"* (Xulon Press, 2009).

4. Charles Marsh, *"The Beloved Community: How Faith Shapes Social Justice from the Civil Rights to Today"* (New York: Basic Books, 2006), p. 21.

5. "*Civil rights icon Rosa Parks dies at 92*", CNN.com, 25 de octubre de 2005, http://www.cnn.com/2005/US/10/24/parks.obit/.

6. Rosa Parks and James Haskins, Rosa Parks: My Story (New York: Dial Books, 1992), p. 116.

7. Shipp, E. R., "*Rosa Parks, 92, Founding Symbol of Civil Rights Movement, Dies*", The New York Times en línea, 26 de octubre de 2005, http://www.nytimes.com/2005/10/25/us/25parks.html, http://en.wikipedia.org/wiki/Rosa_Parks.

8. "*Rosa Parks Biography: Pioneer of Civil Rights*", Academy of Achievement, 9 de abril de 2012, http://www.achievement.org/autodoc/page/par0bio-1.

9. *Ibíd.*

Capítulo 6: Los apóstoles malinterpretados

1. "The 15 Biggest Bestsellers EVER After the Bible", HUFFPOST Books online, 25 de mayo de 2011, http://www.huffingtonpost.com/2010/07/30/the-15-biggest-bestseller_n_664029.html#s115965&title=Quotations_from_Chairman.

2. David Padfield, "*The Biblical City of Corinth online booklet*", 2005, 3, http://www.padfield.com/acrobat/history/corinth.pdf.

3. Mark D. Roberts, "*Ancient Ephesus and the New Testament*", patheos en línea, 2011, http://www.patheos.com/blogs/markdroberts/series/ancient-ephesus-and-the-new-testament/.

4. Sir William Smith, ed., "*Dictionary of Greek and Roman Biography and Mythology*" (Rome: Taylor, Walton, and Maberly, 1849), p. 505–6.

5. Richard W. Hayes, "*Should a Woman Have Her Head Uncovered in Church?*", Bible History Online, 28 de noviembre de 1996, http://www.bible-history.com/texts/women_head_covered_rik_hayes.htm.

6. De cuarenta y tres traducciones que mi asistente buscó para este libro, once utilizan la palabra esposo y esposa en la traducción de 1 Co. 11:13. Entre ellas *the Complete Jewish Bible, the English Standard Version, God's Word, the Good News Translation, the Mounce Reverse-Interlinear New Testament, the New Life Version, the New Revised Standard Version, the Voice, the Worldwide English (New Testament), the Knox Bible* y *The Message*.

7. "*Lexicon Results: Strong's G2228*", Blue Letter Bible en línea, 1996–2013, http://www.blueletterbible.org/lang/lexicon/lexicon.cfm?Strongs=G2228&t=KJV.

8. Loren Cunningham. "*Why Not Women? A Bibilical Study of Women in Missions, Ministry, and Leadership*" (Seattle: YWAM Publishing, 2000), 190–91.

9. *"Board Members: Dave Meyer—Vice President"*, Ministerios Joyce Meyer, 2011, http:// www.joycemeyer.org/AboutUs/Dave MeyerBio.aspx.

10. *"What We Do"*, Ministerios Joyce Meyer, 2011, http://www.joyce meyer.org/AboutUs/WhatWeDo.aspx.

11. *"About Joyce—President"*, Ministerios Joyce Meyer, 2011, http:// www.joycemeyer.org/AboutUs/JoyceBio.aspx.

Capítulo 7: En búsqueda del origen de la exclusión

1. Walter William Skeat, "An Etymological Dictionary of the English Language" (Oxford: Clarendon Press, 1893), p. 170.

2. Linda L. Belleville, *"Discovering Biblical Equality: Complementarity without Hierarchy"* 2nd ed. (Downers Grove, Ill.: IVP Academic, 2004), 212–17.

3. *Ibíd.*, 209–10.

4. *Ibíd.*, 209.

5. *Ibíd.*, 219.

6. Richard Clark Kroeger y Catherine Clark Kroeger, *"I Suffer Not a Woman: Rethinking 1 Timothy 2:11–15 in Light of Ancient Evidence"* (Grand Rapids: Baker Academic, 1998), Version Kindle Loc. 1035 de 2891.

7. *Ibíd.*, Loc. 1046 de 2891.

8. Orígenes, *"Homilies on Romans 10.17"* (siglo III); John Chrysostom, *"Homilies on Romans 31"* (sobre Romanos 16:1; final del siglo IV).

9. Daniel Mark Epstein, *"Sister Aimee: The Life of Aimee Semple McPherson"* (Orlando, Fla.: Mariner Books, 1994), p. 15.

10. *"Our Story: The History and Future of the Foursquare Church— Aimee Semple McPherson"*, Foursquare en línea, 2013, http://www .foursquare.org/about/aimee_semple_mcpherson/p2.

11. Mark Kennedy, *"Kathie Lee Gifford Preaches About Evangelist Aimee Semple McPherson In Broadway Musical"*, HUFFPOST sección religiosa, 19 de octubre de 2012, http://www.huffingtonpost.com/2012/10/ 19/kathie-lee-gifford-aimee-semple-mcpherson-_n_1986311.html.

12. Cynthia Franklin y Rowena Fong, *"The Church Leader's Counseling Resource Book: A Guide to Mental Health and Social Problems"* (Oxford: Oxford University Press, 2011), p. 433.

13. Mark Eaton, *"American Literary Supernaturalism"*, American Literary History 23, no. 4 (2011): pp. 899–917.

Capítulo 8: Mujeres, tomen sus lugares

1. George M. Marsden, Jonathan Edwards: "A Life". (New Haven, Conn.: Yale University Press, 2004), pp. 498–505.

2. Steven Gertz y Chris Armstrong, *"Jonathan Edwards: Did You Know?"* CT Library en línea, 1 de enero de 2003, http://www.ctlibrary .com/ch/2003/issue77/17.2.html.

3. *"Burr, Aaron, 1756–1836",* Directorio Biográfico del Congreso de los Estados Unidos, en línea, archivado del original el 2 de diciembre de 2009, http://bioguide.congress.gov/scripts/biodisplay.pl?index =B001133.

4. Albert Edward Winship, *"Jukes-Edwards: A Study in Education and Heredity"* (Harrisburg, Penn.: R. L. Myers & Co., 1900), pp. 74–86.

5. *Ibíd.*, p. 43.

6. *"Biographical Directory of Federal Judges: Pierpont Edwards",* Federal Judicial Center online, http://www.fjc.gov/servlet/nGetInfo?jid =693&cid=999&ctype=na&instate=n.

7. Winship, *"Jukes-Edwards",* p. 55.

8. *Ibíd.*, 37.

9. H. D. Northrop, *"Beautiful Gems of Thought and Sentiment"* (Boston, Mass.: The Colins-Patten Co., 1890), p. 248.

Fuentes recomendadas

"¿Por qué no la mujer?: Una nueva perspectiva bíblica sobre la mujer en la misión, el ministrio y el liderazgo" de Loren Cunningham, David Joel Hamilton y Janice Rogers (Editorial Jucum, 2003).

"Powerful and Free: Confronting the Glass Ceiling for Women in the Church" de Danny Silk (Red Arrow, 2012).

"10 mentiras que la Iglesia le dice a las mujeres: Cómo se ha usado la Biblia para mantener a la mujer en esclavitud espiritual" de J. Lee Grady (Casa Creación, 2000).

"Women in the Church: A Biblical Theology of Women in Ministry" de Stanley J. Grenz and Denise Muir Kjesbo (IVP Academic, 1995).

"The Hidden Power of a Woman" de Bonnie y Mahesh Chavda (Destiny Image, 2006).

"Man Down: Proof Beyond a Reasonable Doubt That Women are Better Cops, Drivers, Gamblers, Spies, World Leaders, Beer Tasters, Hedge Fund Managers, and Just About Everything Else" de Dan Abrams (Abrams Image, 2011).

Kris Vallotton ha estado felizmente casado con su esposa Kathy durante treinta y ocho años. Tienen cuatro hijos y ocho nietos. Tres de sus hijos laboran en el ministerio vocacional a tiempo completo. Kris es cofundador y supervisor de la Bethel School of Supernatural Ministry que ha crecido hasta albergar más de mil trescientos estudiantes a tiempo completo en de trece años. También es fundador y presidente de *Moral Revolution*, una organización dedicada a la transformación cultural. Kris es el pastor titular de la Iglesia Bethel en Redding, California, y ha servido junto a Bill Johnson durante más de treinta y tres años. Ha escrito y ayudado a escribir muchos libros. Su reveladora perspicacia y su estilo divertido lo han convertido en un conferencista y orador muy solicitado internacionalmente.

Usted puede contactar a Kris o saber más sobre sus ministerios en www.kvministries.com, o seguir a Kris y a Kathy en su página de Facebook www.facebook.com/kvministries.